VOLLBLUT-ARABER
IN DEUTSCHLAND

Otto Saenger

VOLLBLUT-ARABER IN DEUTSCHLAND

Otto Saenger

mit Beiträgen von Dr. Wenzler, Dr. Cranz, Dr. Gramatzki und H. Lyra

Herausgegeben vom Verband der Züchter des Arabischen Pferdes e. V.
1978

Herzlichen Dank
allen Züchtern, die bei der Erarbeitung der Grundlagen für dieses Buch und bei der Gestaltung geholfen haben.

L. B. AHNERT-VERLAG · FRIEDBERG 3 / H.

Das Schutzumschlag-Bild
zeigt Ghazal (Nazeer - Bukra)
und wurde dem Bildband
GHAZAL
Der Fürst der Pferde
entnommen
das im L. B. Ahnert-Verlag
erschienen ist.

Alle Rechte, auch die der auszugsweisen Wiedergabe, beim
L. B. AHNERT-VERLAG, 6360 FRIEDBERG-3
Druck: Buchdruckerei Hugo Prull, 2900 Oldenburg
Einband: Buchbinderei Hunke & Schröder, 5860 Iserlohn
Composersatz: Lisa Rullmann
ISBN 3-921142-24-5

INHALT

VORWORT DES AUTORS	6
TYP- UND EXTERIEURBEURTEILUNG IN DER VOLLBLUT-ARABERZUCHT	7
DER TYP ALS KRITERIUM IN DER VOLLBLUT-ARABERZUCHT (von Dr. Wenzler)	13
ZEITTAFEL ZUR ENTWICKLUNG DER VOLLBLUT-ARABERZUCHT IN DER BUNDESREPUBLIK DEUTSCHLAND	17
DIE QUELLEN DER DEUTSCHEN VOLLBLUT-ARABERZUCHT	18
DIE DEUTSCHE VOLLBLUT-ARABERZUCHT - EINE DER ÄLTESTEN REINZUCHTEN AUSSERHALB DER WÜSTE	19
DIE SHAGYA-ARABER (von Dr. Gramatzki)	22
GRÜNDERHENGSTE	23
VON DER KÜSTE ZU DEN ALPEN:	
ZUCHTSTÄTTEN UND GESTÜTE	27
SCHLESWIG-HOLSTEIN	29
NIEDERSACHSEN	39
NORDRHEIN-WESTFALEN	61
HESSEN	70
RHEINLAND-PFALZ UND LUXEMBURG	76
BADEN-WÜRTTEMBERG	80
BAYERN	104
GALOPPRENNEN - LEISTUNGSPRÜFUNG FÜR ARABISCHE VOLLBLÜTER (von H. Lyra)	119
HENGSTPRÜFUNGEN IN MEDINGEN UND MARBACH	122
DISTANZRITTE	124
BILDBÄNDE UND FACHLITERATUR	127
DER VORSTAND DES VERBANDES DER ZÜCHTER DES ARABISCHEN PFERDES e. V.	127
PFERDEBESITZER UND PFERDEBESTAND	128

VORWORT

Dieses Buch wendet sich an alle, die Pferde von außergewöhnlicher Schönheit und besonderem Adel lieben. Es soll unterhaltend, informativ und Probleme klärend - auch für Araberzüchter überall in der Welt - eine Pferderasse darstellen, die eine weltweite Verbreitung gefunden hat. Die nachstehenden Ausführungen sind aber vor allem den deutschen Vollblut-Araberzüchtern gewidmet, um das gegenseitige Verständnis, Zusammenarbeit und Harmonie in der gemeinsamen Züchterarbeit zu fördern.
Die World Arabian Horse Organization, die im Jahre 1972 in Sevilla (Spanien) gegründet wurde und seitdem regelmäßig im Turnus von zwei Jahren in verschiedenen Ländern ihre Konferenzen durchführt, hält in der Zeit vom 4. bis 7. September 1978 im Congreßcentrum in Hamburg - erstmalig in Deutschland - ihr general-meeting ab. Die Organisation hat vornehmlich die Zielsetzung einer weltweiten Zusammenarbeit in der Vollblut-Araberzucht. Weiterhin geht es darum, eine klare Abgrenzung überall in der Welt zu vollziehen zwischen dem anerkannten Vollblut-Araber und anderen orientalisch beeinflußten Pferden und Rassen. Dieses Ereignis im Gebiet der Bundesrepublik Deutschland ist dem Verband der Züchter des Arabischen Pferdes e. V. Anlaß, mit dem vorliegenden Almanach eine Darstellung über die deutsche Vollblut-Araberzucht zu geben. Etwa gleichzeitig erscheint das neue gedruckte Stutbuch, in dem alle Vollblut-Araberzuchtstuten und -Zuchthengste einschließlich ihrer Nachzucht erfaßt sind, die seit Beginn einer organisierten Vollblut-Araberzucht in Deutschland in den Stutbüchern eingetragen wurden. Die hier vorliegende Darstellung soll nun in Ergänzung zu diesem gedruckten Stutbuch eine lebendige Orientierungshilfe für den an der Vollblut-Araberzucht in Deutschland interessierten Leser sein.

Dr. Otto Saenger

TYP- UND EXTERIEURBEURTEILUNG IN DER VOLLBLUT-ARABERZUCHT

Die nachstehenden Ausführungen geben Beurteilungsgrundsätze und Erfahrungen wider, die der Autor als Richter für arabisches Vollblut auf zahlreichen Schauen in Deutschland, Belgien, den Niederlanden, Frankreich, Schweden und Südafrika praktiziert hat. Dabei hat sich herausgestellt, daß diese Beurteilungskriterien internationalem Standart entsprechen.

Züchter in der Gemeinschaft eines Zuchtverbandes zu sein bedeutet - besonders auch in der deutschen Vollblutaraberzucht -, daß man nicht nur einfach Pferdevermehrung betreibt. Vielmehr ist es notwendig, daß Züchter des Verbandes sich über eine gemeinsame Zielsetzung im klaren sind. Züchten heißt: In Generationen denken. Züchten heißt merzen, heißt Auslese treiben, heißt beobachten und das Mögliche erkennen. Der Züchter sollte sich nicht zuletzt verstehen als der verlängerte Arm des Schöpfers, der die ohnehin vorhandenen Entwicklungstendenzen der Natur geistig nachvollzieht und nach besten Kräften versucht, sie zu unterstützen und zu fördern, wobei Einfühlung und Verständnis das oberste Gebot sind, während Willkür und unnatürliche Zielsetzungen stets zum Scheitern verurteilt sind.
Für eine erfolgreiche Züchtung ist die Zusammenarbeit in einer großen Gemeinschaft von Züchtern unabdingbare Voraussetzung. Dieses macht eine gemeinsame Zuchtkonzeption erforderlich.
Die folgenden Ausführungen sollen dieser Aufgabe für die deutsche Vollblutaraberzucht in Übereinstimmung mit den Entwicklungslinien der Vollblutaraberzucht in der Welt dienen. Es ist notwendig, daß eine solche Konzeption von einer breiten Mehrheit getragen wird, daß sie überzeugend und logisch begründet ist. Die Ausrichtung auf ein so begründetes Ziel soll dem Züchter Freude an der Zucht geben und das Gefühl, an einer schönen und lohnenden Aufgabe mitzuwirken.
Das Grundkonzept der Vollblutaraberzucht ist gekennzeichnet durch das Bewahren der wertvollen Eigenschaften des originären Arabertyps. Dabei kommt es für den heutigen Züchter darauf an, sich freizumachen von Illusionen. Man soll nicht glauben, daß bei den Beduinen auch in den reinen ursprünglichen Zuchten nur solche Pferde vorkamen, die unserem heutigen Idealtyp mehr oder weniger entsprachen. Reiseschilderungen aus alter Zeit und auch Fotos aus früheren Zeiten zeigen, daß zwar unser heutiges Ideal auch früher schon vorgekommen ist, aber doch als absolute Ausnahme, als sehr seltenes Spitzenexemplar unter Tausenden von durchaus gewöhnlichen Pferden in Arabien, deren übereinstimmende Merkmale nur diejenigen waren, daß sie Hunger, Durst und schlechte Behandlung, Kälte und Hitze, Staub, Sandstürme und langanhaltende Trockenheit ertragen konnten und dennoch nicht nur überlebten, sondern auch noch so fruchtbar waren, daß der Fortbestand dieser Rasse unter so ungünstigen Haltungsbedingungen gesichert war. Die außergewöhnliche Schönheit des arabischen Pferdes ist sicher in alter Zeit kein allgemeines Merkmal gewesen, sondern durch Auslese des Menschen geprägt und vervollkommnet.

Auch der Züchter arabischer Pferde muß sich darüber im klaren sein, daß die Welt der Lebewesen im weitesten Sinne - und dazu gehört die Rasse des arabischen Pferdes - nichts Festgefügtes, nichts absolut Beständiges ist. In der Natur wie auch unter dem züchterischen Einfluß des Menschen sind alle Lebewesen den großen Entwicklungsfaktoren - der Mutation (Erbsprung) und der Selektion (Auslese) - unterworfen. Aus diesem Grunde ist es in der Tierzucht oft schwieriger, besonders wertvolle Eigenschaften in bestimmter Weise züchterisch zu erhalten, als eine Rasse auf ein bestimmtes Ziel hin weiter zu entwickeln. Aus dieser Situation ergibt sich die Aufgabenstellung des Züchters. In der Araberzucht geht es nicht nur darum, die bekannten wertvollen Eigenschaften der Rasse wie Vitalität, Härte, Ausdauer, Langlebigkeit, Fruchtbarkeit, Futterdankbarkeit und Schönheit zu erhalten. Die züchterische Aufgabe besteht auch darin, daß daran gedacht werden muß, in welch räumlich eingeengten und von fortschreitender Technisierung gekennzeichneter Welt zukünftig Menschen mit ihren Pferden leben werden. Deshalb ist es auch wichtig, daß die Pferde gute Nerven haben und die ihnen aus der Entwicklungsgeschichte als Steppentiere noch immer tief einwurzelnde Schreckhaftigkeit sowie der Fluchttrieb des Steppentieres weiter abgebaut werden. Demgegenüber ist es notwendig, die Dienstbereitschaft und Gelehrigkeit, die im arabischen Pferd bereits besonders ausgeprägt sind, weiter zu fördern. In dem Zusammenhang hat die ständige Verbesserung und Vervollkommnung der Reiteigenschaften besondere Bedeutung für die Zucht. Es muß ein Genuß sein, arabische Pferde zu reiten, sie zu haben, mit ihnen zu leben, sie zu hegen und zu pflegen sowie zu betreuen.

Auf eine Besonderheit des arabischen Pferdes ist noch hinzuweisen. Auf der arabischen Halbinsel konnte sich diese Rasse nur entwickeln unter Betreuung des Menschen. Das gesamte Gebiet hat im eigentlichen Sinne keine natürliche Voraussetzung für die Entstehung einer Pferderasse wie beispielsweise die Ursprungssteppengebiete in Innerasien. Das enge Zusammenleben mit dem Menschen hat den Charakter des arabischen Pferdes in besonderer Weise geprägt. Es ist zutraulich, gutmütig trotz schlechter Behandlung, einsatzbereit und leistungswillig sowie ausbalanciert im Wesen. Dadurch, daß die arabische Halbinsel an drei Seiten vom Meer umgeben ist und im Norden große Wüstenräume den Zugang beschwerlich machen, hat neben Mutation und Selektion der Faktor Isolation hier wesentlich zur Rassebildung beigetragen.

Die Aufgabe des Züchters ist es nun, die vorstehend genannten allgemeinen Eigenschaften der Rasse zu erhalten und - wenn möglich, züchterisch weiter zu fördern. Es sind diese Eigenschaften, die den Vollblutaraber besonders wertvoll machen.

Bezüglich der zukünftigen Absatz- und Einsatzmöglichkeiten für arabische Vollblutpferde wird besonders darauf hingewiesen, daß über neunzig Prozent der Reiter im Bundesgebiet Freizeitreiter sind, die schöne, angenehm zu reitende Pferde haben wollen mit geschmeidigen Bewegungen. Für diese Reiter ist es keineswegs erforderlich, daß die Pferde besonders groß sind. Die Welternährungslage wird es zukünftig bewirken, daß Getreide zunehmend teurer wird. Der Freizeitreiter wird darauf bedacht sein müssen, ein Pferd zu haben, das anspruchslos bez. der Kraftfutterration ist und ganz überwiegend von Heu und Stroh leben kann, so wie dies beim arabischen Vollblüter gegeben ist. Für die zukünftige Nachfrage nach Reitpferden wird die Schönheit eine entscheidende Rolle spielen. Sehr viele Menschen halten heute schon arabische Vollblutpferde nur deswegen, weil sie Freude an ihrer Schönheit haben. Auch der normale Freizeitreiter wird zukünftig kein häßliches Pferd im Stall haben wollen. Auf dieser Basis erscheint eine sichere Zukunftsentwicklung für die Vollblutaraberzucht gewährleistet, unabhängig von der Entwicklung bei anderen Rassen.

Daraus ergibt sich die Konsequenz, daß diese Rasse in ihrer Gesamtheit auf keinen Fall vergrößert und vergröbert werden darf. Die Anforderungen des Hochleistungsspringsports dürfen für die Zielsetzung in der Vollblutaraberzucht keine Beachtung verdienen. Schönheit, Harmonie und Formvollendung sollten dagegen weiterhin gefördert werden, ebenso wie die in der Einführung dargestellten allgemeinen Eigenschaften.

Gesichtspunkte, nach denen selektiert und beurteilt werden soll.

Maße, die dem Zuchtziel entsprechen bei volljährigen Vollblutarabern:

Geschlecht	Widerristhöhe und Stockmaß in cm	Röhrbeinumfang in cm
Hengste	ca. 151 - 155	ca. 18
Stuten	ca. 148 - 152	ca. 17

Typbeschreibung

a) Konstitutionstyp (Körperbautyp)
Die allgemeine Tierzuchtlehre kennt bei den verschiedenen Haustierarten drei verschiedene Grundtypen, die als Extreme beschrieben werden und zwischen denen zahlreiche Kombinationen vorkommen.

1. Der Typus respiratorius - Atmungtyp -
   ist extrem schmalwüchsig mit schmalem Schädel, vorne besonders schmaler, hinten breiter werdender Brust mit schrägen Rippen, feingliedrigem Knochenbau und hoher Sensibilität. Dieser Typ findet sich beispielsweise beim englischen Vollblüter oder beim Windhund.
2. Typus digestivus - Verdauungstyp -
   Er hat einen extrem breiten Kopf, sehr breiten Augenabstand, rundrippige breite Brust mit sehr geringem Kapazitätsunterschied zwischen Einatmung und Ausatmung, runde, tonnenförmige Mittelhand, ist verhältnismäßig kurzbeinig und rund in der Hinterhand, neigt zu starker Verfettung. Dieser Typ findet sich z. B. bei fettwüchsigen Mastschweinen der alten Zuchtrichtung in den vergangenen Jahrzehnten.
3. Typus muskularis - Muskeltyp -
   Er hat athletische Körperform, ist starkknochig, breitschultrig und zeichnet sich durch außergewöhnliche Entwicklung der Muskulatur aus. Dieser Typ ist bei guten Kaltblutpferden zu finden.

Für die Vollblutaraber ist klargestellt, daß die Pferde dieser Rasse keinem dieser vorgenannten Extremtypen angehören. In der Praxis der Vollblutaraberzucht haben sich für die Typbezeichnung drei Schlagworte eingeführt, die auch weiter verwendet werden sollen, weil mit diesen Typbezeichnungen eine ganz bestimmte Skala von Körpereigenschaften verbunden sind. Alle vorkommenden Vollblutaraberpferde sind Mischtypen zwischen den drei genannten Extremen. Es ist festzuhalten, daß ein arabisches Pferd nicht mehr dem Zuchtziel entspricht, sobald es einem Extrem zu nahe kommt. In jeder Population von Tieren kommt eine bestimmte Variationsbreite von Eigenschaften vor. Die Variationsbreite des Körperbautyps wird in der Vollblutaraberzucht gekennzeichnet durch die Eckpunkte des Koheilantyps, des Saklawityps und des gegenüber dem Saklawi noch mehr zum Atmungstyp hinneigenden Muniqityps. Es wird hervorgehoben, daß diese Typbezeichnungen zwar von bestimmten Stutenstämmen aus der Geschichte des arabischen Pferdes herrühren, daß sie jedoch heute mit der Herkunft aus bestimmten Stutenstämmen nichts mehr zu tun haben, sondern hier ausschließlich als Funktion der Typbezeichnung benutzt werden.

Der Koheilantyp ist stark vom Muskeltyp und etwas vom Verdauungstyp beeinflußt. Er hat von allen arabischen Pferden den kürzesten keilförmigen Kopf mit verhältnismäßig breiter Stirn, großen Augen, breiten Ganaschen. Er ist kräftig bemuskelt, leichtfuttrig, geschlossen im Körper, hat eine leicht abfallende, gelegentlich etwas gerade Kruppe und ein kräftiges, sehr starkes Fundament. Es ist anzunehmen, daß dieser Typ durch die Haltungsform in Arabien weithin geprägt wurde, wo die höchste Futterdankbarkeit und größte Leistungsfähigkeit in optimaler Weise zu kombinieren war.

Der Saklawityp ist weniger vom Verdauungstyp und auch nicht so ausgeprägt vom Muskeltyp, aber schon stärker vom Atmungstyp geprägt. Sein Kopf ist zwar auch keilförmig mit sehr ausgeprägten Nüstern, dreieckig geformter Maulspitze und ausgeprägten Ganaschen. Der Kopf ist jedoch in den Proportionen nicht ganz so breit im Augenabstand und etwas länger in der Stirnlinie als beim Koheilan. Die Haut ist am ganzen Körper etwas feiner und edler, die Knochen des Schädels treten daher wie gemeißelt und ziseliert hervor. Am ganzen Körper läßt die feinere Haut eine stärkere Beaderung und klares Muskelspiel erkennen. Die Brust ist etwas schmaler als beim Koheilan, etwas länger, der Rücken ist länger, der Knochenbau leichter, die Kruppe vielfach etwas mehr geneigt. Im ganzen verkörpert der Saklawityp Trockenheit und Adel. Die gesamte Variationsbreite zwischen Koheilan- und Saklawityp wird als dem klassischen Rassetyp des Arabers angehörend bezeichnet.

Der Muniqityp ist noch langliniger als der Saklawi. Er hat einen langen, verhältnismäßig schmalen Kopf, der nicht mehr so ausgeprägt keilförmig ist. Der Hals ist lang, die Brust ist verhältnismäßig schmal und lang mit schrägen Rippen und einem schrägen Zwerchfell. Diese Brustformation verbirgt eine optimale Atmungskapazität, die Voraussetzung für äußerste Schnelligkeit. Die Haut ist sehr fein, die Muskulatur trocken und plastisch und dem schmaleren Körperbau angepaßt. Der Muniqi ist ein sehr edles Pferd mit feinem Knochenbau. Der Muniqityp entspricht auch in der Größe den oben angegebenen Zahlen. Er ist nicht zu verwechseln mit Fremdblutmischungen, die ähnlich aussehen, aber nicht die Trockenheit und den Adel des typischen Muniqis haben.

Zusammenfassend ist zu sagen, daß die Variationsbreite zwischen Koheilan, Saklawi und Muniqi insgesamt als rassetypisch anzusehen ist. Pferde, die sich zu sehr dem Extrem nähern, sind nicht als rassetypisch anzusehen. Zum Beispiel sind solche Pferde, die dem schweren Warmblüter (Typus muskularus), dem Vollblüter (Typus respiratorius) oder dem pummligen Ponytyp (Typus digestivus) ähneln, als untypisch für die Vollblutaraberzucht abzulehnen.

b) Der Leistungstyp

bezeichnet - nach Heling - "als der unmittelbare Ausdruck der Veranlagung zu vermutbarem Können, als Zeichen von Energie, Nerv und Härte, Prägnanz und Bedeutung der Leistungsmerkmale. Sowie zum anderen als der mittelbare, also der abgeleitete Eindruck von Typ als dem Ausdruck der inneren Anlagen, als den Spiegel der Seele. Der Begriff des Leistungstyps umfaßt und schließt in sich zunächst die Folgerungen aus dem Exterieur, soweit die Schärfe der Konturen die Reinheit und Klarheit aller Begrenzungslinien sowohl des Körpers als vor allem des Fundaments sonderlich seiner Gelenke und Sehnen, die Trockenheit der Textur in Gewebe und Haut, der Glanz des Haarkleides als Kriterium der Gesundheit, der Ausdruck der Gesamterscheinung als Kennzeichen der Konstitution, Gesicht und Auge als überzeugendes Bild der nervlichen Energieausrüstung und andere Dinge sie erlauben. Er wird aber gleichermaßen vervollständigt durch die Rückschlüsse auf das Interieur der seelischen Verfassung und Intelligenz, auf den Willen zur Hergabe der Kräfte, kurz auf die Leistungsbereitschaft. Dafür geben insbesondere der Grad des Adels der Gesamterscheinung, Stellung, Größe und Ausdruck der Augen, das Gesicht, der Kopf, das Ohrenspiel, die Nüstern, aber auch das allgemeine Auftreten, die Manieren, die Reaktion auf die Umgebung, das lebendige Anteilnehmen am Geschehen ringsum und viele andere Anzeichen beachtliche Aufschlüsse."

Für die Beurteilung des Leistungstyps spielt die Ausdruckskraft des großen ruhigen Auges und der Gesamtausdruck des Kopfes eine entscheidende Rolle. Diese Ausdruckskraft und die Schönheit des Araberkopfes ist also nicht nur Selbstzweck, sondern mit eine Voraussetzung für Leistungsbereitschaft und Energie sowie ausgeglichenes Temperament.

c) Der Geschlechtstyp

wird allgemein auch als Hengstausdruck oder Stutenausdruck bezeichnet. Für ein Zuchttier ist es unabdingbare Voraussetzung, daß der Geschlechtstyp ausgeprägt ist. Ein Hengst muß also in der Gesamterscheinung männlichen Ausdruck haben, eine Stute weibliches Gepräge. Dabei ist zu berücksichtigen, daß besonders beim arabischen Pferd, das im ganzen spätreif ist, der Geschlechtstyp sich oft erst im Alter von fünf bis sechs Jahren und nach Zuchtbenutzung voll entwickelt. Der Geschlechtstyp ist mit Worten schwer zu umschreiben. Eine Stute muß sanft und mütterlich aussehen. Sie hat meist einen weniger stark ausgeprägten Hals, vor allen Dingen was die Nackenwölbung anbetrifft. Der Hengst soll ein Auftreten wie ein Herr haben. Sein Hals ist meist kräftig ausgebildet. Es ist jedoch zu beachten, daß ein edler Saklawihengst nicht den mächtigen Nacken und das imposante Muskelspiel des Koheilanhengstes hat, daß er aber in seinem Adel und in sprühendem Temperament auch eine starke männliche Ausstrahlung haben soll.

Zusammenfassend ist zur Typbeurteilung zu sagen, daß das arabische Pferd in jedem Fall eine stolze Haltung in der Bewegung zeigen soll. Es soll immer hohen Adel und Energie ausstrahlen, sobald es sich bewegt. Charakteristisch für das arabische Pferd ist, daß es, wenn es ruhig im Stall steht, oft unscheinbar und teilnahmslos wirkt. Es entfaltet seine volle Ausstrahlung in der freien ungehinderten Bewegung und trägt dabei den Kopf hoch erhoben. Ein elegant getragener Schweif vollendet dabei den Gesamteindruck.

EXTERIEURBEURTEILUNG

Auch in der Exterieurbeurteilung ist der Ausdruck von Trockenheit und Adel in der Gesamterscheinung zunächst ausschlaggebend. Dieses wird bewirkt durch eine feine seidige, leicht abhebbare Haut, die insbesondere dann, wenn das Pferd galoppiert ist, die Adern an Hals und Schulter deutlich hervortreten läßt.

Der Kopf ist in jedem Falle keilförmig, in der Nasenprofillinie je nach Typ mehr oder weniger eingesattelt (Hechtkopf), die Nüstern sind groß, elastisch, sehr erweiterungsfähig, sie haben dünnwandige scharfe Ränder. Das Maul ist klein, die Begrenzungslinie von der Nüsternlinie zur Oberlippenspitze zur Kinnspitze bildet ein gleichschenkliges Dreieck. Das Gesicht zwischen Augen und Nüstern zeigt durch Hervortreten des Nasenbeins und Hervortreten der Ganaschenkanten und Beaderung eine klar gegliederte Formation, die durch die Feinheit der Haut deutlich markiert wird. Die Ganaschen sind breit, weit auseinanderliegend und kräftig bemuskelt. Die Augen sind ausdrucksvoll, groß, dunkel, ruhig und zeigen vielfach eine lange Bewimperung. Die Ohren sind wohlgeformt, haben edel geschwungene Spitzen, sind fein und haben dünne Ränder.

Die Kehle ist frei und zeigt einen edlen Halsansatz, so daß der Kopf sehr beweglich ist. Der Hals ist beim Koheilan vielfach etwas kürzer, aber kräftig bemuskelt mit leichtem Genick, beim Saklawi etwas länger und beim Muniqi lang. Er ist leicht gebogen und gut angesetzt, d. h. zwischen Schulter und Widerrist von der Seite gesehen wesentlich breiter als zwischen Kehle und Genick. Er verläuft sanft in den Widerrist, gelegentlich mit einer gewissen Einknickung dort, wo der Hals am Widerrist ansetzt. Mähne und Schweifhaar soll seidig und lang sein, so daß bei unfrisierten, natürlich getragenen Mähnen und Schweifhaar der Adel der Gesamterscheinung nicht beeinträchtigt, sondern unterstrichen wird. Zu grobes zottiges Haar ist nicht rassetypisch. Der Widerrist ist beim Koheilantyp weniger ausgeprägt, beim Saklawi normal und beim Muniqi stark ausgeprägt. Das Schulterblatt soll von der Bugspitze zum Widerrist hin schräg und lang am Brustkorb und Widerrist anliegen und -

besonders beim Koheilan - kräftig bemuskelt sein. Der Winkel, der an der Bugspite zwischen Schulterblatt und Armbein gebildet wird, soll mindestens ein rechter Winkel sein. Für die Geschmeidigkeit der Bewegung ist es günstig, wenn dieser Winkel spitz ist. Die Brust darf keinesfalls zu breit sein. Eine vorn schmale und hinten etwas breiter ausladende Brust mit schräger Rippenstellung, die beim Saklawi und beim Muniqi schräger als beim Koheilan ist, bietet die Voraussetzung für ein schräg angesetztes Zwerchfell und eine große Differenz zwischen Einatmen und Ausatmen als Voraussetzung für die Atmungskapazität und damit die Leistungsfähigkeit.

Die "schmale Brust" ist natürlich relativ zu sehen. Das heißt, die Brust eines Vollblutarabers soll, ähnlich wie der Bug eines Schiffes, vorne schmaler als hinten sein. Die Notwendigkeit der schrägen Rippenstellung ist übrigens zuerst von dem Schweizer Duerst genauer erforscht worden. Er stellte fest, daß die Leistung, die auf Sauerstoffumsatz beruht, also z. B. Rennleistung des Pferdes, Milchleistung der Kuh, Marschleistung bei Schafen oder anderen Tieren, umso besser ist, je schräger die Rippenstellung, und er entwickelte den Duerst'schen Rippenwinkelmesser, der die Stellung der Rippe von der Seite des Tieres aus gesehen im Verhältnis zur Horizontale im Rücken des Tieres mißt. Je rundrippiger und tonniger eine Brust und je breiter sie damit ist, umso kurzatmiger wird das Tier (und auch der Mensch). Das bedeutet, daß die Rippenstellung hier von der Seite gesehen steiler ist. Die anatomische und physiologische Erklärung für den Unterschied, daß Tiere mit breiter tonniger Brust keine Leistungen erbringen können und zum Fettansatz neigen und Tiere mit schräger Rippe und vorn relativ schmaler Brust Höchstleistungen und Dauerleistungen erbringen, liegt darin, daß bei der tonnigen Brustform der Raumunterschied im Brustkorb zwischen Einatmung und Ausatmung nur sehr gering ist, während diese Differenz, die entscheidend für den Sauerstoffumsatz ist, bei der schrägen Rippe durch das Auseinanderdehnen des Brustkorbes (Atmungskapazität) ganz erheblich größer ist. Daher nannte Duerst den Typ mit der schrägen Rippe auch den Atmungstyp und den mit der steilen tonnigen runden Rippe den Verdauungstyp. Hinzu kommt, daß auch das Zwerchfell bei der schnittigen Form des Atmungstyps schräger im Leib liegt und eine große Fläche einnimmt. Bei der tonnigen Brustform liegt das Zwerchfell ziemlich steil im Körper und macht dementsprechend eine kleinere Fläche aus. Die Zwerchfellatmung, die ja auch von größter Bedeutung ist, hat also bei den Tieren mit schräger Brust eine erheblich höhere Kapazität.

Die Leistungsfähigkeit hängt vom Sauerstoffumsatz und von der entsprechenden Atmungskapazität der Lunge ab. Diese wiederum von der Mechanik der Rippen und des Zwerchfells bei der Atmung. Diese anatomischen Voraussetzungen sind aber nicht nur für die Höchstleistung im Rennen über kurze Distanzen, sondern auch für die Dauerleistung von größter Wichtigkeit.

Es ist ein leider noch immer in der Tierzucht weit verbreiteter Irrtum insbesondere bei Praktikern ohne fundierte wissenschaftliche Ausbildung, daß eine breite tonnige Brust etwas Gutes bei Leistungstieren sein sollte. Ein Beispiel ist der Wallach Shraffran von Ohliger, der jahrelang die Distanzritte in Ankum gewonnen hat. Dieser Hadban-Enzahi-Sohn aus Marbach ist wohl u. a. wegen seiner Schmalbrüstigkeit nicht Zuchthengst geworden. Ein typisches Beispiel, wie es endlich notwendig wird, mit verkehrten Beurteilungsmethoden aufzuräumen. Man wird auch unter den übrigen Spitzenpferden der Distanzritte keine Pferde mit tonniger Rippe finden. Die Beispiele ließen sich zahllos vermehren. An den Hengsten der Hengstprüfungsanstalt Westercelle hat man festgestellt, daß die erfolgreichen Hengste in der Prüfung eine schmalere Brust hatten als die weniger erfolgreichen. Dabei ist hier der Geländeritt nur eine von mehreren Disziplinen.

Die Gurtentiefe (Brusttiefe), das Maß vom Widerrist zur unteren Begrenzungslinie der Brust, soll normal und keinesfalls besonders ausgeprägt sein. Das Vorderbein soll korrekt gestellt sein, die Vorarmmuskulatur stark ausgeprägt, das Vorderfußwurzelgelenk klar modelliert und ausgeprägt sein, der vordere Mittelfuß trocken, prägnant und die Sehnen an der hinteren Begrenzungslinie klar modelliert und deutlich markiert. Das Fesselbein soll lang und elastisch sein und bei normaler Aufstellung des Pferdes einen Winkel von etwa 45 Grad zum Boden bilden. Die Begrenzungslinie an der Vorderseite des Fesselbeines soll harmonisch und in der gleichen Winkelrichtung in den Huf übergehen. Der Huf des arabischen Pferdes ist verhältnismäßig klein, keinesfalls breit und flach, sondern klar und hart, die Eckstreben sind gut ausgeprägt. Die Hufkonsistenz soll widerstandsfähig sein, so daß die Pferde ohne Beschlag auskommen. Der Strahl ist gut ausgeprägt und von federnder gesunder Konsistenz, so daß er einen guten Schutz für die empfindliche Hufrolle bildet. Ein schwammiges unklares Fundament mit derber Haut und unklarer Modellierung der Sehnen ist abzulehnen. Der Rücken soll in jedem Falle mittellang und sehr elastisch sein. Dies ist die Voraussetzung für eine gute Sattellage und große Geschmeidigkeit der Bewegung, weshalb das arabische Pferd angenehm zu reiten ist. Ein kurzer fester Rücken ist fehlerhaft. Die Kruppe ist mittellang, beim Koheilan gelegentlich ziemlich horizontal, bei der typischen Saklawistute eher dachförmig. Die Breite an den Hüfthöckern soll der Breite in den Umdrehern entsprechen. Die gesamte Bemuskelung der Hinterhand muß kräftig und harmonisch sein. Die Nierenpartie als Übergang von der Mittel- zur Hinterhand ist kurz. Die Querfortsätze der Nierenwirbel sind breit, so daß hier eine kräftige Rückenmuskulatur auflagern kann und eine gute Kraftübertragung von der Hinterhand nach vorn möglich ist. Die Flanke soll normal ausgebildet sein. Das arabische Pferd hat allerdings die Eigenschaft, daß der gesamte Verdauungsraum nach Hungerzeiten bei verstärktem Rauhfutterangebot oder beim Auftreiben auf die Weide im Frühjahr sehr erweiterungsfähig ist. Die Knochen der Hinterhand sollen eine gute Winkelung gegeneinander vorweisen. Das Oberschenkelbein bildet bei normaler Stellung mit der Linie zwischen Kniescheibe und Umdreher gegenüber dem Hüfthöcker mindestens einen rechten Winkel. Ebenso soll es mit dem Unterschenkelbein etwa einen rechten Winkel bilden. Das Sprungbein als wichtigster Hebel am Sprunggelenk soll ausgeprägt sein, so daß das Sprunggelenk im ganzen kräftig ist. Dieses ist wichtiger als eine ideale Einschienung des Sprunggelenkes gegenüber dem Hintermittelfuß. Über Hintermittelfuß und Hinterfessel gilt das gleiche wie beim Vordermittelfuß und Vorderfessel. Lange Fesseln sind Voraussetzung für elastische schwungvolle und federnde Bewegungen. Der Hinterhuf ist etwas schmaler als der Vorderhuf.

Der Schweif ist hoch angesetzt und wird im hohen weiten Bogen getragen. Es kommt gerade bei rassereinen Vollblutarabern vor, daß sie bei Verspannungen oder Erregung den Schweif schief tragen. Dies muß sich aber geben, wenn das Pferd im reiterlichen Sinne gelöst ist.

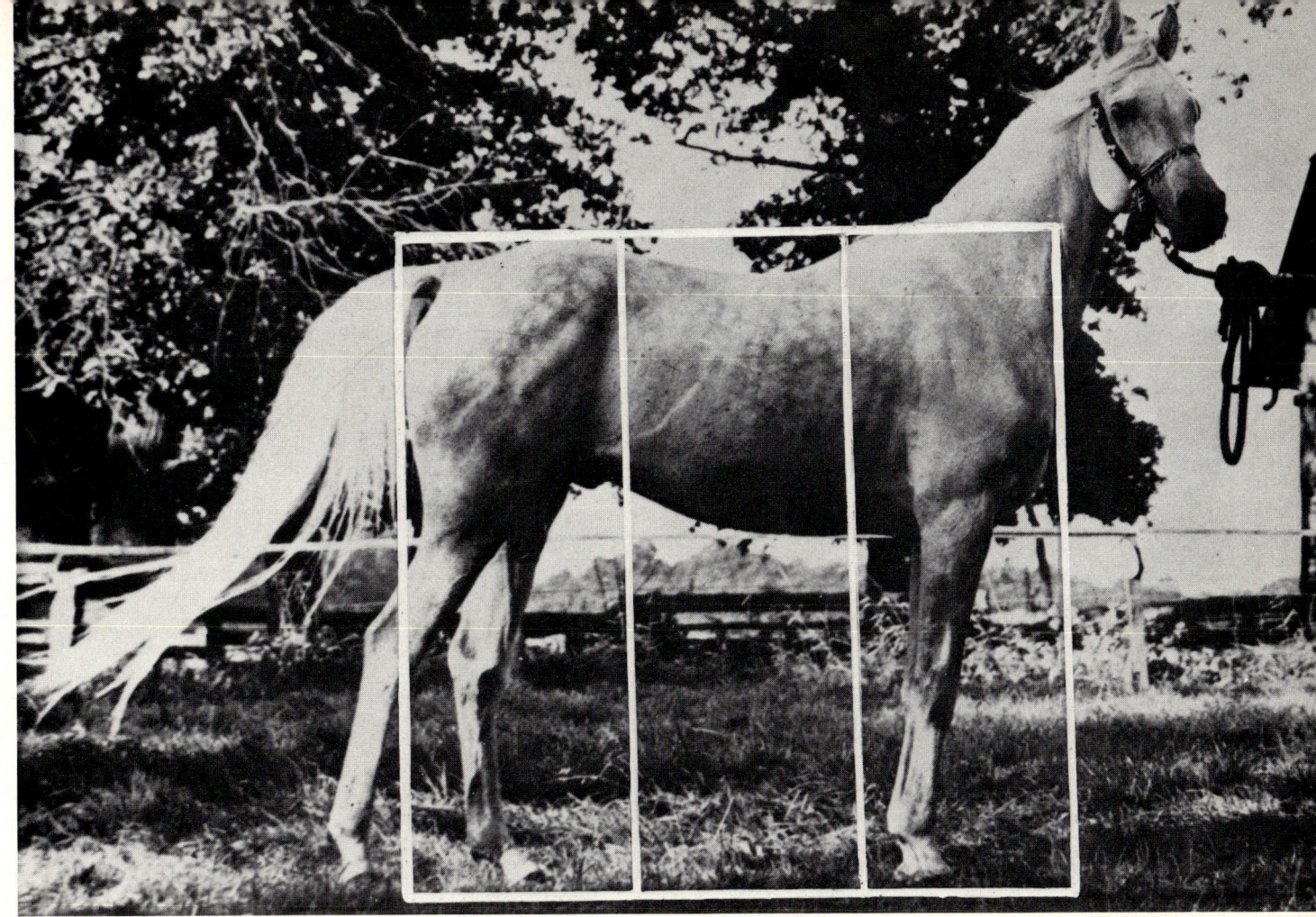

Gleichgewichtspferd im kurzen Rechteckformat (fast Quadrat). - Mahomed (Hadban Enzahi/Malikah) - Z. Dr. Filsinger, Bes. Dömken. Foto: Filsinger.

Die Körperproportionen des arabischen Vollblüters sind dadurch gekennzeichnet, daß man ihn auch als Gleichgewichtspferd bezeichnen. Dies bedeutet, daß der Rumpf in etwa drei gleichlange Teile geteilt ist. Das erste Drittel ist in waagerechter Richtung zu denken, von der Bugspitze bis etwa in Höhe des Endes des Schulterblattes. Das zweite Drittel von hier bis zum Hüfthöcker und das dritte Drittel vom Hüfthöcker bis zum Sitzbein. Extreme im Größenwachstum, aber auch in der Rumpfigkeit, im Breitenwuchs und in der Brusttiefe sind tunlichst zu vermeiden. Zu grobe und zu fettwüchsige Pferde sind ebenso unerwünscht wie solche mit schwammiger Haut und unedlem Ausdruck in der Gesamterscheinung.

Das arabische Vollblutpferd soll im kurzen Rechteckformat stehen. Dieses hier gemeinte Rechteck wird gebildet durch die Bodenlinie, durch die beiden Senkrechten, die vorn in der Höhe der Bugspitze gezogen werden und hinten von der hinteren Fesselbegrenzungslinie über den Sprungbeinhöcker zum Sitzbein, die obere Begrenzungslinie wird gebildet durch eine Waagerechte, die durch die höchste Widerristspitze und die obere Begrenzung des Kreuzbeines gebildet wird. Bilden diese gedachten Linien ein Quadrat, so ist dieses noch als rassetypisch anzusehen. Fehlerhaft ist ein Hochrechteck oder ein zu lang gestrecktes Rechteck.

DIE GANGARTEN

a) Der Schritt soll energisch, fleißig, aber nicht extrem lang sein. Die schnelle energische Fußfolge ermöglicht ein gutes Schrittempo. Dabei sollen die Beine lang und elastisch federnd, fast katzenartig, nach vorne schwingen.

b) Der Trab soll vor allen Dingen elastisch, federnd und schwungvoll sein. Dabei soll der Vorderfuß nicht unbedingt mit extremer Streckung oder gar noch hochgestrecktem Huf nach vorn ausgreifen, so daß er beim Auffußen mit der Eckstrebe zuerst auf den Boden trifft und dadurch die Hufrolle gefährdet. Es ist besser, wenn das Vorderbein mit ganz leichter Neigung im Vorderfußwurzelgelenk so auffußt, daß der Huf gleichmäßig auffußt. Dies entspricht den Notwendigkeiten des natürlichen Federungsmechanismus im Huf. Von großer Bedeutung dagegen ist die Aktivität der Hinterhand im Trab. Das Sprunggelenk soll hoch und stark angewinkelt werden, der Hinterfuß weit nach vorne unter den Schwerpunkt des Körpers treten. Dabei ist es bei den sonstigen Körperproportionen des Vollblutarabers notwendig, daß der Hinterfuß im starken Trabe an dem Auffußpunkt des Vorderfußes vorbeitritt. Eine leichte Auswärtsstellung in der Hinterhand und eine etwas breittretende Hinterhand im starken Trab ist daher kein schwerer Fehler. Da Pferde in der Natur vielfach im unebenen Gelände auf eine seitliche Abstützung angewiesen sind, findet man beim Vollblutaraber gelegentlich auch in der Vorderhand eine etwas zehenweite Stellung. Diese ist nicht als schwerer Fehler anzusprechen. Dagegen ist die zehenenge oder bodenenge Stellung der Extremitäten immer ein Fehler. Wenn die Hinterhand im Trab kraftlos nachschleppt, so ist dies als ein schwerer Fehler zu bezeichnen, falls es nicht gesundheitliche Gründe hat. Die aktive Hinterhand zeigt die Fähigkeit zur Versammlung auf der Hinterhand. Dies ist für jedes Reitpferd von wesentlicher Bedeutung.

c) Der Galopp soll rund, rollend und energisch sein. Er soll klaren Dreitakt zeigen. In der freien Bewegung soll sich die Befähigung zu schneller Beschleunigung andeuten. Für den Vollblutaraber ist schnelle Reaktion und gute Balance charakteristisch. Auch in der freien Bewegung soll das Pferd beim Handwechsel umspringen.

Zusammengefaßt kann man sagen, daß die Beine des Vollblutarabers sein sollen wie Stahlfedern, die das Pferd jederzeit befähigen, sich unermüdlich und federleicht vom Boden abzuschnellen; - sie sollen aber keine Säulen sein, auf denen ein Denkmal ruht, das sich nicht bewegen kann.

Im Gesamteindruck soll der Vollblutaraber eine stolze Aufrichtung der Vorhand zeigen bei selbstsicherem Auftreten. Die typisch arabischen Bewegungsmanieren, die bereits angesprochen wurden, sollen in Erscheinung treten und Selbstsicherheit sowie innere Ruhe ausstrahlen.

Amurath v. Bairactar, Or.Ar. aus Saady III (1829).

DER TYP ALS KRITERIUM IN DER VOLLBLUT-ARABERZUCHT

Von Dr. Wenzler

Die Araber haben sich in eng begrenzten Räumen seit Jahrhunderten, vielleicht Jahrtausenden auf natürlichem Wege gegen andere Rassenkreise abgegrenzt und stellen einen bestimmten Rassetyp dar, der für uns heute noch das Ideal ist. Diese Rasse war also eh und je da und diente immer und ausschließlich der Reitpferdeverwendung. Sie wurde nicht zusammengesetzt und wir sind deswegen der Aufgabe enthoben, nach einem etwa für die Jetztzeit gültigen Zuchtziel zu suchen. Die Araberzucht hat keine Neuorientierung nötig, wie das bei anderen von Menschen zusammengesetzten Nutzrassen der Fall ist. Es ist auch Tatsache, daß eben dieser in der Wüste geborene reine Araber in den letzten Jahrhunderten bedeutende Leistungen, insbesondere auch züchterischer Art vollbracht hat. Bedenkt man beispielsweise, daß besonders im 19. Jahrhundert die europäischen Pferderassen weitestgehend von den Arabern geprägt wurden. Ich erinnere nur an einen Bairaktar, einen Amurath 1829 oder gar Amurath 1881, die das Weiler Blut in die Österreichisch-Ungarische Monarchie trugen und deren Söhne in der Zucht fruchtbar wurden in Polen und deren Enkel und Nachfahren heute noch in Hannoverschen und Holsteinischen Zuchten lebendig sind. Die Vererbungskraft der Araber veredelte und verbesserte die abendländischen Pferdezuchten, diese Durchschlagskraft war ein Produkt der relativen Reinheit des Blutes. Sollte es darüber eine Debatte geben, so sei erinnert, daß das englische Vollblut, das nicht nur blutmäßig verwandt, sondern durch die Abgrenzung gegen fremde Blutsanteile, obwohl erst seit 1793 rein gezüchtet, eine größere Sicherheit und Vererbungstreue erreicht hat, die für alle unsere Warmblut-Pferdezuchten nicht entbehrlich ist. Wenn man schon das englische Vollblut als Prototyp einer rein gezüchteten Rasse anspricht, dann ist das ein Hinweis, durch Pflege des Reinheitsgedankens dem ursprünglichen Araberbild und -Typ nachzueifern und die Vererbungstreue zu steigern.

Es ist eine Tatsache, die mehrfach bewiesen ist, daß Pferde Altägyptens oder später zu Mohameds Zeiten kaum durch gravierende Typverschiedenheiten von den Pferden unserer Tage getrennt sind. Das Arabische Pferd im ursprünglichen Wüstentyp ist keine Fatamorgana, kein Märchen, sondern eine Realität, und wenn das Arabische Pferd in der Zukunft eine Existenzberechtigung - auch als Regenerator für andere Pferderassen - haben will, dann muß unsere Zucht von dem ernsten Bemühen um den Fortschritt getragen sein mit dem Ziel einer reinen Araberzucht höchster Qualität, wie sie uns aus alten Stichen, Bildern und Beschreibungen gegenübertritt. Wir haben herrliche Stiche, Bilder, die uns den Typus des arabischen Pferdes darstellen, das im letzten Jahrhundert züchterische Großtaten vollbrachte und die Fürsten und Länder wetteifern ließ im Erwerb oder in der Zucht. Wir sollten diese alten Stiche und Bilder eingehend studieren und uns den reinen Typ dieser Tiere einprägen. Wenn selbst im Schreibzimmer des Leiters von El Zahraa in Ägypten, Dr. Marsafi, das Bild von Bairactar und Amurath 1829 als tägliches Vorbild würdig ist, dann weist uns das einen Weg, unsere Zuchttiere in den Typ eines Bairaktar, eines Amurath 1829, eines Jasir, Kaisoon, Hadban Enzahi, Fadl, Koheilan Haifi oder der Stuten Koheil Aguse oder Nadja und viele andere hineinzuprojizieren und sie nach diesem Idealbild zu bewerten. Jeder Züchter weiß, daß die klassischen Mittel in der Zucht die Selektion und die Paarung darstellen. Nur das beste Zuchtmaterial verbürgt den Fortschritt und jeder aufmerksame und erfolgreiche Züchter weiß, daß sich immer wieder die Tiere als Vererber herauskristallisieren, die den Zuchttyp am reinsten verkörpern. Es sind deshalb eben die Tiere und Familien, die entweder durch lange Jahre den Typ treu vererbt haben oder jene, die durch nahen Anschluß an Wüstenahnen eine hohe Reinheit des Blutes oder des Typs haben, für uns am wertvollsten.

Die Araberzuchten Europas und anderer Kontinente sind leider im Laufe des letzten Jahrhunderts bewußt oder unbewußt diesem Grundsatz nicht immer treu geblieben. Das gilt für Polen, für Deutschland, für die USA oder auch für andere Länder. Sogar in Weil, das laut Anweisung König Wilhelms I. nur Reinzucht betrieb, und zwar mit Hengsten und, was wichtig ist, besonders auch mit Stuten reiner Herkunft, wurde nach dem Ableben des Gründers gegen diese Grundsätze gehandelt. Man mag das unentschuldbar finden, aber der Zeitgeist und die züchterischen Ansichten haben sich gewandelt. Wir haben einsehen gelernt, daß wir auch und besonders auf Reinheit des Blutes auslesen müssen, daß wir nicht so weitermachen dürfen, weil sonst in 20 Jahren an züchterischer Substanz nichts mehr übrig bleibt. Es ist kaum zu verstehen, daß es bezüglich des Reinzuchtgedankens so sterile Auffassungen gibt, wo wir heute eigentlich dankbar sein müßten, eine stattliche Anzahl rein gezüchteter Pferde für die Selektion und die Zucht zu haben. Mir scheint, daß das kleine Reservoir an reinem Blut heute die Rettung darstellt. Wir brauchen diese Blutauffrischung, weil es Webfehler in den Pedigrees gibt. Der Rassetyp ist nur zu verbessern durch Verdrängung der schlechten mit besseren Eigenschaften. Gott sei Dank ist in allen unseren deutschen Zuchtstämmen ein großer Anteil an echtem arabischem Erbgut vorhanden. Wir müssen den Blutanschluß nützen, das gute Erbgut verdichten und - wenn es nötig ist - sogar überlegte Inzucht anwenden. Viele Stämme der deutschen Araberzucht haben den Funken in sich und es wird uns gelingen, Generation für Generation mehr den Wüstentyp wieder hervorzu-

Bairactar (1814).

zaubern. Klarheit und Zielstrebigkeit ist allerdings dafür Voraussetzung. Freilich sind nicht alle Importaraber große Vererber. Es ist nicht alles gut, was besonders in den letzten Jahren aus dem Ausland eingeführt wurde. Man kann manchmal entsetzt sein, wie urteilslos eingekauft wird, lediglich auf Grund einer Herkunft. Damit ist natürlich keine Zucht aufzubauen. Es wäre ein Irrtum zu glauben, daß das Heil nur aus Ägypten kommt. Wichtig ist nicht die nationale Herkunft, wohl aber die Reinheit. Es ist einerlei, ob die Wertvollen aus Amerika, England, Ägypten oder Polen kommen.

Oft wird befürchtet, daß Pferde mit polnischem Blutanteil abgewertet werden. Das trifft nicht zu. Kein Züchter kommt in die Zwangsjacke, wohl aber sollte man erkennen, daß nach 20 Jahren peinlichen Stillstandes eine Ausrichtung auf einen einheitlichen Typ und eine schärfere Auslese notwendig wird. Es besteht kein Zweifel, daß das Pedigree ein Hilfsmittel ist, das - richtig gelesen - wertvoll ist. Es wird auch notwendig werden, den Züchter, der Hilfe braucht, über die wertvollen Tiere zu orientieren. Das bedeutet eine Hilfe für den einfachen Züchter in der Wahl der Hengste. Das ermöglicht auch, gutes Erbgut zu sammeln und vor allem es nicht sinnlos zu vermischen und zu verschleudern. Es wird zum Nutzen aller eine kleine Zahl von solchen für jeden erkennbare arabische Pferde - besonders Hengste - geben, deren Zuchtverwendung besondere Bedeutung haben wird und die einer härtesten Selektion unterliegen müssen. Kein Züchter möge sich täuschen. Die Qualifikation kann nicht nur auf Grund des Pedigrees erworben werden, etwa nur für Importe, sondern nach bewiesener Leistung und Vererbung unter Anlegung strengster Maßstäbe bezüglich Typ und Zuchtleistung. Diese Maßnahme könnte eine Ausrichtung unserer deutschen Zucht bringen und sich segensreich für die Stellung der Deutschen Araberzucht in der Welt erweisen.

Vielfach wird der Gedanke geäußert, daß diese Dinge von der Welt-Araber-Organisation geklärt werden müßten. Es ist meine feste Überzeugung, daß wir vergebens auf eine Definition des Vollblutaraberbegriffes durch die Welt-Araber-Organisation warten. Ich bin im Gegenteil der Meinung, daß wir diese Dinge in die eigene Hand nehmen und der Welt-Araber-Organisation bewährte Vorschläge an die Hand geben, um die Araberzucht der ganzen Welt zu sanieren.

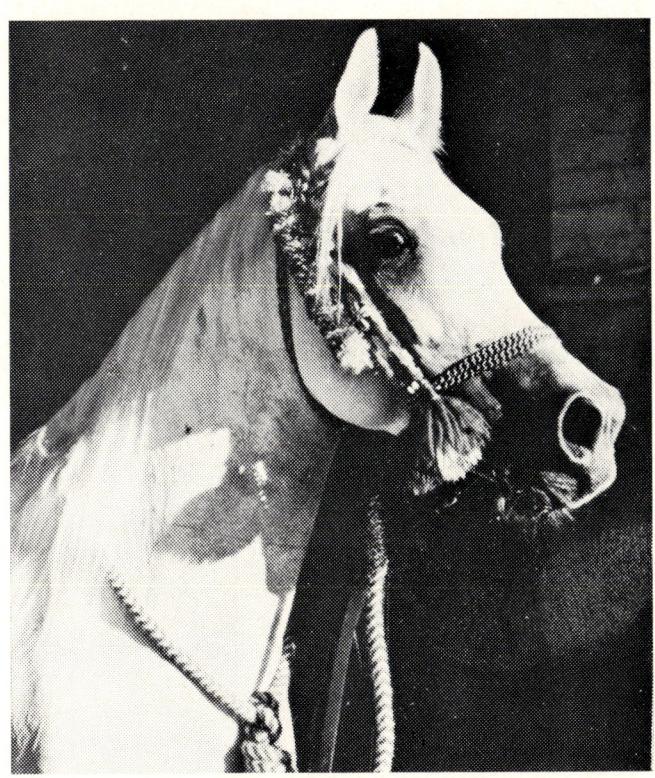

Hadban Enzahi, Marbach Nr. 9, 1952 El Zahraa, Ägypten. Hauptbeschäler im Württembergischen Haupt- und Landesgestüt Marbach.

Wir sollten uns um unsere eigenen Sorgen kümmern. Unsere Chance lag und liegt in einer auf ein klares Ziel ausgerichteten und straff geführten Zucht. An der Einheitlichkeit und Typenreinheit wird die Höhe einer Zucht gemessen. Es wird kaum einem deutschen Züchter entgangen sein, wie in Polen die Blutlinien der reinen Stuten Sahara, Miecha und Gazella oder die Hengstlinien, die etwa auf einen Kuheilan-Haifi und andere zurückgehen, in den Vordergrund geschoben werden. In Ungarn hat man in Babolna eine reine Zucht auf ägyptischem Blut aufgebaut. Rußland hat versucht, eine Blutanleihe in Ägypten zu nehmen. Die Araberzucht der USA hat in den letzten dutzend Jahren in aller Stille Importe bester Qualität aus Ägypten erworben. In England werden rein gezüchtete Tiere mehr und mehr begehrt, und was den anderen recht ist, das sollte der Deutschen Araberzucht doch billig sein. Es wäre nicht zu verstehen, wenn die Deutsche Araberzucht ihr wahres in den Satzungen niedergelegtes Zuchtziel selbst verleugnet. Es ist paradox, wenn das rein arabische Blut in den eigenen Reihen verteidigt werden muß.

Man sieht in allen Araberzuchten der Welt einen gewissen Aufbruch, ob das in England, Polen, Rußland, USA oder sonstwo ist. Tatsächlich unterscheiden sich die nationalen Araberzuchten sehr wesentlich. Zweifellos hat das Klima und der Boden diese Zuchten beeinflußt. Denkt man beispielsweise an die Englische Araberzucht, die maritimem

Koheil-Aguse (1840).

Klima und schwerem Boden unterworfen ist, dann wird es begreiflich, daß beispielsweise in Polen mit Sandböden und dem kontinentalen Klima, das der Wüste sich mehr nähert, der bessere Araber wächst. Einen ganz großen Einfluß hat zu allen Zeiten der Faktor Mensch gespielt. Es sei nur an die Beeinflussung des englischen Typs durch die Familie Wentworth erinnert. Das gleiche gilt wohl auch von der Russischen Araberzucht, die derber und primitiver wirkt. Für Studienzwecke sind aber die USA besonders geeignet. Man ist entsetzt, wenn man in den arabischen Zeitschriften der USA die edelsten Araber neben Pferden im Warmbluttypus findet. Es zeigt sich, daß es auch ein Erwachen in den USA in dieser Hinsicht gibt. Ich selbst halte die Einflußnahme des Menschen in der Araberzucht für ungleich wichtiger als die der Natur. Mit der künstlichen Selektion durch den Menschen kommt nicht nur der Zeitgeschmack, gewisse wirtschaftliche Vorstellungen und das Bedürfnis nach Schönheit, sondern auch ganz einfach der Geschmack der verschiedenen Länder zum Ausdruck. Man kann deswegen ohne zu übertreiben sagen, daß es nur wenigen Ländern und Zuchten gelungen ist, einen Kulturaraber zu züchten, der sich dem Vorbild des Wüstenarabers angleicht. Meines Erachtens hat die Deutsche Araberzucht eine große Chance, wenn sie ihr Zuchtziel an dem rechten originären Typ der Wüste orientiert. Mir ist das nie deutlicher aufgegangen als auf der englischen Araberschau in London im Jahre 1967. Plötzlich wurden die Worte von Lady Anne Liton, der Tochter von Lady Wentworth, vor meinem Auge lebendig. Sie schrieb einmal und kennzeichnet damit die Englischen Araber: "Er soll stolz sein wie ein Pfau. Wenn er diese Qualität nicht besitzt, ist er kein erstklassiger Araber, mag er auch gute Punkte aufweisen." Sie fährt fort, "er hat vielleicht bei näherer Prüfung ernstliche Körperbaufehler und würde deswegen im Schauring nicht hoch einklassiert, doch ist es wichtig, daß er diese Eigenschaften besitzt! Er trägt seinen Kopf hoch, höher als der Englische Vollblüter, der hochangesetzte Schweif wird im Gang ebenfalls hoch und in einem Bogen getragen." Hier fand ich nach ihrer Beschreibung die feinen Köpfe mit dem kleinen Maul, mit den großen Augen (Auge der Jerseykuh - Wilfried Blunt spricht immer wieder von den großen Augen, die deutlich hervortreten und die Form des menschlichen Auges haben), die Nüstern, die leicht nach oben hin gewendet und außerordentlich erweiterungsfähig sein sollen. Hier sind auch die langen Hälse plastisch geworden, "die wie ein herrlicher Bogen sich spannen." Sie schreibt allerdings nichts von den weichen Formen, den weichen Rücken und gespaltenen Kruppen. Wie himmelweit ist da der Unterschied gegen den polnischen Typ mit seinen klaren Konturen, mit seinen charakteristischen gemeißelten Köpfen und wohlgeformten Hälsen, seiner schönen und guten Oberlinie. Wie sehr sich der nationale Geschmack in der Zucht ausprägen kann, kennzeichnet eine Bemerkung Wilfried Blunts über den Gang. Er spricht "von den fliegenden Tritten" eines durch Farnkraut ziehenden Rehes beim Araber. In Langsambewegung soll der Gang tänzelnd sein. Man könnte noch viele Einzelheiten erwähnen, die Verständnis erwecken für den Typ des heutigen englischen Arabers. Aus Gesprächen weiß ich, daß heute führende Züchter diesem Typ der arabischen Parkpferde nicht mehr trauen. Es wundert deshalb nicht, daß England vorwiegend seine Importe aus Polen tätigt. Es steckt dahinter der Wunsch nach reinerem klarerem Typ, der vor 100 Jahren in allen nationalen Araberzuchten ganz bestimmt einheitlicher war und der droht verloren zu gehen. Ich glaube, die Feststellung kann gewagt werden: Es findet in der ganzen Welt ein Aufbruch zum originären Typ hin statt. Die Deutsche Araberzucht tut gut, diese Dinge mit Aufmerksamkeit zu verfolgen und intensive Anstrengungen zu machen in der Zucht zum reinen arabischen Typ. Wir wollen den Anschluß nicht verpassen, sondern im Gegenteil die Chance der Stunde wahrnehmen.

Ghazal
v. Nazeer a. d. Bukra
Züchter: El Zahraa

ZEITTAFEL ZUR ENTWICKLUNG DER VOLLBLUT-ARABERZUCHT IN DER BUNDESREPUBLIK DEUTSCHLAND

1817 — Gründung des Gestüts Weil durch König Wilhelm I. von Württemberg. Bereits vorher und zu diesem Zeitpunkt Import von etwa 15 Vollblutaraberstuten und zwei Vollblutaraberhengsten aus dem Orient, darunter die Stammstute der heute noch weit verbreiteten Stutenfamilie Murana I und der berühmte Gründerhengst Bairactar.

1836 - 1890 — Blütezeit der Weiler Vollblutaraberzucht - Bekannt durch die Hengste Amurath 1829 und Amurath 1881.

1930 — Import des Hengstes Jasir aus dem Gestüt des Prinzen Mohamed Ali - Ägypten durch C. R. Raswan.

1932 — Übernahme der Weiler Zucht durch das Haupt- und Landgestüt Marbach - Gestütsbestand vier Hengste, zwölf Stuten und Nachzucht. Seither - seit 46 Jahren - ununterbrochene Zucht des Vollblutarabers in Marbach, vorwiegend unter Verwendung von Hengsten ägyptischer Blutführung.

1938 — Gründung der ersten heute noch aktiven Privatzucht von Dr. Kurt Entress, Nürtingen, auf Marbacher Grundlage.

1943 — Erste Planung eines Stutbuches für Vollblutaraber in Deutschland mit dem Fernziel einer weltweiten Zusammenarbeit in der Vollblutaraberzucht. Dieses Ziel wurde später durch die World Arabian Horse Organization verwirklicht.

1949 — Gründung der "Gesellschaft der Züchter und Freunde des Arabischen Pferdes e. V." als erste Züchterorganisation privater Vollblutaraberzüchter in Deutschland. - Anfangsbestand: 32 Vollblutaraberzuchtpferde.

1967 — Anläßlich des 150jährigen Bestehens des Gestütes Weil-Marbach - Veröffentlichung des ersten Stuten- und Hengstregisters für arabisches Vollblut.

1969 — Gründung des Zuchtverbandes "Araber-Stutbuch von Deutschland e. V." als zweite Züchterorganisation für Vollblutaraberzüchter in Deutschland.

1974 — Veröffentlichung des Araber-Stutbuch von Deutschland Band I - Vollblutaraber. - Erste umfassende Dokumentation über einen Teil der deutschen Vollblutaraberzüchter mit Pedigrees über fünf Generationen und Nachweis der Ursprünge, Tafeln der Hengstlinien und Stutenfamilien.

1974 — Ende der Tätigkeit der beiden bisher bestehenden Zuchtorganisationen und Neugründung eines einheitlichen Zuchtverbandes für die ganze Bundesrepublik: "Verband der Züchter des Arabischen Pferdes e. V.".

1978 — Drucklegung eines neuen Stutbuches für Vollblutaraber, in dem alle bisher in der Bundesrepublik Deutschland bei den Zuchtverbänden registrierten Vollblutaraber verzeichnet sind. - 4. bis 8. September 1978 Konferenz der World Arabian Horse Organization in Hamburg.
Bestand der beim Verband der Züchter des Arabischen Pferdes e. V. eingetragenen anerkannten Vollblutaraberzuchthengste und dreijährigen und älteren Zuchtstuten im Mai 1978:

189 Vollblutaraberhengste
432 Vollblutaraberstuten.

Dazu kommt etwa die gleiche Anzahl an Nachwuchspferden im Alter von ein bis drei Jahren.

DIE QUELLEN DER DEUTSCHEN VOLLBLUT-ARABERZUCHT

Die privaten Zuchten in Deutschland sind zunächst vorrangig durch Verkauf von Vollblutarabern aus dem Gestüt Weil-Marbach beeinflußt worden. Insofern ist der Stutenstamm der Murana I und das Blut des Hengstes Bairactar auch heute in der deutschen Vollblutaraberzucht ganz allgemein weit verbreitet. In der langen Zuchtgeschichte von Weil-Marbach sind immer wieder vornehmlich Hengste aus dem Orient, besonders aus Ägypten, importiert worden, die eine günstige Weiterentwicklung der Zucht bewirkt haben. Eine der ersten privaten Zuchten auf Marbacher Grundlage war die des Fürsten zu Inn- und Knyphausen in Lütetsburg/Ostfriesland.

Durch die Nachkriegsverhältnisse gelangten dann aus der Vollblutaraberzucht des ungarischen Staatsgestüts Babolna einige Stuten nach Bayern, die im Gestüt Achental, Frau Griesbach, Gründerstuten einer bedeutenden deutschen Vollblutaraberzucht wurden, so die 1933 geborene Fuchsstute Khabitah v. Kuhaylan-Zaid a. d. 204 Kemir, weiterhin die 1937 geborene Fuchsstute Isabell, die 1941 geborene Schimmelstute Comtesse, die 1939 geborene Fuchsstute Khema und die 1943 geborene Schimmelstute Rozka.

Aus Polen kamen ebenfalls durch die Umstände der Jahre 1944 und 1945 einige Vollblutaraberhengste nach Deutschland, wie im nächsten Kapitel näher erörtert wird. Später wurden durch Privatzüchter, die besonders die Härte und Eleganz der polnischen Vollblutaraber schätzten, immer wieder Zuchtpferde aus den Gestüten Janow-Podlaski und Michalow importiert.

Den bedeutendsten Einfluß auf den derzeitigen Bestand der Vollblutaraberzucht in der Bundesrepublik Deutschland haben aber Importe aus dem ägyptischen Staatsgestüt El Zahraa gehabt. Nachdem im Jahr 1955 die ersten bedeutenden Nazeer-Söhne dort angekauft wurden, sind immer wieder Züchter nach Ägypten gereist und haben den Bestand der deutschen Vollblutaraberzucht mit ägyptischen Blutlinien bereichert. Die meisten dieser Züchter haben das Bestreben, mit diesen Pferden ägyptischer Blutlinien möglichst rein weiterzuzüchten, um dieses wertvolle Blut zu erhalten. Sie schlossen sich im "Asil Club" zusammen, der es sich zur Richtschnur gemacht hat, ein Pferd zu züchten, dessen Abstammung ausschließlich auf die Beduinenzucht zurückgeht, ohne nachgewiesene Einkreuzung nichtarabischer Pferde. Dieser Club ist keine neue Züchtervereinigung. Es ist vielmehr eine Interessengemeinschaft von Züchtern, die im übrigen wie alle anderen Vollblutaraberzüchter ordentliche Mitglieder des Verbandes der Züchter des Arabischen Pferdes sind. Die Bestrebungen des Asil Clubs sind die gleichen wie die des Blue Catalogs und der Pyramid-Society in den Vereinigten Staaten.

Die spanische Vollblutaraberzucht als Blutquelle für die deutsche Zucht kam erstmalig seit dem Jahr 1965 im Gestüt Dömken zur Geltung und dann später durch einen Import einer größeren Zahl von Stuten im Gestüt "Om El Arab" des Züchterehepaares Merz. Seitdem haben die Pferde spanischer Blutführung sich einen festen Platz im Rahmen der deutschen Vollblutaraberzucht erobert, wobei sich die Kombination mit ägyptischen Linien sehr bewährt hat.

Die englische Vollblutaraberzucht, die weltweite Bedeutung erlangt hat, vor allen Dingen durch Beeinflussung der Zuchten in den USA, in Südafrika und Australien sowie in Holland, hat für die Zucht in Deutschland eine begrenzte Bedeutung erlangt. Ihr Einfluß ist gegeben durch den im holländischen Gestüt Rodania gezüchteten Hengst Nizar, der rein englischer Blutführung ist und durch die Importe des Gestüts Vorderbrügge in Billerbeck.

Die USA haben als Lieferland von Zuchtpferden für die deutsche Vollblutaraberzucht ebenfalls nur verhältnismäßig geringe Bedeutung vornehmlich durch die Züchter Olms, Dr. Hirsch, Steiner und Koch.

Auch aus dem russischen Staatsgestüt Tersk wurden Vollblutaraber in die Bundesrepublik importiert, von denen wieder ein verhältnismäßig großer Anteil Nachkommen des ägyptischen Hengstes Aswan sind, die vornehmlich in den Gestüten Garde und Prof. Koenig eine neue Heimat fanden. Im Jahre 1971 hatte das Gestüt Moritzberg den Tersker Hauptbeschäler Salon v. Negativ erworben.

Abgesehen von einigen Stuten, die aus der erst 1978 von der WAHO anerkannten tunesischen Zucht gekommen sind, stellen alle anderen Importe Herkünfte dar, die direkt oder indirekt auf die vorstehend genannten Ursprungsländer zurückgehen.

Die vorstehende kurze Übersicht zeigt, daß die deutsche Vollblutaraberzucht praktisch über alle in der Welt interessanten Blutlinien verfügt. Insofern ist es den deutschen Vollblutaraberzüchtern möglich, nicht nur bestimmte Blutlinien in sich weiterzuzüchten, sie haben vielmehr vor allen Dingen auch die Möglichkeit, durch entsprechende Anpaarungen die Abstammungen zu kombinieren und dadurch je nach Geschick und züchterischem Fingerspitzengefühl neue Möglichkeiten der Weiterentwicklung zu erschließen. Es ist durchaus möglich, daß sich diese Kombinationen beispielsweise auf die reiterliche Qualität günstig auswirken können. Kaufinteressenten haben die Möglichkeit, sich vielseitige und anspruchsvolle Wünsche erfüllen zu können.

DIE DEUTSCHE VOLLBLUT-ARABERZUCHT - EINE DER ÄLTESTEN REINZUCHTEN AUSSERHALB DER WÜSTE

Weil, im Neckartal bei Stuttgart gelegen, hat in der hippologischen Welt einen klangvollen Namen errungen, der in dem Gründungsalter im Jahr 1817 als Privatgestüt der württembergischen Könige begründet ist. Weiler Pferde haben das Gesicht der europäischen Pferdezucht mitgeprägt. Sein Gründer, Kronprinz Wilhelm, später König Wilhelm I. von Württemberg, war von einer tiefen Liebe zu den Pferden beseelt, und die Gestütsgründung in Weil ist daher sein ureigenstes Werk. In den ersten Notjahren nach den napoleonischen Kriegen war es das persönliche Anliegen des Monarchen, die eben aufstrebende schwäbische Wirtschaft zu fördern. Dabei spielte das Pferd damals für das Transportgewerbe eine entscheidende Rolle. In weitschauender Weise auf die Mehrung seiner Hausmacht durch eine gute Pferdezucht bedacht, wollte er diese wertvollsten Pferderassen seinem Lande nutzbar machen. Wohl galt die züchterische Arbeit des aufgeschlossenen königlichen Gestütsherrn in einer einmaligen privaten Weise dem Aufbau einer reinen Araberzucht, aber es darf doch nicht übersehen werden, daß sie nicht Selbstzweck war, sondern im letzten Sinne der Veredelung der einheimischen Landespferdezucht diente.

Saher v. Ghazal u. d. Sahmet - Z. u. Bes. Marbach - Ein herausragender Vertreter des seit 1817 stutbuchmäßig geführten Stutenstammes der Murana I (Weil-Marbach). Siegerhengst der Internationalen Araberschau 1973 in Verden. Foto: Sting.

Im Gegensatz zu anderen europäischen Araberzuchten wurden in Weil nicht wie anderwärts die Belange von Privat- und Landeszucht vermischt, sondern Wilhelm I. sorgte durch persönliche Anordnung dafür, daß zwar die Vollblutaraberzucht Zuchtmaterial an die vorwiegend von kleinen Landwirten betriebene Pferdezucht des Landes abgab, aber er blieb gleichzeitig seiner Idee der Zucht eines reinblütigen Pferdes auf der Grundlage von Originalarabern treu. Dazu führte er Hengste, besonders aber originale Stuten ein, die zum Grundstock der Zucht werden sollten. Es ist dies eine Erscheinung, die besonders hervorgehoben zu werden verdient, weil es zwar im letzten Jahrhundert im In- und Ausland arabische Gestütsgründungen gab, diese jedoch ihre Zuchten über die Auftartung von Landstuten mit arabischen Hengsten aufbauten.

Durch "allerhöchstes Decret vom 30. 9. 1817" wurden die Domänen Weil, Scharnhausen und Kleinhohenheim zum königlichen Privatgestüt erklärt. Bereits in den Gründungsjahren wurde Baron von Fechtig, ein Araberkenner von Format, beauftragt, Zuchtmaterial aus dem Orient zu kaufen. Das Leibreitpferd Emir und die heute noch in dem Weiler Pedigree zu findende Stute Murana I kamen 1814 bzw. 1816 mit anderen Stuten nach Weil. Im Jahre 1817 brachte Baron von Fechtig weitere sieben Stuten sowie die Hengste Bairactar und Tajar aus dem Orient. Während letzterer sich als wenig geeignet für die Zucht erwies und verkauft wurde, war die Erwerbung von B a i r a c t a r, dessen Blut die Weiler Zucht für 100 Jahre nachhaltig beeinflussen sollte, ein Volltreffer. Er stammte aus dem Saklavi-Djedran-Stamm. Den Anfangsbestand ergänzten die im Jahre 1819 von Graf Rcewusky, der zwei Jahre lang im Orient weilte, eingeführten Transporte von acht Originalhengsten und zwölf Stuten ausgezeichneter Qualität. Darunter befand sich auch der Hengst Goumousch-Bournou, ebenfalls aus dem Saklavi-Djedran-Stamm.

Eine wertvolle Bereicherung erfuhr das Gestüt dann 1821 durch die Stuten Hamdany I und Czebessie I. Sie kamen über das ungarische Gestüt Babolna nach Weil. Hamdany I sollte in der Zucht über ihre Tochter Sady, die Mutter von Amurath 1829, erfolgreich werden.

Welche Liebe und welchen Nachdruck König Wilhelm I. auf sein Arabergestüt verwandte, geht wohl am besten daraus hervor, daß es 1822 bereits 18 originalarabische Mutterstuten und 24 in Weil gezüchtete Nachkommen zählte. Schon in der ersten Generation wurden die "Vollblutaraber stärker und größer als die Eltern, ohne von dem hochedlen Typus sowohl in den Umrissen, als auch in dem feinen Haar zu verlieren". Vor allem fiel das Augenmerk bald auf Bairactar, dessen harmonische, ausgeglichene Körperform, dessen Feuer und Adel bald auffielen. Er ist d e r Araberhengst, auf dem das Gestüt aufbaute und auf dessen Blut jene Erfolge gründeten, die den Ruf der Weiler Zucht in ganz Europa ausmachten. Er hat die Zucht für mehr als ein Jahrhundert bestimmt.

Die Zucht blühte rasch auf. Das Gestüt wuchs durch die immer aufs Neue getätigten Einfuhren über den geplanten Umfang weit hinaus, wodurch die Weiler Araber bald in ganz Europa bekannt und begehrt waren. Es mag nur am Rande bemerkt werden, daß 1834 bereits der Versuch von Araberrennen durchgeführt wurde. Allerdings sind diese Rennen später wieder aufgegeben worden. In dieser Zeit erwarb auch bereits das ungarische Gestüt Babolna die ersten Zuchtpferde in Weil. Diese Ankäufe erlangten für die ungarische Zucht größte Bedeutung. Die 1852 eingeführte Stute Koheil-Aguse aus der Familie Koheil-Adjouz stellte einen Gewinn dar, ebenso wie der Hengst Gadir, der für lange Zeit der letzte Originalaraber in Weil sein sollte. Welch feinen Typ die Einfuhren damals besaßen, bewundern wir heute noch auf den uns glücklicherweise erhalten gebliebenen Stichen.

> Der Auswahl beim Kauf und bei der Zuchtwahl scheint ein absolut festgefügtes Idealbild von Arabern zugrunde gelegen zu haben. Es wird immer wieder in der Pferdezucht betont, daß das Pferd ein Produkt seiner Zeit sei. Das ist für die Warmblutzucht sicher, in der Araberzucht aber nur bedingt richtig, denn es handelt sich um die Erhaltung des reinen Wüstentyps, und gerade die Zucht in Weil scheint uns eine Mahnung zum Festhalten des damals vorhanden gewesenen Idealbildes des Arabers zu sein. Es drängt sich der Gedanke auf, daß gerade bei der Araberzucht Modetendenzen, die in der Reitpferdezucht richtig sein mögen, keinen Platz beanspruchen können.

Die damaligen Maßstäbe mahnen zum Vergleich und legen nahe, sich auf jenes Zuchtziel zu besinnen und ihm nachzueifern. Der erste Glanz unter zahlreichen anderen wurde der Zucht aufgesetzt durch den Hengst Amurath 1829, ein Hengst, der aus einer Paarung des Hamdani-Stammes mit Bairactar entsproßte. Amurath 1829 war Hauptbeschäler von 1836 bis 1856 und wohl der würdigste und beste Sohn von Bairactar. Er hatte den Adel seines Vaters geerbt und hatte reinen arabischen Typus. Seinem Wirken ist ein rasches Aufblühen von Weil zu verdanken.

Neben scharfer Auslese entwickelte Weil geradezu klassische Zuchtmethoden. Die wiederholte Anpaarung oft nah verwandter, importierter oder selbstgezogener bewährter Hengste schuf eine Gleichheit und Qualität der Nachkommen, die den Ruf und den Typ des Weiler Arabers begründeten. Es darf hier besonders betont werden, daß gerade diese Inzucht eine Kumulierung bester Rasseanlagen bewirkt, ebenso wie sie andererseits schlechte Anlagen ohne Umwege offenbar macht. Diese Zuchtmethode und die dadurch entstandene Homogenisierung darf als die Ursache für die zuchtfestigende und zuchtfördernde Wirkung des Weiler Blutes angesehen werden.

Ein Beispiel für die meisterlich angewandte Inzucht ist später das Pedigree des berühmten Amurath 1881 von Tajar a. d. Koheil III 1876 geworden. In der IV. Ahnenreihe ist Amurath 1829 zweimal, in der V. Ahnenreihe dreimal vertreten. Sein Vater Bairactar erscheint in der V. bis VII. Ahnenreihe nicht weniger als zwölfmal. Insgesamt ist Amurath von den beiden Hengsten Bairactar und Bournou geprägt.

Beim Tode Wilhelms I. 1864 galten die Weiler Araber als die besten des Kontinents, und dem schwäbischen Gestüt ging der Ruf der größten und edelsten Araberzucht des mitteleuropäischen Raumes voraus. Die Stutenlinien der Hamdany I konnten in Anpaarung an Bairactar hervorragende Hengste produzieren. Jene bildschöne, 1852 importierte Koheil-Aguse feierte beispielsweise in Babolna in dem großartigen Hengst Amurat-Bairactar züchterische Triumphe. Ein bestes Dokument der züchterischen Arbeit in der damaligen Zeit ist die Begründung konsolidierter Stutenstämme. Herausragend sind die Stutenstämme der Murana I - Murana II 1822 - Sabal 1872 - Sylphide 1892 - Saoud 1885 - Savonna;

oder die Stutenfamilie der Czebessie II - Wanda I 1830 - Kereja V - Koheil III 1876; oder der Hasfoura Banka I - El-Kanda und die Obeja, die väterlicherseits Großmutter von Amurath 1881 wurde. Bedeutenden Anteil an den Erfolgen hatten aber auch die Stammstuten Geyran-Koheila Ajuz oder z. B. der Hamdany-Sady-III-Stamm, dem Amurath 1829 entsproßte. Sie alle bildeten gefestigte Stutenstämme, die ein bestes Fundament für die Zukunft wurden.

Der Nachfolger Wilhelm I., König Karl (1864 - 1891), war dem Pferde nicht im selben Maße verbunden.
1891 übernahm König Wilhelm II. bei seinem Regierungsantritt auch die Leitung des Privatgestütes in Weil. Die Hoffnung, die ruhmreiche Tradition in Weil fortsetzen zu können, trügte. Wilhelm II. bekundete mehr Interesse für die Vollblutzucht. Dadurch mußte der Stutenbestand 1901 auf etwa zehn Stuten eingeschränkt werden. Kein Wunder, daß der Glanz des alten Weil zu verblassen begann.

Neue Impulse erlebte die Zucht mit Übernahme des Gestütes durch die züchterisch hochbegabte Fürstin Pauline zu Wied, einer Tochter Wilhelms II., im Jahre 1921. Die Folgen des verlorenen ersten Weltkrieges lasteten schwer auf dem Unternehmen. Mutig veranlaßte sie den Tausch eines Dynamitsohnes gegen den 21jährigen klassischen Hengst Koheilan IV. v. Koheilan Adjouze und O'Bajan aus Babolna. Er war endlich wieder ein gleichwertiger Partner. Er war zwar alt, aber ihm verdankte das Gestüt doch einige hervorragende Stuten, deren Adel und Charme auffielen. Er war sicher der wertvollste Hengst seit der Jahrhundertwende. Trotz schwierigster Zeitumstände wurde auf Betreiben der Fürstin das Gestüt auf 14 Stuten ausgeweitet, und in den Jahren 1928 und 1929 konnte es noch einmal Zuchtmaterial an die polnische Gestütsverwaltung verkaufen. C. R. Raswan, einer der besten und bekanntesten Araber- und Pferdekenner, erwarb ihr 1930 den Hengst Jasir aus dem Gestüt des Prinzen Mohamed Ali auf der Insel Roda. Er hatte wie kein anderer in mehrjährigem Aufenthalt die Araber kennengelernt. Jasir galt als einer der drei edelsten arabischen Hengste außerhalb Arabiens überhaupt! Er gehörte der Familie Koheilan-Jellabi an, führte aber doch viel Saglavi-Blut und war in der Tat der Hengst, der die Zucht über die düstersten Zeiten hinüberführen sollte. Er bedeutete wirklich ein Geschenk, denn wer weiß, ob in den damaligen turbulenten Zeiten eine andere Persönlichkeit als die Fürstin eine solche Tat vollbracht hätte.

Jasir war dann auch der letzte Hauptbeschäler in Weil und berufen, die Tradition fortzusetzen. Große Hoffnungen wurden auf ihn gesetzt, und es darf festgestellt werden, daß er diese Hoffnungen nicht enttäuscht hat. Er hat einen Stamm bester Stuten mit hervorragendem Charakter hinterlassen.

Trotz wieder auflebender züchterischer Erfolge und großer Bemühungen um die Erhaltung des Gestüts ist es aber in den damaligen schlechten Zeiten nicht gelungen, das Budget auszugleichen. Die Fürstin entschloß sich deshalb schweren Herzens 1932, die nun 115jährige königliche Araberzucht dem württembergischen Staat zu übereignen, weil ein testamentarischer Beschluß König Wilhelms II. verbot, die Zucht aufzulösen.

Folgende Pferde vom Gestüt Weil wurden 1932 nach Marbach übernommen:

Jasir, Sch.	geb. 1925 im Gest. Manial, v. Koheilan Jellabi	
Schahseman, Br.	geb. 1927	v. Koheilan IV - Sardoina
Kurde, Sch.	geb. 1929	v. Dynamit - Doris
Casanova, Sch.	geb. 1931	v. Jasir Or.Ar. - Kassandra
Soldateska, Sch.	geb. 1911	v. Souakim - Sylphide
Subeida, Sch.	geb. 1928	v. Demir Kaja - Soldateska
Carmen, Br.	geb. 1915	v. Dardziling - Sardine
Khasa, Sch.	geb. 1930	v. Dynamit - Carmen
Glaukopis, Sch.	geb. 1931	v. Jasir - Carmen
Czeska, Sch.	geb. 1932	v. Jasir - Caesarea
Doris, Sch.	geb. 1916	v. Dardziling - Sardine
Dongola, Sch.	geb. 1932	v. Jasir - Doris
Dinarsad, Sch.	geb. 1928	v. Dynamit - Doris
Sardoina, Br.	geb. 1923	v. Demir Kaja - Sardine
Seerösle, Sch.	geb. 1927	v. Koheilan IV - Sardine
Kassandra, Br.	geb. 1926	v. Koheilan IV - Carmine

Nach den Berichten und Unterlagen haben die Pferde die Umstellung überraschend gut überstanden, obwohl die Verlegung aus dem Weinklima des Neckartales mit ca. 240 m Meereshöhe auf 600 m der Schwäbischen Alb eine erhebliche Belastung und Umstellung für die Tiere bedeutete. Sicher aber war das rauhere Klima mit den größeren Temperaturextremen der Zucht insgesamt vorteilhafter und fördernder als das fast zu günstige Klima in Weil.

(Entnommen der von Landoberstallmeister Dr. Georg Wenzler 1967 herausgegebenen Festschrift "150 Jahre Weil-Marbacher Araberzucht")

Eine Schilderung der deutschen Vollblut-Araberzucht wäre unvollständig, würde man nicht auch die Rassegruppe erwähnen, die dem Vollblut-Araber am nächsten steht, weil sie praktisch ausschließlich unter Verwendung von Vollbut-Araberhengsten entstanden ist:

DIE SHAGYA-ARABER
von Dr. Gramatzki

Neben dem Vollblut-Araber besteht als großer Block orientalischen Blutes mit nahezu zweihundertjähriger gezielter Züchtung die Gruppe der SHAGYA-Araber. Ihre Historie führt zurück in die weltberühmten Gestüte Radautz, Topolcianky und vor allem in das ungarische Staatsgestüt Babolna, in denen diese harten Pferde systematisch auf Leistung für die Kavallerieregimenter und für die schwere Arbeit in der Landwirtschaft gezüchtet und selektiert wurden. Oberste Zuchtziele waren: eiserne Härte, große Ausdauer, Genügsamkeit und gute Charaktereigenschaften. Zu diesen Voraussetzungen des Champagnepferdes gehört auch ein größerer Rahmen, als ihn der Araber im allgemeinen zeigt.

Der generalisierende Name "SHAGYA - Araber" ist erst jüngeren Datums und kennzeichnet die Hauptblutanteile dieser Zuchtrichtung, die sich auf den 1836 aus Arabien nach Babolna importierten Original-Araber SHAGYA zurückführen. Weitere bedeutende Hengstlinien, die diese SHAGYAS geformt haben, sind die Original-Araber:
SIGLAVY, geb. 1811; MAHMOUD MIRZA, geb. 1851; GAZLAN, geb. 1840; der Rappe O'BAJAN, geb. 1880; KOHEILAN, geb. 1881; SIGLAVY BAGDADY, geb. 1902; KUHAYLAN ZAID, geb. 1932 und weitere Linien von kleinerem Umfang.

Die mütterlichen Abstammungen reichen z. T. bis ins 18. Jahrhundert zurück, wie z. B. die 449 MOLDAVAI, geb. 1781; die braune 794 MOLDAVAI, geb. 1784; die bedeutende Original-Araberstute TIFLE, geb. 1816 oder die schwarze 143 SCHMED, Or.Ar., geb. 1850, um nur eine kleine Zahl der Stammstuten aus Babolna zu nennen.

Repräsentanten dieser ursprünglichen Ahnen der SHAGYAS finden sich heute in direkter Abstammung weit verzweigt in vielen Ländern. Ihnen allen ist ein energischer Bewegungsablauf mit elastischen, raumgreifenden Tritten eigen. Diese Charakteristika konnten auf vielen internationalen Turnierveranstaltungen bewundert werden, an denen Viererzüge und die berühmten Fünferzüge aus Babolna unter der Leinenführung von Landstallmeister v. Pettkö-Szantner teilnahmen, und mit ihren schönen Köpfen bei hoch aufgerichteter Haltung den Beifall des fachkundigen Publikums fanden.

Schönheit, Kaliber und Leistung haben dieses Blut in die meisten Zuchten der Welt Eingang finden lassen, und viele Spitzenpferde des internationalen Sportes führen dieses Erbgut und empfangen einen großen Teil ihrer Leistungesimpulse von ihm. Verwiesen sei hier nur auf den großen Vererber RAMZES, dessen Mutter aus dieser Zuchtgrundlage stammt.

Der Hauptanteil der SHAGYAS befindet sich - neben den Staatsgestüten Babolna und Topolcianky - im Besitz von privaten Züchtern, verstreut in den verschiedenen Ländern Europas und auch in Übersee. Die Bundesrepublik Deutschland bildet mit einem Bestand von über 200 eingetragenen SHAGYA-Zuchtpferden einen besonderen Schwerpunkt, gefolgt von Dänemark, der Schweiz und Österreich.

Um diese alten, wertvollen Blutlinien mit mehr Systematik auf ein einheitliches Zuchtziel weiter- und höher züchten zu können, ist ein SHAGYA-Araber-Stutbuch vorerst für die deutschen Bestände erarbeitet und soll auf internationaler Ebene weiter ausgebaut werden. Dieses Stutbuch dient als Grundlage für die weltweite Anerkennung der SHAGYA-Araber durch die WAHO.

Voraussetzung für die Eintragung in das SHAGYA-Araber-Stutbuch ist die nachgewiesene lückenlose Abstammung der Zuchtpferde auf die Stutbücher von Babolna, Topolcianky und Radautz bzw. Anpaarungen mit Vollblut-Arabern. Neben arabischem Typ, Korrektheit im Gebäude und gutem Gangvermögen sollen Kaliber und Substanz betont sein, wobei ein Größenmaß zwischen 155 bis 160 cm Stockmaß, gemessen am Widerrist, anzustreben ist. Gute psychische Eigenschaften sind hervorstechende Kennzeichen.

Eine Präsentation dieser SHAGYA-Araber mit Leistungsprüfungen wird auf der Araberschau am 8. und 9. September 1978 in Hamburg-Groß Flottbek - Derbyplatz - geboten.

DIE GRÜNDERHENGSTE

Drei bedeutende Hengste aus der polnischen Vollblut-Araberzucht

Der im polnischen Gestüt Mlynow-Olyka 1943 geborene Wisznu vom Witez II und der Malaga hat eine abenteuerliche Lebensgeschichte. Er gelangte als knapp Zweijähriger mit dem Flüchtlingsstrom nach Westdeutschland, kam dann in einen Zirkus und wurde dort von der bekannten Kennerin des arabischen Pferdes, Lieselotte Tarakus, entdeckt und so für die Zucht gerettet. Wisznu war der Hauptbeschäler im Gestüt Achental am Chiemsee, wo Frau Gertraude Griesbach s. Z. mit einem Gestüt von 40 Vollblut-Arabern über das größte arabische Privatgestüt in Deutschland verfügte. Bilke schildert ihn wie folgt: "Der ungewöhnlich drahtige, glänzende Rotbraune war der Inbegriff von Araberfeuer und Ruhe zugleich. Ritten ihn Frauen, Kinder oder mal ein bevorzugter Gast, dann war er der angenehme, ruhige Reithengst; bewegten sich in der Nähe seiner Box oder Koppel irgendwie Stuten oder andere Pferde, dann sprühte er von Temperament, sein Feuerauge glühte, und rot leuchteten die Nüstern, und in diesen Momenten war er das vollendete Bild eines Vollblut-Arabers." Bilke hatte dann nach seiner Entdeckung den Hengst nach Achental vermittelt. Die Achentaler Zucht ist durch Wisznu maßgebend mitgeprägt worden in ihrem arabischen Adel, ihrer Trockenheit und Härte. Über die zahlreichen Nachkommen, die in andere Zuchten durch Verkauf gelangten, und über die Fortführung des Achentaler Gestüts im Gestüt Ismer (Ströhen) hat das Blut dieses Hengstes für die heutige Vollblut-Araberzucht in Deutschland große Bedeutung behalten. Sein letzter jetzt noch in der Zucht stehender Sohn ist Sawih Ibn Wisznu a. d. Stute Sabine, die der Zucht von Dr. Entress (Nürtingen) entstammt. Sawih ist Beschäler im Gestüt Kunth.

Wisznu (Witez II/Malaga) - Hochedler Gründerhengst der Gestüte Achental und Lütetsburg. Foto: Griesbach.

Der ebenfalls braune Ofir-Sohn Wind, geboren 1938 in Janow, war durch Landstallmeister Bilke nach Westdeutschland gerettet worden zusammen mit dem Hengstbestand des Gestütes Moritzburg. Er hat den Geburtsnamen Wyrwidab. Er deckte von 1948 bis 1950 in Marbach und hinterließ nur wenige, aber in der Zucht einflußreiche Stuten, unter denen Winarsad und Winette herausragen.

Danach kam der braune Halef (Towarzysz Pancerny) von Achental (Frau Griesbach) nach Marbach. Halef hat eine Abstammung, die erhebliche internationale Bedeutung hat. Sein Vater Enwer Bey ist gezogen aus der berühmten Koalicja, deren klassisch schönes Porträt das Emblem des Verbandes der Züchter des Arabischen Pferdes e. V. ziert. Seine Mutter ist die bedeutende Kasztelanka. Und das Blut von Enwer Bey und Kasztelanka findet sich auch im Pedigree des in den Vereinigten Staaten berühmten Champion-Hengstes Fadjur. Über Halef floß auch das Blut von Amurath 1881 nach Marbach zurück. Es trug wesentlich zur Erhaltung der Marbacher Mutterstutenstämme bei und hatte bedeutende Auswirkung über seine Nachkommen auch für die privaten Zuchten.

Diese drei Hengste aus polnischen Zuchten vermittelten eine solide Grundlage. Sie sind aus dem grundlegenden Aufbau der deutschen Vollblut-Araberzucht nicht wegzudenken.

Das Haupt- und Landgestüt Marbach und die private deutsche Vollblut-Araberzucht verdanken ihre Erfolge im wesentlichen dem Einsatz derselben Hengste: Halef, Wind, Wisznu aus Polen und Hadban Enzahi, Ghazal, Kaisoon aus Ägypten.

Volksfest und Fest der Pferde: Hengstparade in Marbach. V. l. n. r. Hadban Enzahi, Nabuch, Gharib, Saher. Foto: Chmelik.

Richtungweisend für die deutsche Vollblut-Araberzucht:

Die Nazeer-Söhne

Es ist ein Glücksumstand für die heutigen Züchter in der Bundesrepublik, daß einige weitsichtige Männer sich rechtzeitig auf die Ursprünge des Vollblut-Arabers besannen und auch das Ägyptische Staatsgestüt El Zahraa besuchten. Angeregt durch Landstallmeister Bilke kaufte der Fürst zu Inn- und Knyphausen, Lütetsburg, den 1953 geborenen Ghazal von Nazeer aus der Bukra, der zweijährig in die Bundesrepublik kam. Landoberstallmeister Dr. Wenzler - Marbach - kaufte den Schimmelhengst Hadban Enzahi, geb. 1952 in El Zahraa von Nazeer aus der Kamla. Diese beiden Hengste, die zunächst nur zögernd in der deutschen Zucht eingesetzt wurden, lenkten durch ihre typreine und edle Nachzucht in den folgenden Jahren mehr und mehr die Aufmerksamkeit auf sich. Später kam dann als Geschenk des Staatspräsidenten Nasser an die Bundesrepublik der Hengst Kaisoon von Nazeer aus der Bint Kateefa in den Duisburger Zoo. Auch dieser Hengst, der wegen seines überragenden Adels vielfach fälschlicherweise als zu fein und zu edel angesehen wurde, konnte erst durch seine Nachzucht überzeugen.

Heute gehören diese drei Hengste zu den bedeutendsten Vererbern der deutschen Vollblut-Araberzucht. Sie waren es in erster Linie, die in Deutschland das Verständnis für den Wert der ägyptischen Blutführung weckten.

Die Nachkommen von Ghazal gefielen besonders durch erstklassige Reitpferdeeigenschaften, hervorragende Haltung und hohes Dressurtalent bei einer außergewöhnlichen Typausstrahlung. Auch bei Hadban Enzahi und Kaisoon war die Typvererbung erstklassig, wobei die Hadban-Nachkommen insbesondere durch Härte und Energie herausragen, während die Kaisoon-Nachkommen besonders guten Charakter, angenehmes Temperament und Geschmeidigkeit als hervorstechende Eigenschaften zeigen. Die Kombination des Blutes dieser drei Hengste hat sich in der Zucht sehr bewährt. So wurde die Hengstlinie des Nazeer die bedeutendste in der Vollblut-Araberzucht der Bundesrepublik. Angeregt durch die mit diesem Blut erreichten züchterischen Erfolge wurden weitere Nachkommen der herausragenden Nazeer-Söhne

Ghazal (Nazeer/Bukra) - Z. El Zahraa/Ägypten, Bes. zuletzt Gestüt Dömken. Foto: Dömken.

Kaisoon (Nazeer/Bint Kateefa) - Z. El Zahraa/Ägypten, Bes. Duisburger Zoo. Foto: Jesse.

Morafic und Alaa El Din importiert. Ein langanhaltender Erfolg der Zucht in der Bundesrepublik ist dann zu erwarten, wenn neben der Kombination dieses Blutes mit den anderen Blutströmen auch Pferde rein ägyptischer Blutführung in der Zucht für die Zukunft erhalten bleiben.

Ein ständiges Problem der Züchter ist es, die bedeutenden Vererberhengste frühzeitig zu erkennen. Deshalb soll hier ein Grundsatz festgehalten werden, der Richtschnur eines erfolgreichen praktischen Züchters war:

"Ein Zuchthengst kann ruhig Exterieurfehler haben. Er muß aber mindestens in einem Punkt nicht nur sehr gut sein, sondern bestechend und außergewöhnlich."

Die Richtigkeit dieses Prinzips wird bestätigt durch die Hengste, von denen in diesem Kapitel berichtet wird.

VON DER KÜSTE ZU DEN ALPEN: ZUCHTSTÄTTEN UND GESTÜTE

Die nachfolgenden Schilderungen sollen dem Leser einen Einblick gewähren in eine möglichst große Zahl von Zuchtstätten des arabischen Vollblutpferdes. Dabei wird so vorgegangen, daß die Züchter der einzelnen Bundesländer etwa von Nord nach Süd im jeweiligen Bundesland alphabetisch dargestellt werden. Diese Darstellung kann und soll nicht vollständig sein. Die vollständige Liste der Züchter ist für das ganze Gebiet der Bundesrepublik Deutschland alphabetisch geordnet am Schluß dieses Buches aufgeführt. Dort kann der Leser den Bestand an eingetragenen Hengsten und Zuchtstuten nachlesen sowie die genaue Anschrift und Telefonnummer des Gestütes, wenn er sich aufgrund der hier gegebenen Darstellungen einmal direkt mit dem einen oder anderen Züchter in Verbindung setzen will.

Zu dem Mitgliederverzeichnis und den Nummern, die dort bei den Pferden angegeben sind, ist noch folgendes zu erläutern:

In vielen Veröffentlichungen, wo über mehrere Pferderassen geschrieben wird, findet man als Rassebezeichnung für den Vollblut-Araber auch noch die Buchstaben ox hinter dem Namen. Diese Abkürzung wird in diesem Buch nicht verwendet, weil hier nur über Vollblut-Araber berichtet wird. Außerdem wird bei solchen Pferden, die aus Ägypten oder Saudi-Arabien importiert worden sind, vielfach die Abkürzung O.A. oder Or.Ar. hinter dem Namen verwendet. Diese Abkürzung bedeutet, daß die betreffenden Pferde als Originalaraber bezeichnet werden, die aus diesen Ursprungsländern nach Deutschland eingeführt wurden. Auch diese Abkürzung wird hier nicht verwendet, da nähere Einzelheiten in dieser Beziehung aus den exakten Aufzeichnungen des Stutbuches hervorgehen. Andererseits werden hier die Herkünfte jeweils direkt angesprochen, soweit sie erörtert werden.

Zur praktischen Verbandsarbeit folgen nun die wichtigsten Informationen stichwortartig: Wenn ein Fohlen geboren wird, das von eingetragenen Arabervollbluteltern abstammt, so muß der Züchter, der vorher vom Hengstbesitzer einen Deckschein bekommen hat, diesen Deckschein zusammen mit der Fohlenmeldung an das Verbandsbüro innerhalb von 28 Tagen nach der Geburt einschicken. Er bekommt dann vom Verband zunächst diese Meldung bestätigt. Im Laufe des Sommers werden vom Verband überall im Lande offizielle Termine angesetzt, bei denen die Stuten mit ihren Fohlen zur Musterung und zur genauen Feststellung der Identität mit Aufnahme von Farbe und Abzeichen dem regionalen Zuchtbeauftragten des Verbandes vorgestellt werden. Auf der Grundlage des hier angefertigten Musterungsprotokolls stellt der Zuchtbuchführer des Verbandes den Fohlenschein aus, der von der Firma Equidata in Delingsdorf bei Hamburg mit Computer angefertigt wird, so daß Schreibfehler im Abstammungsnachweis vermieden werden. Dieser Abstammungsnachweis wird dem Züchter zugeschickt, womit dann die Identität des einzelnen Vollblut-Araberpferdes gesichert wird. Der Abstammungsnachweis gehört in jedem Falle zum Pferd und ist bei Verkäufen dem Käufer mitzugeben, der den Schein an die Verbandsgeschäftsstelle zur Eintragung des Besitzwechsels einschicken soll.

Die jungen Stuten, die in die Zucht eingestellt werden sollen, müssen dreijährig der gleichen Kommission anläßlich der genannten Termine vorgestellt werden. Sie werden dann gemustert. Eine Eintragung als Zuchtstute kann nur erfolgen, wenn in der Gesamtbewertung und im Teilkriterium-Typ mindestens fünf Punkte erreicht werden. Das bedeutet, daß die junge Stute im Rassetyp zumindest als genügend bezeichnet wird. Für die so aufgenommene junge Stute wird dann ein eigenes Stutbuchblatt angelegt, in dem dann wieder die zu erwartende Nachzucht eingetragen werden kann.

Die jungen Hengste sollen möglichst erst im Alter von dreieinhalb Jahren erstmalig zur staatlichen Körung vorgestellt werden. Seit einigen Jahren wird in der Bundesrepublik Deutschland eine zentrale Hengstkörung jährlich im Herbst in Kranichstein bei Darmstadt durchgeführt. Entsprechend dem geltenden Tierzuchtgesetz muß ein Hengst nur einmal in seinem Leben zur staatlichen Körung vorgestellt werden. Diese Körung gilt dann das ganze Leben unter dem Vorbehalt, daß der Hengst ein Jahr später die im Gesetz vorgeschriebene Leistungsprüfung ablegt. Diese Prüfung muß spätestens bis zum Alter von fünfeinhalb Jahren abgelegt werden. Für die Zukunft strebt der Verband an, daß auch Rennleistungen und Distanzritte als Leistungsnachweis für Zuchthengste anerkannt werden können. Anläßlich der Körung der Hengste erfolgt auch die Anerkennung der Zuchthengste für den Verband und die Eintragung in das Hengstbuch. Diese ist nur möglich, wenn der Hengst in der Gesamtbewertung und im Teilkriterium-Typ mindestens sechs Bewertungspunkte erreicht. Das bedeutet, daß der Hengst in diesen Eigenschaften mindestens als befriedigend zu bezeichnen ist.

Die nachfolgende Tabelle soll eine Übersicht geben über Ursprung und Herkunft des derzeitigen Bestandes von Vollblut-Araberzuchtpferden in der Bundesrepublik, wobei nur die eingetragenen Zuchthengste und die dreijährigen und älteren Zuchtstuten berücksichtigt sind, nicht aber die Nachwuchspferde.

Übersicht
über die Ursprungsländer des Vollblut-Araberzuchtpferdebestandes in der Bundesrepublik Deutschland

	Hengste	Stuten
Gesamtvollblut-Araberpferdebestand Mai 1978	189	432
Davon		
importiert aus Ägypten	18	49
” ” Polen	11	45
” ” der UdSSR	15	25
” ” England	7	12
” ” den USA	5	11
” ” Spanien		11
” ” Tunesien		11
” ” Holland	2	
” ” Saudi-Arabien		1

Die vorstehende Übersicht zeigt den grundlegenden Wandel, der sich im internationalen Austausch bei Zuchtpferden vollzogen hat. Während noch vor 50 Jahren z. B. der Import des Hengstes Jasir aus Ägypten eine sehr aufwendige und schwierige Angelegenheit war, die nur von einem Staatsgestüt bewältigt werden konnte, haben die veränderten Verkehrs- und Handelsbedingungen der letzten Jahrzehnte der Privatinitiative des Einzelzüchters erhebliche Möglichkeiten eröffnet.

Wenn auch in der vorgenannten Zahl nicht nur Pferde von Spitzenqualität enthalten sind, so ist doch hervorzuheben, daß viele Privatzüchter unter Einsatz erheblicher Mittel keine Mühen und Opfer gescheut haben, um für ihre Gestüte Pferde wirklicher Spitzenqualität zu erwerben. Die deutsche Vollblut-Araberzucht hat damit heute einen züchterischen Stand erreicht, der sie im weltweiten Austausch der Vollblut-Araberzucht als einen interessanten Partner bezeichnen läßt.

30 Minuten alt. Foto: Dömken.

Schleswig-Holstein

Die bedeutendste Zuchtstätte des arabischen Vollblutes in Schleswig-Holstein, dem Land zwischen Nordsee und Ostsee, ist das Gestüt von Kameke in 2061 Grabau, etwa in der Mitte zwischen Hamburg und Lübeck gelegen. Dieses Gestüt ist von allen Privatgestüten in Deutschland heute dasjenige, das dem Württembergischen Staatsgestüt Marbach im züchterischen Aufbau und im äußeren Erscheinungsbild am ähnlichsten ist. Etwa im Jahre 1966 wurde mit dem Aufbau der Zucht begonnen mit den beiden Stammstuten "Mamsahi" und "Wilja". Die Ghazal-Tochter "Mamsahi" stammt aus dem Stutenstamm der aus Ägypten importierten "Moheba", die in der Zucht von Marbach und in der des Fürsten zu Inn- und Knyphausen große Bedeutung erlangt hat. Es ist in der Typausstrahlung eine außergewöhnliche Stute. Aus dem alten Marbacher Stutenstamm der Murana I kommt die Schimmelstute Wilja, die ebenfalls in Lütetsburg gezüchtet wurde wie Mamsahi. Diese beiden Stuten wurden vornehmlich mit den aus Ägypten importierten Hengsten Ghazal und Kaisoon gepaart, so daß mit nur wenigen späteren Zukäufen in Grabau ein Gestüt mit vorwiegend ägyptischer Blutführung aufgebaut wurde. Alle z. Z. vorhandenen zehn Zuchtstuten sind in Deutschland gezüchtet. Später wurde dann der in Marbach gezüchtete Hadban Enzahi-Sohn "Mameluk" in der Zucht eingesetzt, der inzwischen in die USA verkauft wurde. Zur Zeit befinden sich als Zuchthengste im Gestüt "Farous" von Kaisoon und der Faziza, der im Gestüt Olms gezüchtet ist, und der aus Marbach stammende Gharib-Sohn "Dämon". Für den zukünftigen Einsatz wächst ein aus El Zahraa (Ägypten) importierter Junghengst nach, ein Sohn von "Seef", der insofern züchterisch interessant ist, als er frei von Nazeer-Blut ist und dem Gestüt neue Impulse geben kann. In der Zucht kann man bereits von einem durchgezüchteten Bestand sprechen, der durch große Ausgeglichenheit im Typ hervorsticht. In der landschaftlich schön gelegenen großzügigen alten Gestütsanlage ist nun im Jahre 1978 auch eine sehr große Reithalle ausgebaut worden, so daß zukünftig auch der reiterlichen Ausbildung der jungen Gestütspferde verstärkte Aufmerksamkeit gewidmet werden kann.

Mamsahi (Ghazal/Masarah) - Z. Fürst zu Inn- und Knyphausen, Bes. v. Kameke. DLG-Schau Hannover 1 A - Preis. Foto: Menzendorf.

Wilja (Haladin/Winette) - Z. Fürst zu Inn- und Knyphausen, Bes. v. Kameke. Foto: Saenger.

Akaba (Ghazal/Algaida) - Z. Dömken, Bes. v. Kameke. Foto: Tiedemann. Sie brachte ihrer Züchterin eine DLG-Preismünze!

Langjährig an führender Stelle in der deutschen Vollblut-Araberzucht: D. v. Kameke auf der Weide bei Mamsahi mit Stutfohlen. Foto: Gramatzki.

Wigha (Ghazal/Wilja) mit Hengstfohlen Wingolf v. Farouss (1977) - Z. u. Bes. v. Kameke. Foto: Gramatzki.

DLG-Ausstellung Hannover 1972, v. l. n. r.: Akaba (v. Kameke), Mamsahi (v. Kameke), Diedje (Buschfort, jetzt Wieder), Shari (Ismer). Foto: Tiedemann.

Professor Klaus Simons in Braunschweig besitzt die einzige aus Saudi-Arabien direkt importierte Stute in der Bundesrepublik Deutschland, die von den Hayl-Beduinen gezüchtet ist. Sie steht im Gestüt v. Kameke und brachte bereits drei Stutfohlen.

Ca. 25 Kilometer nordöstlich von Hamburg, zwischen Ahrensburg und Bargteheide, liegt das Vollblut-Araber-Gestüt "El Shams" von W. C. Hansen und Harald Frhr. v. Niebelschütz-Gleinitz.

Als einer der alten Züchter von Vollblut-Arabern in Deutschland hat W. C. Hansen die Zucht begonnen mit dem in Ilok (Jugoslawien) gezüchteten Hengst Kohinoor (von Koheilan IV a. d. Hedbar), der sich nicht zuletzt als Vater des berühmten holsteinischen Springpferdes Kronos sehr bewährt hat. W. C. Hansen erwarb auch die Witraz-Tochter Europa, deren Blut durch ihre Töchter Kismet und Dzika fortlebt. Eigentliche Begründerin des Gestüts aber wurde die im Gestüt Achental gezüchtete Stute Kenya von Wisznu a. d. Khema, die bisher 18 Fohlen zur Welt brachte und damit zu den fruchtbarsten Vollblut-Araber-Stuten überhaupt zu zählen ist.

Das Gestüt umfaßt heute folgende Zuchthengste:

SARWAT von Alaa el Din a. d. Hemmat, einen in zahlreichen Jagden in der Lüneburger Heide und auf Distanzritten bis 160 Kilometer erprobten und bewährten, ungewöhnlich harten und ausdauernden Leistungs-Hengst;

FAROUK, den einzigen Tuhotmos-Sohn hier in Deutschland, herausragender Vererber von Typ und hervorragendem Gangwerk;

IBRAHIM von Mahomed a. d. herrlichen Mahiba, der Siegerhengst seines Jahrgangs in Kranichstein 1977;

SHAHAL der besonders verheißungsvolle Sohn von Saher a. d. Hajar;

MAKENCAR, der würdige Nachfolger von seinem unvergessenen Vater Marsuk a. d. Kenya.

Außerdem sieben Stuten der Kenya-Familie und acht ägyptische Stuten von ausgesuchter Blutführung.

Das Gestüt wird seit einigen Jahren von Harald v. Niebelschütz fortgeführt und hat besonders in den letzten Jahren durch Verkäufe von Zuchtpferden nach England, Holland und Frankreich auch im Ausland viele Freunde gewinnen können.

Narges (Goubran-Ansar) mit Stutfohlen Shams El Faanah, von Farouk.

Ibrahim v. Mahomed a. d. Mahiba wurde Siegerhengst der Vollblut-Araberkörung 1977 in Kranichstein und wurde zum Hauptbeschäler der nach Lütetsburg zurückgekehrten Stuten ausersehen. Züchter: Dr. Nagel, Bes. v. Niebelschütz.

Ein Teil der großen Stutenherde des Gestüts "En Shams". Im Mittelpunkt die hochedle Ghazal-Kenya-Tochter Gazella.

C. H. Dömken mit dem temperamentvollen, hochedlen Mahomed (Hadban Enzahi/Malikah). Foto: Bianka Rohde.

Rustan (Witraz/Rasima) - Z. Gestüt Albigowa/Polen, Bes. Eggert. (Z. Z. Lasma Arabians/USA).

Nana (Tuhotmos/Nazic) - Z. El Zahraa/Ägypten, Bes. Buschfort, mit Hengstfohlen Areef v. Kaisoon.

Set Husen (Tuhotmos/Set Abouhom) - Z. El Zahraa/Ägypten, Bes. Buschfort.

J. K. Blue Hamda (Hamdan II/Bint Yosreia) Z. Hamdan Stables, hier vorgeführt von der Besitzerin Frau Kayser.
Foto: Kayser.

Der 1963 geborene Fuchshengst "Shaker El Masri" (Morafic/Zebeda) aus dem Ägyptischen Staatsgestüt El Zahraa hat das Gestüt "Om El Arab" von Sigrid und H.-R. Merz durch seine zahreichen Nachkommen und seine hervorragende Vererbung maßgebend geprägt. Es war ein Hengst, der durch seinen Adel und die Trockenheit der Gesamterscheinung in ganz besonderer Weise an die alten Darstellungen edelster Wüstenaraber erinnert. Wenige Wochen, bevor diese Zeilen geschrieben wurden, ist er eingegangen.
Foto: Merz.

Stutenherde im Gestüt El Shams.

Auf der Nordseeinsel Föhr liegt das Gestüt Goting Kliff/Schreiber-Oberhoff. Hier wird mit zwei Zuchthengsten und vier Zuchtstuten gezüchtet, wobei sich aufgrund des Aufbaues interessante Kombinationen zwischen polnisch-russischen, ägyptischen und Marbacher Blutlinien ergeben. Das Gestüt liegt auf einer beliebten Badeinsel und ist als Ferienreiterhof sehr geschätzt. Sämtliche Vollblut-Araberzuchtpferde - auch und besonders die Hengste - werden im Ferienreitbetrieb eingesetzt und haben sich hier außerordentlich gut bewährt. Ausritte am Nordseestrand und gelegentlich auch über das Wattenmeer zur benachbarten Insel Amrun zählen zu besonderen Attraktionen des Gestüts. Seit fünf Jahren werden regelmäßig auf der Insel von den Gestütsinhabern Distanzritte veranstaltet. Hier hat sich besonders der aus dem russischen Staatsgestüt Tersk importierte Hengst Taktik bewährt, der auch 1973 auf der Araber-Schau in Verden im Rennen sehr erfolgreich ging. Ebenso wie Taktik war auch der Demir-Sohn Damat mehrfach Sieger in 50 km Distanzritten. In der Zucht wird hier also vor allem auf Leistung und Rittigkeit geachtet.

Der Hengst Damat (Demir/Dzika) und die Zuchtstuten des Gestütes Goting-Kliff auf Föhr werden voll im Ferienreitbetrieb eingesetzt.

Die Züchter des Vollblut-Arabers werden immer wieder von Interessenten gefragt, ob und inwieweit denn diese Pferde im reiterlichen Einsatz sind. Dabei sind Vorurteile über die reiterliche Qualität dieser Pferde weit verbreitet. Während Turnierreiter auf der einen Seite, angeregt durch Spitzenspringsport, nach immer größeren Pferden rufen, demonstriert Ursula Bruns auf der anderen Seite mit ihren Island-Ponyreitern, daß für das Freizeitreiten auch Ponys durchaus verwendbar sind. Im Hinblick darauf, daß über neunzig Prozent der aktiven Reiter in der Bundesrepublik keine Turniere besuchen, dürfte in der Frage nach dem passenden Pferd wohl die Anforderung des Normalverbrauchers - wenn man den Freizeitreiter einmal so nennen darf - doch von ausschlaggebender Bedeutung sein. Wenn man diese Zusammenhänge einmal nüchtern sieht, so ergibt sich die Folgerung, daß zu dem normalen Reiterbetrieb, besonders aber auch für einen Ferienreitbetrieb, bestimmte wirtschaftliche und charakterliche Eigenschaften des Pferdes von besonderer Bedeutung sind.

Entsprechende Überlegungen waren ausschlaggebend, als vor acht Jahren die Düsseldorfer Kunstmalerin EDITH SCHREIBER und der Hamburger HOLGER OBERHOFF den REITERHOF GOTING-KLIFF in einem alten Bauernhaus unweit von Wyk auf Föhr gründeten.
1968 begann der Aufbau mit der Vollblut-Araberstute Khamisah v. Kheman und mit einigen Reitponys. Alle Pferde werden in der Saison, die von Juni bis Oktober läuft, im Ferienreitbetrieb eingesetzt. Die anfallenden Fohlen werden ebenfalls meist selbst aufgezogen. Den Urlaubern werden Reitmöglichkeiten je nach Ausbildungsgrad in der Bahn und im Gelände - am Meer geboten. Nachdem nunmehr Erfahrungen in mehreren Jahren vorliegen mit dem Einsatz von Vollblut-Arabern, mit Ponys und mit Warmblütern nebeneinander, geht das Bestreben der Gestütsinhaber dahin, den Reitbetrieb immer mehr auf die Vollblut-Araber zu stützen und aufzubauen. Ausschlaggebend für diesen Entschluß sind die praktischen Erfahrungen im Reitbetrieb, die mit den Vollblut-Arabern gesammelt wurden. Als besondere Beobachtung ist hier hervorzuheben, daß der Vollblut-Araber auch bei stärkster Beanspruchung niemals zu einem langweiligen und faulen Manegenpferd wird, wie man es bei weniger edlen Pferden in ähnlich gelagerten Reitbetrieben nur allzu oft beobachten kann. Die Araber bleiben immer willig und fleißig, so daß die Urlauber, die auf ihnen reiten, natürlich mehr Freude am Reiten haben, auch wenn sie einen geringeren Ausbildungsgrad erst erzielt haben. Dabei ist der Vollblut-Araber normalerweise auch sehr duldsam gegenüber einer noch ungeschickten reiterlichen Einwirkung des Anfängers. Die Vollblut-Araber in Goting gehen auch bei stärkerer Beanspruchung in der Hauptsaison meistens ohne Eisen. Die anderen Pferde erfordern sehr viel früher einen Beschlag. Der Kraftfutteraufwand für die Vollblut-Araber liegt nur etwa bei dreißig Prozent gegenüber den Warmblütern, was gerade jetzt und in Zukunft bei steigenden Kraftfutterpreisen ein sehr beachtenswerter Faktor ist. Dieser geringere Kraftfutteraufwand ist auch bei den Vollblut-Araberzuchtstuten möglich, die, obwohl sie ein Fohlen bei Fuß haben, so wie die anderen Pferde im Reitbetrieb mitgehen. Für einen solchen Reitbetrieb, in dem viele Anfänger bzw. wenig geübte Reiter in ihren Ferien Erholung und Ablenkung im Sattel suchen, ist es wichtig, daß die Vollblut-Araber gute Nerven haben, ihr gutmütiges und ausbalanciertes Wesen trägt wesentlich zum Erfolg der Reitstunden in der Bahn oder im

Gelände bei. Es ist nicht zu vergessen, daß der normale Freizeitreiter auch ein schönes Pferd für seine Zwecke haben möchte, und daß der Vollblut-Araber diesem Wunsche entgegenkommt wie keine andere Pferderasse.

Die hier kurz skizzierten Erfahrungen sollten doch manchem Reitbetrieb Anlaß zu der Überlegung sein, doch selbst einmal einen Versuch in der Praxis zu machen und nicht an altüberkommenen Vorurteilen gegen den Vollblut-Araber festzuhalten.

Wer einmal einen vierjährigen oder älteren Vollbut-Araberwallach, einen Araberwallach oder eine Stute im Reitbetrieb unter gleichen Voraussetzungen wie die anderen Rassen ausprobiert und gehalten hat, wird sich selbst ein Urteil bilden können. Er wird dabei die Beobachtung machen, daß insbesondere die unter den Reitschülern immer zahlreicher werdenden jungen Mädchen für dieses Pferd eine besondere Vorliebe entwickeln werden. Dabei ist allerdings bei Verwendung von Arabern im Reitbetrieb eine auch sonst immer geltende Regel nicht außer acht zu lassen: Nicht jedes Pferd, das der Rasse angehört, ist ein Volltreffer! Insbesondere hat nicht jede Araberkreuzung auch automatisch die guten Eigenschaften der reinen Rasse.

In Schönhorst, ca. 15 cm südlich von Kiel, hat FRAU WERA DELA das GESTÜT TIMMELSBERG aufgebaut. Die Stammstuten sind von Hagemann, Westercelle, und Dr. Wilke, Hude, gezüchtet, vorwiegend durch Marbacher/ägyptische Blutführung gekennzeichnet. Neben der Schimmelfarbe stehen Schönheit und Reitpferdequalität im Mittelpunkt des züchterischen Bemühens. Nahegelegen in Honigsee ist die "Vivat"-Zucht von Frau Schröder, die mit einer Marbacher Hadban-Tochter und dem rein ägyptisch gezogenen, ebenfalls aus Marbach angekauften Hengst Nabil aufgebaut wird. Nabils Vollschwestern von Hadban-Enzahi und der Nadja sind als Marbacher Gestütsstuten berühmt und auf Schauen in Einzelprämiierungen sowie als Nachzuchtsammlung vielfach hoch ausgezeichnet.

Niedersachsen

Etwa in der Mitte zwischen Hamburg und Bremen hat sich GÜNTHER ABICH in 2140 Bremervörde eine kleine Vollblut-Araberzucht aufgebaut mit dem aus Marbach stammenden Schimmelhengst Sekrit und der vom Gestüt El Shams erworbenen braunen Stute Marsukenya. Ein weiterer Hengst aus Tersk steht hier der Zucht zur Verfügung.

Schon lange Zeit züchtet KURT BECKER, Göttingen, Ponys und Pferde, aber der Wunschtraum der ganzen Familie war es doch, Vollblut-Araber zu züchten und zu besitzen. Dieser Wunsch wurde Wirklichkeit, als er die bereits 20jährige Galopada von Rosmaryn und Galka über das Gestüt Ismer erwerben konnte.

Das GESTÜT CHRYMONT im Eigentum von FRAU RUDOLF befindet sich in Brunstein bei Northeim, etwa 30 km nördlich von Göttingen. Hier hat die Stute Jekah vor allen Dingen in Verbindung mit Wisznu einen überaus typtreuen schönen Stutenstamm begründet. Dieser Stamm geht über das Gestüt Achental und die Stute Jemen auf den Marbacher Stamm Murana I zurück. In diesem Gestüt ergab sich mit Kaisoon und später mit Mahomed eine sehr gute Nachzucht, die bezüglich Fruchtbarkeit, Schönheit und Charme für dieses Gestüt charakteristisch ist.

ERIKA UND HEINRICH BOSSE haben vor einigen Jahren in Stiddien, westlich von Braunschweig, mit viel Umsicht und Erfolg eine Vollblut-Araberzucht mit drei Stuten und einem Hengst aufgebaut. Der Hengst Shalom ist ein Sohn des Ägypters Shaker El Masri. Er wurde 1973 im Gestüt geboren und war im Mutterleib mit der spanischen Stute Sevillista vom Gestüt Om El Arab angekauft worden. Sevillista ist eine Stute mit außergewöhnlichem Gangvermögen. Shalom wurde dann 1976 auf der zentralen Körung in Kranichstein Siegerhengst seines Jahrgangs und hat sich im Jahr darauf auch auf der Leistungsprüfung in Medingen bewährt. Züchterisch vielversprechend sind die auf Ghazal ingezüchteten Nazir-Töchter Wahana und Meneptah.

Weiter westlich von Northeim bei Herzberg am Harz liegt das GESTÜT HÄGERHOF im Besitz von WALTER DILL. Nachdem früher hier verschiedene andere Zuchtrichtungen verfolgt wurden, hat der Gestütsinhaber nun den Schwerpunkt der Zucht durch einen Import von elf Stuten aus Tunesien auf eine neue Abstammungsgrundlage gestellt. Die Vollblut-Araberzucht Tunesiens wurde erst 1978 durch die WAHO anerkannt, wodurch die Eintragung dieser Pferde auch im deutschen Stutbuch ermöglicht wurde. Als Beschäler dient seit zwei Jahren der aus Babolna importierte rein ägyptisch gezogene Rapphengst El Aswad von Ibn Galal und der Hosna. Die elf aus Tunesien importierten Stuten sollen bereits 1978 von El Aswad fohlen. Diese Zucht bringt also wieder neue Abstammungen in die deutsche Vollblut-Araberzucht. Interessant ist zu erwähnen, daß sich unter den tunesischen Stuten eine 16jährige Mutterstute mit sechs Töchtern und einem Sohn befindet. Die für den Vollblut-Araber rassetypische Fruchtbarkeit scheint also auch hier gesichert zu sein. Die Stuten sind vorwiegend Vertreterinnen der seltenen braunen Farbe. Außer den volljährigen Stuten befinden sich noch drei Jährlinge von dem Tuhotmos-Sohn Rhageb im Gestüt. Die Abstammungen der Pferde gehen zum Teil auf das ägyptische Stutbuch, zum anderen auf die Originalstammstuten des französischen Stutbuchs zurück. In Tunis war früher die Stutbuchführung durch die französische Verwaltung mit großer Sorgfalt geführt worden.

Frau Rudolph mit ihrem hübschen Stutfohlen von Mahomed u. d. Jorkaidah. Foto: Bianca Rohde.

El Aswad (Ibn Galal/Hosna) - Z. Babolna, Bes. Dill. Foto: Dömken.

Chemma (Koraich/Nefissa), importiert aus Tunesien, Bes. Dill. Foto: Dömken.

ROLF DOBAT, Buchenhof-Stelle Nr. 7, 2832 Twistringen, südlich von Bremen, hat den Aufbau seiner Zucht im Jahre 1971 zunächst begonnen mit der Stute Rajana D-AV-112 vom Demir und der Rualla D-AV-22, die er aus der Zucht von Ismer (Ströhen) ankaufte. Rualla stammt aus dem Gestüt Achental und ist eine noch heute lebende Stute, geboren 1952, die über ihre sehr zahlreiche Nachzucht für die deutsche Vollblut-Araberzucht eine ganz besondere Bedeutung erhalten hat. Auch im Gestüt Dobat ergab sich eine sehr gute weibliche Nachzucht, wozu später noch die aus Ägypten importierte Stute Golson hinzukam. In den letzten Jahren wird hier der aus Ägypten importierte Morafic-Sohn Madkour eingesetzt, dessen Besitzer Seidlitz den Hengst hierher regelmäßig ausgeliehen hat, was einen sehr edlen und ausgeglichenen Fohlennachwuchs bewirkte.

Die exzentrischen Posen, die extrem noble Aufrichtung, die Bravour, Imposanz und Romantik der arabischen Pferde auf den bombastischen Bildern des deutschen Malers Adolph Schreyer (1828 - 1899) sind Vorbilder für die künstlerischen Arbeiten von CARL-HEINZ DÖMKEN und Leitbilder für die Zucht arabischer Vollblüter im GESTÜT SEINER FRAU CONSTANZE. Der ägyptische Nazeer/Bukra-Sohn Ghazal, dem beide 1960 im Schloßgestüt Lütetsburg begegneten, wurde für sie die Perfektion ihrer Vorstellungen. Da Ghazal unverkäuflich war, suchte das Ehepaar nach einem ähnlich extremen Hengst und fand ihn in Nizar, dem Sohn Nizzams, der später in den USA Furore machte. Nach 15 Jahren Zuchteinsatz ist die Zuchtleistung des nunmehr fünfundzwanzigjährigen, ungemein jung gebliebenen Hengstes zu übersehen: neben einer Anzahl Zuchtstuten hat er der deutschen Vollblut-Araberzucht neun Beschäler geliefert, die nächst ihm vor allem durch seine Söhne Nazir, Nuri Shalan und Salam (alle drei aus Ghazal-Töchtern von Hagemann gezüchtet) Bedeutung gewannen. Das Dömken-Gestüt (damals in Meitze, jetzt HOF BORSTEL NAHE VERDEN/ALLER) hielt jahrelang eine Beschälerboxe für Ghazal reserviert.

Golson (Tuhotmos/Tamara) - Z. El Zahraa/Ägypten, B. Dobat. Foto: Dobat.

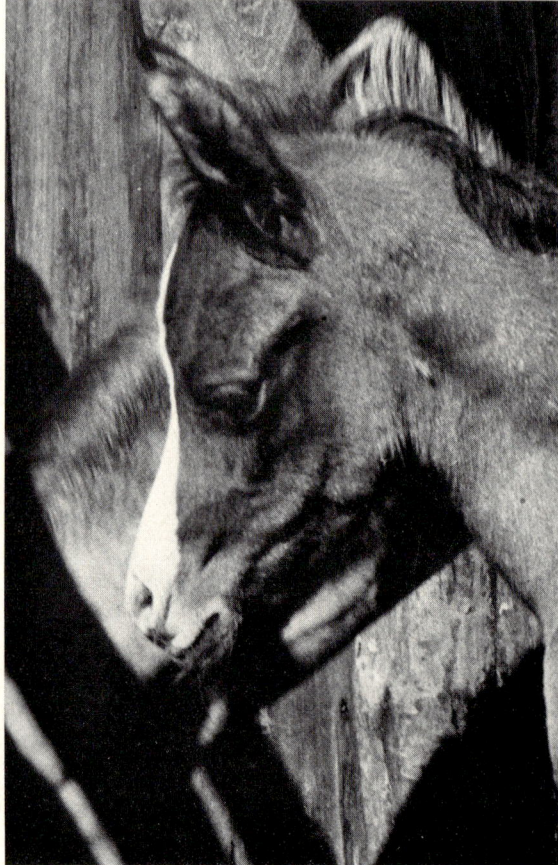

Zwei Gesichter - ein Hengst: der von Friedrich Hagemann gezüchtete Nazir, rechts vierzehn Tage jung, links vierzehn Jahre alt: Typ bleibt Typ!

1967 bezog er sie. Mit den Gestütsstuten Algaida (aus Spanien) und Ninive (Nizar-Tochter aus der Achentaler Stute Joschi) brachte er fünf Deckhengste. Die Algaida-Töchter Akaba (Gestüt v. Kameke) und Ayesha (beide von Ghazal) eröffneten der deutschen Vollblut-Araberzucht ein neues Konzept: das der Anpaarung von ägyptischen Hengsten mit spanischen Stuten, das im Gestüt "Om El Arab" perfekt fortgeführt wird.

1971 gelang es Dömkens, eine rein ägyptisch gezogene Stute in Kairo zu erwerben, die Morafic-Tochter Afifa, die in sechs Zuchtjahren sechs Fohlen brachte, davon das erste - Ghazala - noch von Ghazal, drei von Ghazals Nachfolger, dem bei Dr. Filsinger gezüchteten Hadban Enzahi-Sohn aus der Malikah v. Ghazal, "Mahomed", und zwei von dem angepachteten Hengst Sawlagan v. Ala El Din. Eine Jungstute, tragend von Sawlagan, wurde inzwischen an das Rodania-Gestüt in Holland abgegeben, aus dem ja Nizar stammt.

Die Umstellung auf ägyptisch gezogene Stuten (neben der Ghazal-Algaida-Tochter Ayesha) wurde durch die Hamdan-Stute Nadia v. Amlam "Emam" a. d. Foze fortgeführt. Jüngste im Stall: Ghazal-Tochter Ghazalas wirklich hervorragendes Stutfohlen "Ghaza" von Mahomed.

Die Beschälerboxen des Gestüts sind international besetzt: Nizar als Vertreter der englischen Zucht; seine beiden Söhne, die Vollbrüder Nazir und Samum; der Ofir-Urgroßsohn Rih, Rappe; der rein ägyptisch gezogene Mahomed (der 1977 bei der Zentralhengstkörung mit seinem Sohn Ibrahim den Sieger stellte) und der ehemalige Tersker Hauptbeschäler Salon v. Negatiw, - also sechs Deckhengste, die interessierten Züchtern zur Verfügung stehen.

Insgesamt wurden im Dömken-Gestüt 29 Fohlen geboren und 19 davon verkauft. Mit nunmehr 18 Pferden sind die Arbeitskräfte der Gestütsherrin voll ausgenutzt, während der Initiator des Ganzen alles froh betrachtet, malt und das Buch "GHAZAL - DER FÜRST DER PFERDE" schrieb.

Voller Stolz werden arabische Pferde gern gezeigt. Der Filmschauspieler Willy Birgel (rechts) betrachtet Joschi v. Halef a. d. Jacaranda v. Jasir.

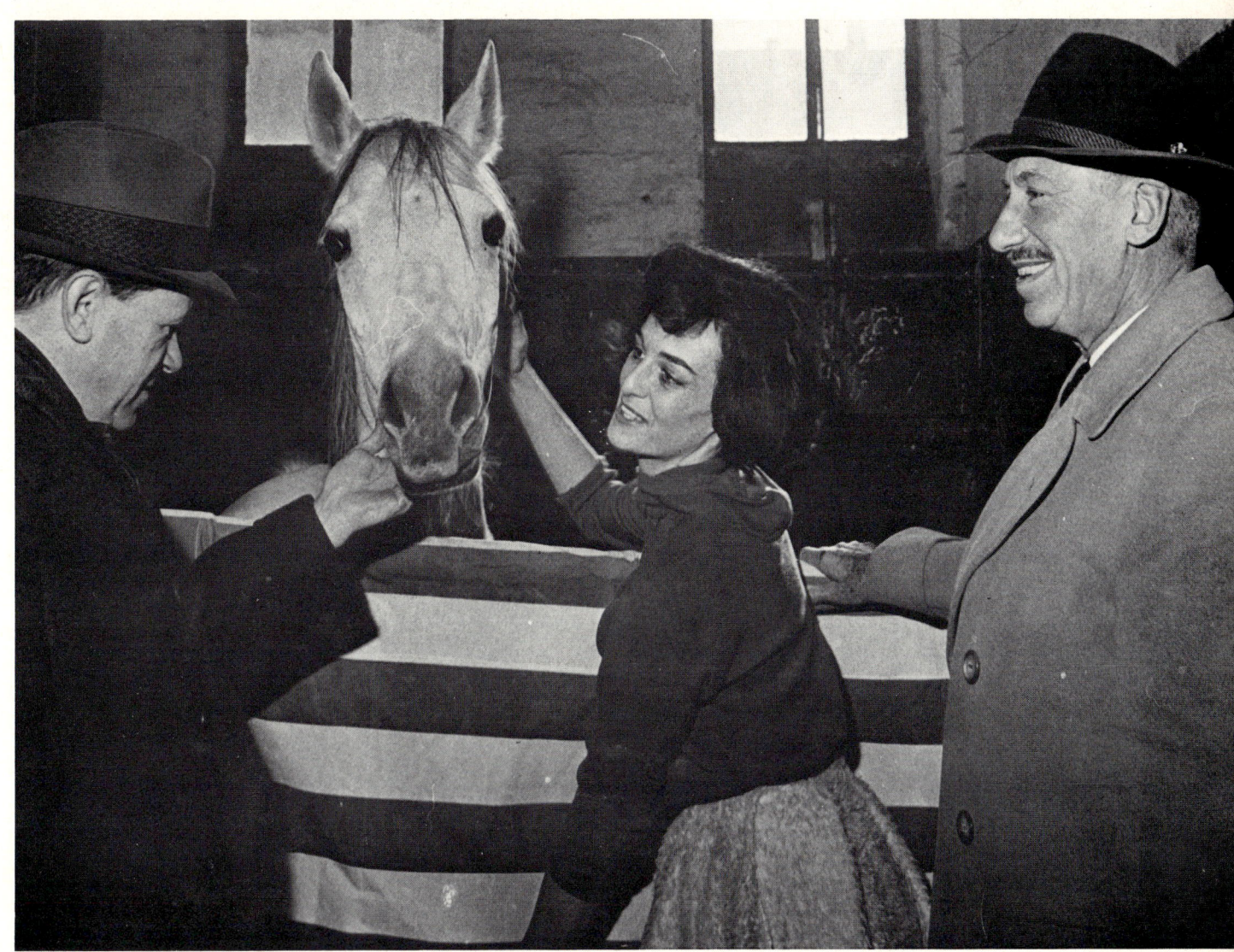

Gemälde von Adolf Schreyer "Araber auf dem Marsch".

Der Hengst Nil (Nizar/Wega), Z. Hagemann, geritten von Günter Schneider als Motiv a la Schreyer, romantisches Foto und Gemälde sind identisch.

Nil (Nizar/Wega) - Z. Hagemann, bei der ersten Probe als Kosakenpferd, Reiter Peter Schneider im Gestüt Dömken. Letzter Besitzer: Buschfort, Kauberplatte.

Dr. Otto Saenger nach einem sommerlichen Ausritt auf Ghazal.

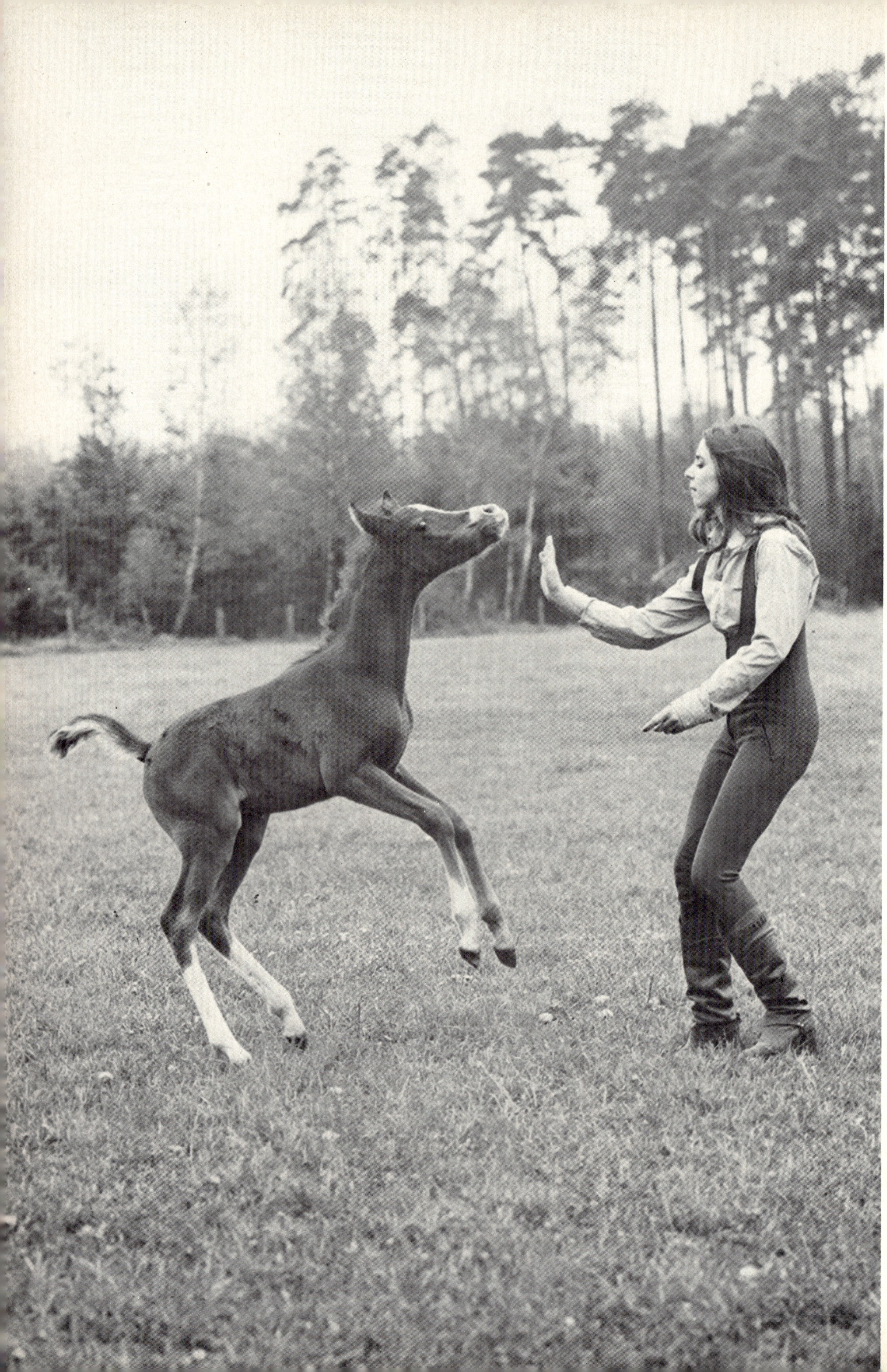

Nizar (Nizzam/Sulka) unter Heike Schmidt in Piaffe.
Nizar wurde im Rodania-Gestüt von Dr. Houtappel gezüchtet.

Bild links: Hengstfohlen "Nemsi Effendi", Sohn seines 25jährigen Vaters Nizar.

Afifa (Morafic/Hemmat) - Z. El Zahraa/Ägypten, Bes. Dömken. Foto: Irina Filsinger.

Zwei Hengste, die der deutschen Vollblut-Araberzucht wesentlich Profil gaben: Ghazal (El Zahraa) und Nizar (Rodania, Holland). Foto: Kaukemüller.

Züchtergespräch: Der Jungzüchter C. H. Dömken lernte 1960 von dem erfahrenen Pferdefachmann Friedrich Hagemann, Westercelle. Aber: Der Handel kam nicht zustande; - Sachara blieb Eigentum von Hagemann. Foto: Dömken.

Sachara (Ghazal/Salifah) - Z. Fürst zu Inn- und Knyphausen, Bes. Hagemann. - Eine Traumstute im Typ, Mutter von sechs gekörten Hengsten, - 18 Jahre alt.

Bei Gifhorn, nördlich von Braunschweig, hat PETER GROSS in Neubokel vor einigen Jahren eine Vollblut-Araberzucht gegründet, die er mehr und mehr auf ägyptische Grundlage stellte durch Zukäufe aus den Gestüten El Shams, Ismer und Kunth. Inzwischen ist der Bestand auf acht Zuchtstuten angewachsen. Ein geeignetes Gestütsgebäude konnte in einem alten Niedersachsenhaus eingerichtet werden. Bei der Zielstrebigkeit des Eigentümers ist mit einer weiteren konsequenten positiven züchterischen Entwicklung zu rechnen.

FRIEDRICH HAGEMANN, Blumenstraße 5, 3100 Westercelle, am Stadtrand von Celle ist einer der ältesten und passioniertesten Züchter des arabischen Vollbluts in Niedersachsen. Er hat z. Z. einen Bestand von vier Stuten und den selbst gezogenen Kaisoon-Sohn Sethos aus seiner Stammstute Sahara. Die Ghazal-Tochter Sahara aus der Salifah - Lütetsburg - Marbacher Stamm, ist als Typstute eine Kostbarkeit. Die Stute brachte fünf gekörte Söhne, von denen vier Vollbrüder den Fuchshengst Nizar zum Vater haben. Friedrich Hagemann arbeitet in seiner Zucht zum Teil mit sehr enger Inzucht, wodurch es ihm gelingt, das wertvolle Ghazal-Blut wieder zusammenzuführen. Daß eine solche Inzucht mit hohem Risiko verbunden ist und deshalb nicht allgemein empfohlen werden kann, muß hier hervorgehoben werden. Es kann jedoch erwartet werden, daß dort, wo die Inzucht gelingt, wie hier bei der Ghazal-Inzucht, Pferde mit außergewöhnlicher Vererbungskraft bezüglich des Typs als Zuchtergebnisse erwartet werden können.

Shari (Hadban Enzahi/Haita) - Z. Marbach, Bes. Ismer, - bedeutende Stammstute im Gestüt Ismer. Foto: Menzendorf.

Holger Ismer führt seinen Hengst Shagar v. Ghazal vor - Z. Marbach. Foto: Lyra.

FRAU MARGRET HINTERTHÜR in Weyhe-Leeste bei Syke südlich von Bremen hat ihren Vollblut-Araberzuchtpferdebestand mit einem Hengst und drei Stuten aus der Zucht des Gestüts Achental aufgebaut. Sehr vielversprechend ist in diesem Gestütsbestand aber der außerdem vorhandene Rapphengst El-Abt von Gharib, ein rein ägyptisch gezogener Hengst, der bereits als dreijähriger in Medingen zur Hengstleistungsprüfung gestellt wurde und sich dort als besonders rittiges und leistungsstarkes Reitpferd erwiesen hat. Weil der Hengst ein Jahr zu früh zur Leistungsprüfung geschickt wurde und von dort direkt zur Körung, wo er in Trainingskondition ankam, konnte er in der Exterieurbewertung nicht gut genug abschneiden. Das wird sich ändern. Der Hengst ist als züchterisch sehr wertvoll anzusehen.

Das Gestüt von Dr. FRIEDRICH IMMISCH liegt ganz im Süden von Niedersachsen, in Lutterberg zwischen Göttingen und Kassel an der Autobahn. Es wurde aufgebaut mit dem Ankauf von Stuten spanischer Blutführung aus dem Gestüt Om El Arab, wodurch auch Nachwuchs des Morafic-Sohnes Shaker El Masri hierher kam. Die Entwicklung des Gestüts wurde schwer beeinträchtigt, als vor eineinhalb Jahren der Hauptbeschäler Mujahid von Saher einging. Gute Nachzucht dieses Ghazal-Enkels wächst jedoch noch im Gestüt heran. Im übrigen wird hier eine ähnliche Zuchtkonzeption verfolgt wie im Gestüt Om El Arab.

Der in Niedersachsen bekannte TIERPARK STRÖHEN, nördlich von Herford an der westfälischen Grenze gelegen, wurde von Rolf Ismer aufgebaut und wird heute von seinem Sohn HOLGER ISMER, der auch Verbandsvorstandsmitglied ist, weitergeführt. Bereits im Jahre 1952 begann Rolf Ismer damit, eine Ponystute dem Ägypter Ghazal zuzuführen und so arabische Reitponys zu züchten. So entstand der Wunsch, baldmöglichst auch reine Vollblut-Araber zu züchten. Zunächst wurde die Haladin-Tochter Fatme aus Marbacher Stutenstamm angekauft. Der große Schritt nach vorn erfolgte jedoch, als Frau Griesbach sich im Jahre 1964 entschloß, ihr Gestüt Achental aufzulösen und einen Teil ihrer Tochter in Argentinien zu übergeben, während der andere Teil an Ismer in Ströhen abgegeben wurde. Zusammen mit dem Hengst Wiszsnu kamen die Achentaler Gestütsstuten nach Ströhen. Die Nachricht über dieses Ereignis schlug auf der großen Araber-Schau in Coburg wie eine Bombe ein. Die Zucht wurde dann noch bereichert durch den Ankauf der in Marbach gezüchteten Hadban Enzahi-Tochter Shari, von der sehr gute Nachzucht von Ghazahl und Wiszsnu, später auch von Diem, im Gestüt eingestellt wurde. Die Shari-Tochter Shiva vertrat die deutsche Araberzucht auf der DLG-Ausstellung 1978 in Frankfurt. Nachdem der in Marbach gezüchtete Hadban-Sohn Demir, ein Sohn der berühmten vielfachen Sieger-Stute Winarsed, jahrelang Hauptbeschäler des Gestütes war, wurden über das Gestüt Ismer später vermehrt auch Vollblut-Araber aus Polen importiert, darunter der Negativ-Sohn Diem, der seitdem die Zucht maßgebend beeinflußt hat. Ein Edelreis der deutschen Vollblut-Araberzucht ist der Hengst Madkour I von Hadban-Enzahi und der Moheba II, Siegerhengst der deutschen Araberschau 1977 in Dillenburg. So finden sich im Gestüt Vollblut-Araber mit Marbacher, mit Achentaler, mit ägyptischer und mit polnischer Blutführung. Vielseitige Kombinationsmöglichkeiten sind gegeben.

Eine neue Initiative ging dann im Jahre 1976 vom Gestüt Ismer aus, als die Vollblut-Araber-Renngesellschaft gegründet und hier das erste Trainingszentrum für Vollblut-Araber-Rennen aufgebaut wurde. Die Rennleistung wird insofern auch zukünftig hier in die züchterischen Überlegungen mit einbezogen. Die besondere Atmosphäre dieses Gestüts ist geprägt durch die alten Hofgebäude im Stil des niedersächsischen Bauernhauses, die durch die intensive und zweckmäßige Bewirtschaftung gut gepflegt und erhalten sind und ein Schmuckstück in der Gesamtkonzeption des Betriebes darstellen.

Die kleine Vollblut-Araberzucht bei EVELINE LEUSCHNER in Northeim, an der Autobahn zwischen Hannover und Göttingen, wird neben einer großen Trakehnerzucht betrieben. Hier wird die reiterliche Ausbildung der Hengste, vor allen Dingen die Dressurausbildung, groß geschrieben. Der Ghazal-Sohn Ghadafi hat hier eine Chance.

Bei MATTERN in Oldau westlich von Celle hat die Mutter von Ghadafi, die aus dem Gestüt Dömken hierher kam, die Stute Ninive, zusammen mit einer weiteren Vollblut-Araberstute, die Möglichkeit, eine neue Zuchtstätte weiterzuentwickeln. Ninive brachte auch den wertvollen Ghandur, der ein Vollbruder von Ghadafi ist und an Eder nach Bayern verkauft wurde.

Eine besonders glückliche Hand beim Ankauf seiner Stammstuten bewies Dr. HANS NAGEL, stellvertretender Vorsitzender des Verbandes, dessen Gestütsbestand sich in Hespenbusch bei Wildeshausen südlich von Oldenburg befindet. Er kaufte vier Stuten und einen Hengst, zum großen Teil von dem bedeutenden Ala-El-Din abstammend, im ägyptischen Staatsgestüt El Zahraa. Sein gesamter Gestütsbestand stellt typmäßige Kostbarkeit aus Ägypten dar. Bisher hat er vorwiegend die in der Abstammung absolut gleichen Hengste Mahomed und Madkur I, der letztere im Gestüt Ismer, eingesetzt.

In Roringen bei Göttingen betreibt Prof. PAUFLER die Zucht von Anglo-Arabern und Vollblut-Arabern. Letztere wurde zunächst begonnen mit dem Import einer sehr linigen typschönen Stute aus England, die Ibn Mahasin zugeführt wurde. Nun soll noch eine Vollblut-Araberstute aus Tunesien hinzukommen. Der Wissenschaftler am Tierärztlichen Institut der Universität Göttingen ist Vorstandsmitglied des Zuchtverbandes.

Ninive (Nizar/Joschi), die im Gestüt Dömken von Ghazal die gekörten Hengste Ghandur und Ghadafi brachte, jetzt im Besitz von Mattern.

Mara (Galal/Maysa) - Z. El Zahraa/Ägypten, Bes. Dr. Nagel.

Hanan (Ala El Din/Mona) - Z. El Zahraa (Ägypten), Bes. Dr. Nagel, Fotos: Dömken.

Dr. OTTO SAENGER, der Autor dieser Zeilen, Vorstandmitglied und Zuchtleiter des Verbandes, züchtet mit der Ghazal-Tochter Saragat in Bissendorf, etwa 20 km nördlich von Hannover. Die Stute ist in Marbach gezüchtet und kann als eine typische Vertreterin dieser Zuchtstätte angesehen werden. In Anpaarung mit dem rein ägyptisch gezogenen Mahomed des Gestüts Dömken wird die Konzeption verfolgt, das Blut des überragenden Vererbers Ghazal wieder zusammenzuführen und zu erhalten.

Saragat (Ghazal/Hajar) - Z. Marbach, Bes. Dr. Saenger. Foto: Saenger.

Das fünf Wochen alte Hengstfohlen Sargon (Mahomed/Saragat) hat Freundschaft geschlossen mit Daxie. Foto: Saenger.

Estopa (Tabal/Uyaima), die von Escalera/Spanien importierte Stammstute des Gestüts "Om El Arab" hat selbst und mit ihrer Nachzucht auf zahlreichen internationalen Schauen Championate und Einzelklassen gewonnen. Foto: Merz.

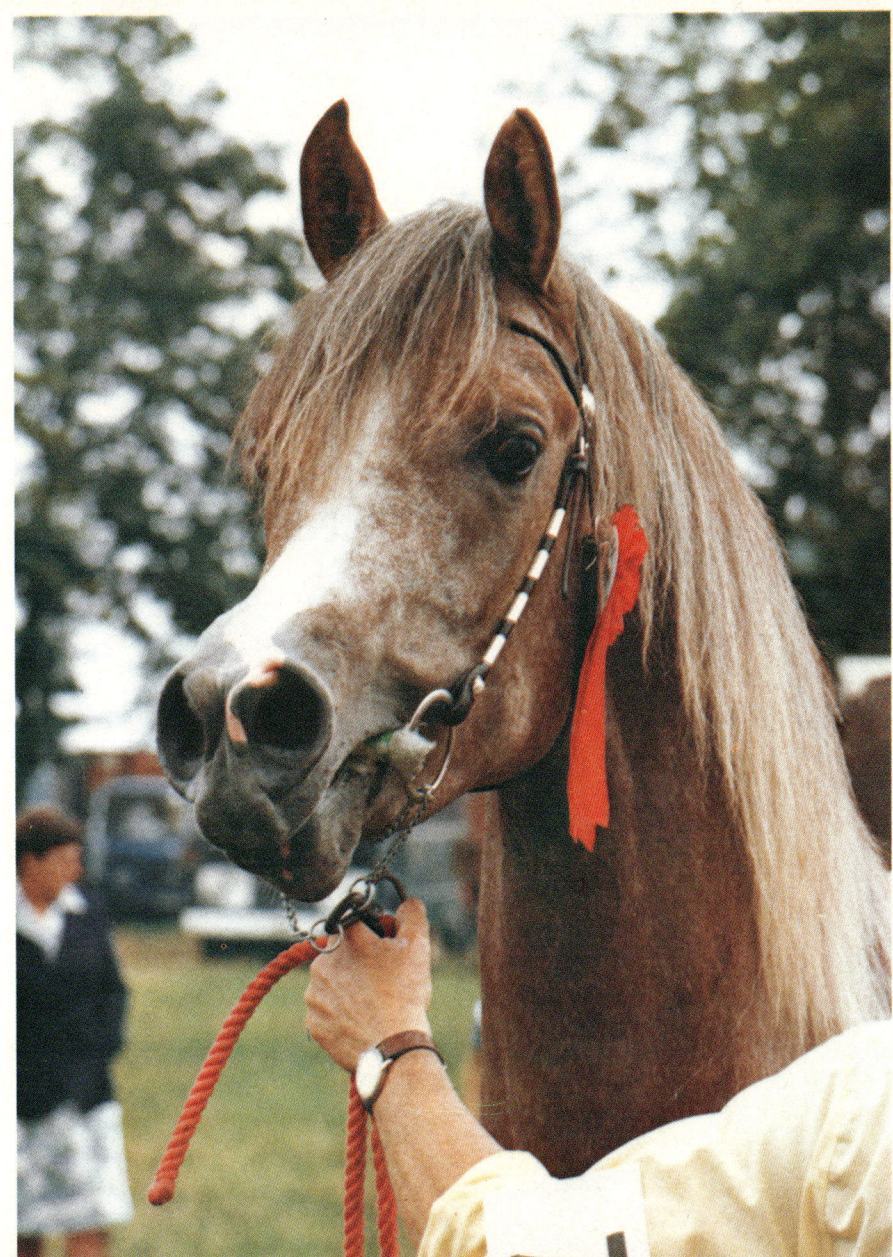

El Shaklan (Shaker El Masri/Estopa) Z. und Bes. Merz. Foto: Merz.

Darius (Ghazal/Darsi) wurde vom Gestüt Om El Arab exportiert nach Südafrika - Gestüt Vorendyk. In der Stutfohlen- wie in der Hengstfohlenklasse der Schau Blomfontein 1978 standen Fohlen von ihm an der Spitze. - Z. Hillenbrand. Foto: Merz.

Ibn Galal (Galal/Mohga) - Z. El Zahraa, Bes. Poth. Foto: Furrer.

Dawa mit Fohlen Danah v. Sharaf - Z. u. Bes. Chmelik, Dawa-Araber-Farm. Foto: Chmelik.

Hengstfohlen Nias (Nuri Schalan/Nika), - Z. u. Bes. Prof. Koenig. Foto: Koenig.

Nuri Schalan (im Vordergrund) ist agressiv gegen seinen Nebenbuhler Sambesi (Karmin/Shari). Foto: Becker.

Nuri Schalan (Nizar/Wega). Foto: Koenig.

Mit viel Liebe hat sich EDMUND SCHENDEL in Rosdorf in der Nähe von Göttingen ein Gestüt mit fünf Vollblut-Araberzuchtstuten aufgebaut. Hier hat der sehr gleichmäßige und durchschlagend vererbende Fuchshengst Ibn Mahasin, der aus Ägypten importiert wurde, seine Chance.

Von Wäldern mit herrlichen Sandwegen umgeben liegt etwa 15 km westlich von Celle das hübsche Heidedorf Wiekenberg. Hier betreibt FRAU INGRID SCHULZ eine Vollblut-Araberzucht, die zunächst mit der Stute Dhabah aus dem Achental-Marbacher Stamm der Joschi-Jacaranda begründet wurde. Dhabah brachte mit Salam und Nazir gute Nachzucht. Ihr erstes Fohlen war der Hengst Dajan. In dieser Zucht vereinen sich englische Blutströme über Nizar, die ägyptische Abstammung über Ghazal und die polnische Zucht über Wiszpu mit dem Ergebnis sehr edler typklarer Fohlen.

Dhaly, Hengstfohlen, geb. 1977 (Nazir/Dhabah) - Z. u. Bes. Schulz. Foto: Schulz.

WOLFGANG UND INGEBURG THÖRNER sind Eigentümer des Vollblut-Arabergestüts Ostenfelde bei Melle-Osnabrück. Es ist dies das größte Vollblut-Arabergestüt in der Bundesrepublik Deutschland. Zur Zeit sind 42 eingetragene Zuchtstuten und fünf Zuchthengste als Gestütsbestand zu verzeichnen. Dazu kommt als Leihhengst von der bekannten Araber-Autorin Erika Schiele der in den USA gezogene Hengst El Beshir. Im Jahre 1970 wurde mit dem Kauf eines alten Bauernhofes in Melle-Ostenfelde der Grundstein für das heutige Gestüt gelegt. Die alten Gebäude wurden nach und nach durch eine neue moderne Stallanlage mit ausreichenden Boxen, Laufställen und Reithallen ersetzt. Heute stehen in den Ställen einschließlich Nachzucht über 100 Vollblut-Araber. Einige Kilometer vom Gestüt entfernt wurde 1973 in Melle-Redecke noch ein weiterer Bauernhof erworben, der in erster Linie zur Aufzucht der Junghengste bis zum Alter von drei Jahren dient. Danach kommen diese zurück aufs Gestüt und werden unter fachmännischer Leitung eines FN-Reitlehrers angeritten und ausgebildet. Gezüchtet wird vorwiegend auf polnischer und ägyptischer Grundlage. Das bedeutet, daß der Stutenstamm vorwiegend aus Polen importiert wurde, während einige in Deutschland gezogene Stuten bereits Kaisoon-Nachkommen sind. Neben Kaisoon und El Beshir hat der in Marbach gezogene Salah schon mehrere Nachwuchsjahrgänge im Gestüt. Im Jahre 1977 ist eine größere Anzahl von Fohlen des braunen Hengstes Rustan angefallen. Rustan, der in Polen gezüchtet ist und sich im Besitz des jetzigen Verbandsvorsitzenden Horst Eggert befindet, ist einer der letzten noch lebenden Witraz-Söhne. In der züchterischen Konzeption des Gestüts wird neben Typ und Schönheit besonders auf gute Reiteigenschaften und Leistungsbereitschaft geachtet. Es ist ein besonderes Anliegen der Gestütsinhaberin, das arabische Pferd mit seinen vielen Vorzügen vor allem auch dem Reiter näherzubringen.

Salah (Ghazal/Seseneb) - Z. Marbach, Bes. I. u. W. Thörner, Araber-Vollblutgestüt Ostenfelde.

Zweijährige Vollblut-Araberstuten im Gestüt Ostenfelde - I. u. W. Thörner.

Kastylia (Czort/Kassala) mit Hengstfohlen Kasatin v. Rustan - Z. u. Bes. I. u. W. Thörner, Araber-Vollblutgestüt Ostenfelde.

Südlich Braunschweig züchtet W. C. ULRICH in Stöckheim mit zwei aus Ägypten importierten Stuten, die vorwiegend dem ägyptischen Mahomed zugeführt werden.

Dr. ULRICH WILKE in Hude bei Oldenburg hat seine Zucht "Vollblut-Arabergestüt Musinah" genannt nach der Stammstute dieses Gestüts. Diese wurde 1968 aus der Zucht des Fürsten zu Inn- und Knyphausen in Lütetsburg angekauft. Ihr Vater ist Ghazal und die Mutter stammt wiederum aus dem Moheba-Stamm. Musinah hat also vorwiegend ägyptische Blutführung. Zur Zeit befinden sich außer der Stammstute vier selbstgezogene Stuten von Kaisoon und der Musinah im Gestüt. Die gesamte Zucht ist also sehr weitgehend auf ägyptische Blutführung mit Schwerpunkt Nazeer-Blut ausgerichtet. Musinah wurde auf der Araber-Schau 1971 in Celle Klassensiegerin. Auf der Schau 1973 in Verden erzielte sie einen ersten Preis.

Abschließend zur Darstellung der Vollblut-Araberzucht in Niedersachsen ist noch zu berichten, daß der Zuchtbestand des Fürsten zu Inn- und Knyphausen, der in den vergangenen Jahren in Marbach fortgeführt worden ist und dort auch stutbuchmäßig betreut wurde, wieder nach Schloß Lütetsburg/Ostfriesland bei Norden zurückgekehrt ist. Es handelt sich um einen hervorragenden, typmäßig sehr ausgeglichenen Stutenbestand von insgesamt sechs Stuten, den älteren Moheba II, Molesta und Masarrah, sowie den drei Jungstuten Mona, Manar und Mahabba. Da die Stuten bisher noch im Marbacher Stutbuch geführt wurden, sind sie in der hier vorliegenden Mitgliederliste noch nicht aufgeführt, da eine offizielle Ummeldung noch nicht erfolgte. Die alte Zucht soll in Lütetsburg wieder aufblühen und umfangmäßig erweitert werden. Im nächsten Jahr kommen bereits ein Junghengst, sowie eine weitere Jungstute dazu. Die züchterische Beratung hat weiterhin Dr. Wenzler. Zunächst ist vorgesehen, als Beschäler den Mahomed-Sohn Ibrahim, Sieger der letzten Junghengstkörung in Kranichstein, zu verwenden.

Bayankah (Kaisoon/Musinah) - Z. u. Bes. Dr. Wilke, Vollblut-Arabergestüt Musinah. Foto: Wilke.

Musinah (Ghazal/Masarrah) - links, die bisher acht Fohlen gebracht hat, mit drei ihrer Töchter: v. l. n. r. Asminah v. Sekrit, Bayankah v. Kaisoon und Chadidscha v. Kaisoon. Foto: Wilke.

Nordrhein-Westfalen

Frau CHRISTA ESCH hat im GESTÜT SIERSBERG, Gut Böke, bei Overath im Rahmen einer größeren Hengsthaltung seit Jahren bereits auch einen Vollblut-Araberhengst gehalten. Nun ist eine Vollblut-Araberzucht im Aufbau begriffen mit dem Nizar-Sohn Shaul und der Ghazal-Tochter Gazelle D-AV-17 aus der Fatme sowie einer dreijährigen Tochter dieser Stute. Shaul war auf verschiedenen Schauen erfolgreich in den Prämierungen. Neben ihm deckt im Gestüt der seiner Zeit von Frau Koch aus den USA mitgebrachte Count Rubin. Zuchtziel ist ein Vollblut-Araber mit höchstmöglichem Adel und betonter Reiteignung.

Shaul (Nizar/Shari) - Z. Drohne, Bes. Esch, Gestüt Siersberg. Foto: Sting.

Frau SILVIA GARDE in Overath-Marialinden hat von dem früher gemeinsam geführten Gestüt mit Henry Garde die gesamten fünf Nachwuchsstuten und vier Junghengste, alle von Kilimandscharo übernommen und baut damit eine neue Zucht auf. Dazu wurde die Vollblut-Araberstute Nida von Aswan und der Nanian aus Tersk in das Gestüt eingestellt und der Hengst Neman von Nabeg und der Nega. Dieser Hengst, der auf der Mutterseite das ägyptische Aswan-Blut führt, wurde 1977 in Kranichstein gekört. Nachdem nunmehr die WAHO-Anerkennung der russischen Zucht endgültig ist, werden die beiden letztgenannten Pferde auch im deutschen Vollblut-Araberstut- und -hengstbuch übernommen. Der gesamte Gestütsbestand ist fast ausschließlich in der Vaterlinie auf den bedeutenden ägyptischen Nazeer-Sohn Aswan aufgebaut. Im übrigen finden sich hier ausschließlich die Blutlinien des russischen Staatsgestütes Tersk.

Dr. PETER HORSTMANN in Osterath hat sein Vollblut-Arabergestüt im Pferdehof Rhedebrügge in 4280 Borken/Westfalen seit 1973 auf der Basis alter europäischer und ägyptischer Blutlinien begründet, unter Bevorzugung von Hengsten mit Nazeer-Blut. Unter den fünf Zuchtstuten befindet sich eine im Hamdan-Gestüt/Ägypten gezüchtete Tochter von Ibn Fakri, zwei Kaisoon-Töchter und zwei Sindbad-Töchter. Als Zuchthengst steht der Kaisoon-Sohn Kestron zur Verfügung, der 1977 die Hengstleistungsprüfung erfolgreich in Medingen absolvierte.

Ehepaar HUSSMANN in Alpen bei Wesel am Niederrhein hat das Gestüt, in dem sich insgesamt sieben eingetragene Vollblut-Araberstuten und z. Z. zwei gekörte Zuchthengste befinden, durch Ankäufe von Pferden polnischer Blutführung aus Schweden und durch Ankäufe direkt in Polen aufgebaut. Bemerkenswert ist, daß man in diesem Gestüt Pferde mit außergewöhnlicher Typausstrahlung finden kann. Seit 1977 steht im Gestüt auch eine Reithalle zur Verfügung. Der im Jahre 1977 aus Polen angekaufte Hengst Pierrot hat sehr gute Erfolge auf der Rennbahn in Warschau aufzuweisen. Fünf Nachwuchshengste dieses Gestüts befinden sich im Training für die Rennbahn. Dieses ist ein besonders beachtenswerter Einsatz für die Prüfung des Vollblut-Arabers auf Härte und Energie im Rennen.

Frau LORE JATTIOT in Much/Eckhausen züchtet mit vier Vollblut-Araberzuchtstuten, darunter zwei aus dem bewährten Stutenstamm des Gestütes Chrymont/Rudolph, eine reinägyptisch gezogene Mahomed-Tochter aus der Zucht von Dr. Nagel und eine Salon-Tochter. Die Stuten fohlen 1978 von Kaisoon und Ibn Galal. Bei vorwiegend ägyptischer Blutführung ist es Ziel dieser Zuchtstätte, Vollblut-Araber edelster Ausstrahlung zu züchten.

In der Zucht von HERBERT KUNZ in Rheydt am Niederrhein stehen zwei Vollblut-Araberhengste und vier Stuten zur Verfügung. Die Zucht ist über den Wisznu-Sohn Riad aus der Rualla maßgebend durch die Linien des Gestüts Achental beeinflußt.

KARL-HEINZ OHLIGER in Solingen hat mit seinem aus Marbach angekauften, vom Hadban Enzahi abstammenden Wallach Shraffran in den 70er Jahren dreimal hintereinander den 50 km Distanzritt in Ankum gewonnen und einmal die Distanz über 75 km. Seine Pferde sind deshalb so gut im Training, weil er mit ihnen unzählige Jagden im Rheinland geritten hat und dabei von den intelligenten und geschickten Vollblut-Arabern immer sicher ans Ziel gebracht wurde. Kruschina, seine aus Tersk angekaufte Zuchtstute, ist ebenso Jagd- und Reitpferd wie Zuchtstute. Hier wurde im besonderen Maße die hervorragende Eignung des Vollblutarabers für die beiden genannten Reitdisziplinen immer aufs Neue unter Beweis gestellt.

Ehepaar PEITGEN in 5276 Wiehl 1, Homburgerstraße 7, im Rheinland, hat in diesem Raum durch den aus Tersk importierten Vollblut-Araberhengst Neron auf zahlreichen Turnieren Aufsehen erregt. Die kleine Tochter erzielte in zahlreichen A- und L-Springen viele Siege und Placierungen mit dem Hengst. Dieser hat sich als sehr gutes Vielseitigkeitspferd bewährt. Er war Sieger seines Jahrgangs auf der Hengstleistungsprüfung in Medingen. Seine Turniererfolge erzielte er im Wettbewerb mit Pferden aller anderen Rassen.

Neron (Sport/Ninotschka) - Z. Tersk, Bes. Peitgen.

Neron - Z. Tersk, Bes. Peitgen, erfolgreiches Vielseitigkeitspferd, viele Siege und Placierungen in A und L-Springen. Foto: Mitschke.

WOLFGANG PENS, Frankenstraße 33, in Euskirchen-Kirchheim in der Nähe von Bonn, ist für die Sache des arabischen Vollbluts sehr engagiert und auch um Publikation bemüht. Zwei Hengste ägyptischer Abstammung und drei Stuten in seinem Bestand dokumentieren das Bemühen um die Zucht eines nicht nur leistungsfähigen, sondern auch edlen und eleganten Vollblut-Arabers.

Der von Rudolf Schober im Gestüt Eifgental gezüchtete Koran.

Koran (Kaisoon/Semiramis) - Z. Schober, geritten von seinem Eigentümer Dr. Piduch: In der Piaffe.

Vorstandsmitglied Dr. PIDUCH auf dem Schwärmshof/ Söntgerath bei Neunkirchen im Bezirk Köln hat seiner Zuchtstätte den Namen STALL RUALA gegeben, nach der schon mehrfach erwähnten Stammstute Rualla, die auf den braunen Beduinenhengst Kuhaylan Zaid ingezüchtet ist. Rualla besitzt hervorragende Reiteigenschaften und hat bisher 14 Fohlen gebracht. Nicht nur in Deutschland, sondern auch in Argentinien und in Österreich ist ihre Stutenfamilie durch Töchter und Zweigstämme weiter verbreitet. Die Zuchtkonzeption des Stalles Ruala hat zum Ziel, die Reiteigenschaften des Vollblut-Arabers nach den klassischen Beurteilungsmaßstäben für Reitpferde weiterzuentwickeln, dabei zugleich - unter Verwendung von Hengsten mit ägyptischer Blutführung - den arabischen Wüstentyp zu bewahren und zudem die kupferbraune Farbe zu kultivieren. Die Anpaarung von Rualla mit dem braunen Kaisoon-Sohn Koran, der zu den meist prämiierten und reiterlich besonders geförderten deutschen Vollblut-Araberhengsten gehört, hat 1976 das Stutfohlen Bint Ruala hervorgebracht. Hierauf soll die Zucht weiter aufgebaut werden. 1977 wurde weiterhin der rein ägyptisch gezogene kupferbraune Hengst Blue Hassan erworben, der ebenfalls ausgeprägte Reitpferdepoints und einen vorzüglichen Bewegungsablauf hat. Auf Initiative von Dr. Piduch wurde mit Standort in seinem Gestüt, wo die notwendigen Ausbildungsvoraussetzungen gegeben sind, der Reiterverein Arabella-Neunkirchen gegründet, der grundsätzlich nur für Besitzer arabischer Pferde offen ist. Es ist das erklärte Ziel dieses Reitervereins, die Verwendung arabischer Pferde als Reitpferde zu fördern und hierfür Möglichkeiten zu eröffnen. Die Vereinsmitgliedschaft ist grundsätzlich nur für solche Personen möglich, die ein Pferd arabischer Abstammung besitzen. Dr. Piduch äußerte sich zur Frage der reiterlichen Qualität des Vollblutarabers wie folgt: "Die Stärke des Vollblut-Arabers liegt vor allem in seiner Ausdauer auf langen Distanzen, in seinem angenehmen Charakter, seiner Schönheit und Genügsamkeit.

. . . Ein Vollblut-Araber ist nicht nur ein schönes und zugleich genügsames, sondern auch ein charakterlich angenehmes Pferd, das vielseitigen Ansprüchen gerecht wird. Ich habe seit mehr als 25 Jahren Pferde verschiedenster Rassen geritten. Seit ich Vollblut-Araber reite, weiß ich, welcher Rasse meine Vorliebe gilt. So denken inzwischen auch viele andere Reiter." Ein Zuschauer beschrieb die Vorführungen des Hengstes Koran wie folgt: "Ich habe etwas gesehen, was ich bisher nur von alten Stichen her kenne: Ein Pferd in vollkommener Schönheit, voll von arabischem Feuer und dennoch mit leichter Hand regulierbar, mit einem Gangwerk, das tänzerisch wirkt bis zur höchsten Versammlung, und seine Farbe leuchtet wie Kupfer in der Sonne." Züchter dieses edlen Hengstes ist Rudolf-Armin Schober, Gestüt Eifgenthal bei Hilgen.

ERICH QUINKE in Schwelm - zwischen Hagen und Wuppertal gelegen - hat seine Vollblut-Araberzucht vornehmlich auf den Stämmen des Duisburger Zoos aufgebaut, die ihrerseits wieder weitgehend auf das Gestüt Achental zurückgehen. Im Gestüt ist der aus Polen importierte dunkelbraune Hengst Faun im Einsatz, der Kaliber und Gangvermögen vererbt, sowie der selbstgezogene hoch elegante und drahtige Kaisoon-Sohn Estron, der seiner Nachzucht vor allen Dingen den edlen Typ vermittelt.

Mit Stammstuten aus Marbacher und Achentaler Linien hat RUDOLF-ARMIN SCHOBER sein GESTÜT EIFGENTAL bei Burscheidt aufgebaut. Es liegt etwa 20 km östlich des Autobahnkreuzes Köln-Leverkusen. Heute befinden sich mit Ausnahme des alten braunen Stammhengstes Witel nur selbstgezogene Pferde im Gestüt, die vornehmlich von Kaisoon, Ghazal und dem aus Marbach ausgeliehenen Hadban-Sohn Mali abstammen. Schober gehört zu den alten Züchtern. Er hat sich jahrelang mit einer außergewöhnlichen Passion für die Sache des arabischen Pferdes eingesetzt. Sein Stolz ist der selbstgezogene Kaisoon-Sohn "Kasyd" aus der Surijah-Lütetsburg/Marbacher Stutenstamm.
Adel, Typ und Schönheit, korrektes Exterieur, hervorragende Bewegungen und Leistungsbereitschaft, sowie außerordentlich liebenswerter Charakter sind die Merkmale des Vollblut-Araberhengstes Kaljawie.

Kasyd (Kaisoon/Surijah) - Z. u. Bes. Schober. Foto: Sting.

Auf dem an der Perepherie vom westlichen Köln gelegenen GUT KIRCHENHOF in Müngersdorf ist er als einziger Vollblut-Araber zu Hause. BARBARA SCHWINGELER, seine Besitzerin, fand in der Haltung dieses edlen Pferdes eine glückliche Symbiose aus ihrer Liebe zum "Arabischen Pferde" und ihrer Reitpassion. Wie früher bei den Beduinen üblich, lebt der Hengst im engsten Kontakt mit den Menschen und begrüßt sie jeden Morgen durch ein Fenster, welches die Küche mit seinem Stall verbindet. Gleichzeitig wird jedoch von ihm Leistung gefordert. Täglich wird er geritten und seine dressurmäßige Ausbildung hat mittlerweile - Dank seiner natürlichen Veranlagung und Lernfähigkeit - die Klasse "M" erreicht. Mehrfach wurde er schon erfolgreich auf Turnieren vorgestellt. Darüber hinaus bestätigt er sich jedes Jahr als Privat-Beschäler. Seine qualifizierte Vererbungsfähigkeit wird in zahlreicher guter Nachzucht unter Beweis gestellt.

Sein edles Gemüt erlaubt es, selbst in der Decksaison trotz seines feurigen Temperaments, daß Kinder ihn reiten können und er ebenso jederzeit als verläßliches Jagd- und Geländepferd einzusetzen ist. Mehrfach wurde der Hengst auf Zuchtschauen vorgestellt und prämiiert.
Als Jahrgangsbester bestand er 1976 in Medingen die Hengstleistungsprüfung.

Kaljawie (Kaisoon/Dalila) - Z. Zoo Duisburg, Bes. Schwingeler. Foto: Rimpel.

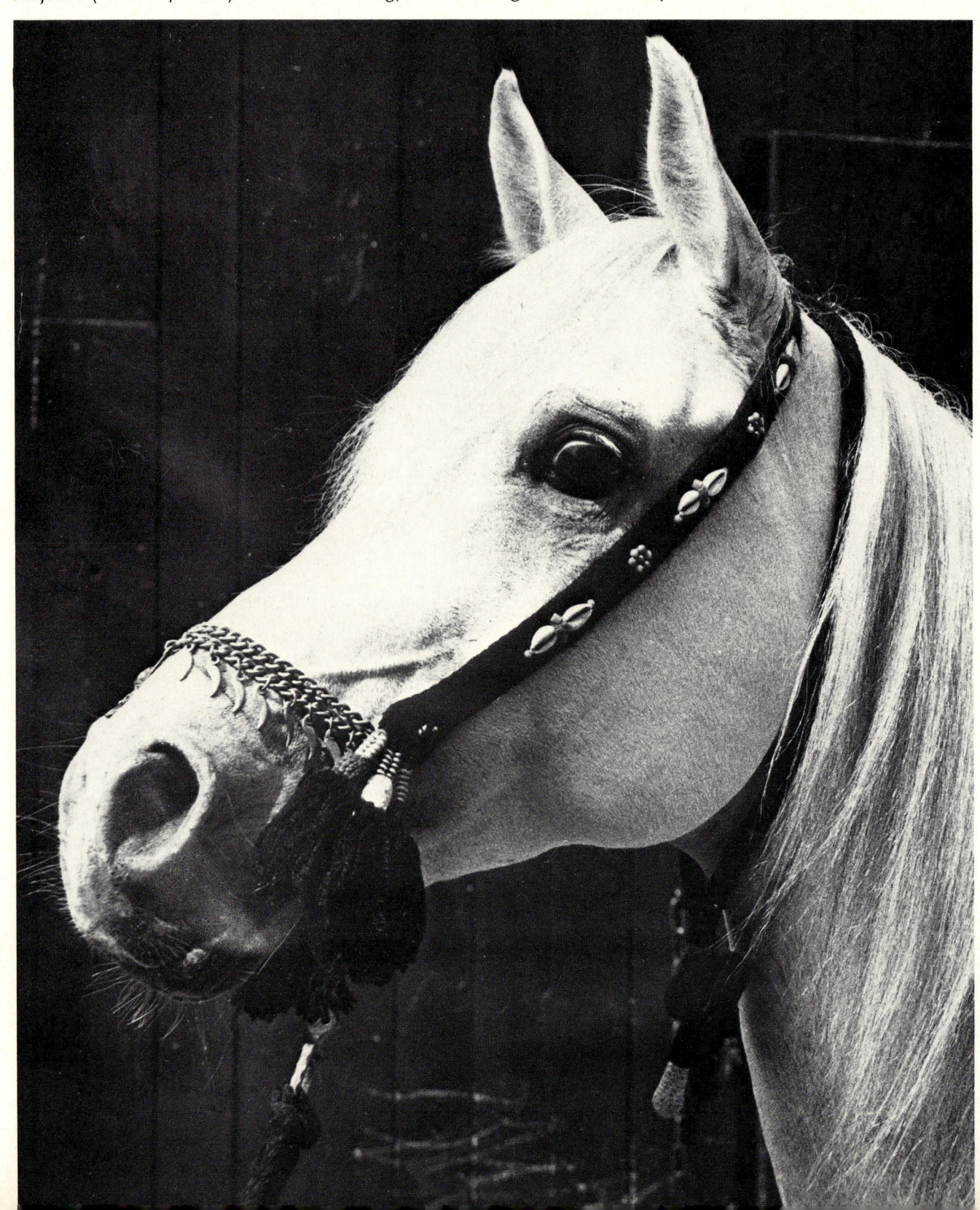

HERMANN SILKEN in Castrop-Rauxel züchtet mit Stuten vornehmlich polnischer Blutführung. Der im Gestüt vorhandene Hengst Ikarus vom Ghazal stammt aus der in der Zucht hoch bewährten Stute Inazzah des Gestüts Ismer - Achentaler Stamm -. Diese Wisznu-Tochter hat bisher 16 Fohlen gebracht. Auch ihre Nachzucht ist in zahlreichen Gestüten Deutschlands, sowie in Argentinien und Österreich verzweigt. Sie selbst erzielte auf der DLG-Ausstellung in Hannover einen ersten Preis. Ikarus ist bezüglich seiner Vererbung ein Garant für Adel und Schönheit.

H. THESING in Südlohn, nahe der holländischen Grenze im westlichen Münsterland, züchtet mit drei Stuten, von denen zwei aus der Wiszkha von Wisznu stammen - Gestüt Ismer. Es werden hauptsächlich Hengste ägyptischer Blutführung benutzt, die den klassischen Wüstentyp stärker herausbringen sollen.

In Billerbeck, etwa 20 km westlich von Münster/Westfalen, hat HANS VORDERBRÜGGE etwa seit 1970 eine beachtliche Vollblut-Araberzucht aufgebaut, bisher ausschließlich auf der Grundlage von Importen aus England. Das Gestüt verfügt über zehn Zuchtstuten und drei Vollblut-Araberzuchthengste. Von diesen ist Gromet mit seiner Nachzucht auf zahlreichen Schauen im In- und Ausland bereits sehr erfolgreich gewesen, so auf dem "Salon du Cheval" in Paris, auf der internationalen Ausstellung in Holland und London 1977. Im Gestüt Vorderbrügge wird ein intensiver Reitbetrieb unterhalten. Alle Gestütsstuten und -hengste werden auch in der Reitbahn eingesetzt. Nachdem man in früheren Jahren im Reitbetrieb die verschiedensten Rassen getestet hatte, wurde Hans Vorderbrügge auf das arabische Blut dadurch aufmerksam, daß er auch einige Araberreitponykreuzungen im Einsatz erprobte, die sich besonders bewährten. So festigte sich rasch die Überzeugung, daß die Vollblut-Araber für seine Zwecke die am besten geeigneten Pferde sind. Er hat die Erfahrung gemacht, daß die Vollblut-Araber trotz Einsatz in der Zucht bis zu sechs Stunden am Tag im Reitbetrieb gehen können, ohne überfordert zu werden. Die daneben noch im Gestüt vorhandenen englischen Vollblüter können maximal nur vier Stunden am Tage gehen. Dabei ist der Futteraufwand für die Vollblut-Araber wesentlich geringer. Die Ausdauer und Genügsamkeit des Vollblut-Arabers ist hier wieder einmal besonders deutlich unter Beweis gestellt worden. Vorderbrügge kaufte seinen Gestütsbestand nicht nur nach den Gesichtspunkten des Rassetyps, sondern vor allen Dingen auch unter Berücksichtigung der Reitpferdequalität. Insofern gelang es ihm, die hohe Gelehrigkeit des englischen Vollblut-Arabers mit der reiterlichen Zweckmäßigkeit im Einsatz zu verbinden. Gromet führt über seinen Vater Grojek, der aus Polen nach England importiert wurde, fünfzig Prozent polnische Abstammung. Sicher hat sich diese Kombination auf die Reitpferdequalität günstig ausgewirkt. Zukünftig ist auch daran gedacht, über einen Mahomed-Sohn der Zucht ägyptische und Marbacher Blutströme zuzuführen. Es ist sicher bemerkenswert, daß in diesem Betrieb die Vollblut-Araberpferde nicht nur Geld kosten, sondern im Gegensatz sich als ein wirtschaftlich außerordentlich positiver Faktor bewährt haben.

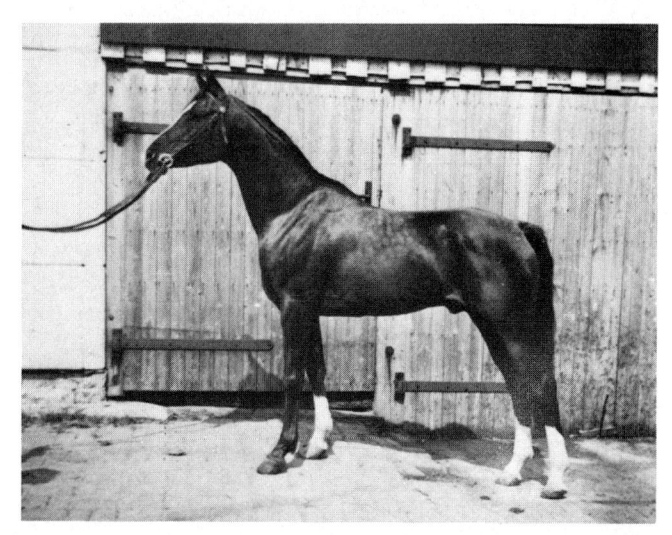

Gromet (Grojec/Lilac Time) - Z. Soanes, Black Hill Stud, England, Bes. Vorderbrügge. Siegerhengst Verden, Körung 1975.

Rasmira (Gromet/Golda) - Z. u. Bes. Vorderbrügge. Champion-Stutfohlen, Araber-Schau Dillenburg 1977.

Rikada (Gromet/Halo's Miracle) - Z. u. Bes. Vorderbrügge. - Jährlingschampion Belgien 1976 und Paris (Salon Du Cheval) 1976.

Ramak (Gromet/Constanze) - Z. u. Bes. Vorderbrügge. - Championhengstfohlen Paris (Salon Du Cheval) 1976.

Prince Azfar (Fari II/Princess Amara) - Z. Covat (England), Bes. Vorderbrügge.

Kaisoon (Nazeer/Bint Kateefa) - Z. El Zahraa/Ägypten, Bes. Zoo Duisburg. Foto: Jesse.

Der DUISBURGER ZOO unter Leitung von Dr. Gewalt ist als Zuchtstätte des Vollblut-Arabers berühmt geworden durch den Nazeer-Sohn Kaisoon aus El Zahraa. Neben ihm befinden sich acht Vollblut-Araberzuchtstuten in diesem Gestüt. Der als Geschenk der Ägyptischen Regierung nach Duisburg gekommene Kaisoon ist mittlerweile der letzte Nazeer-Sohn in Deutschland. Der jetzt 20jährige Hengst ist einer der profiliertesten Repräsentanten seiner Hengstlinie und genießt Weltruf. Aus der Vollblut-Araberzucht in Deutschland, zu deren qualitätsmäßiger Verbesserung er entschieden betrug und -trägt, ist Kaisoon nicht wegzudenken; - kaum eine Ausstellung oder Auktion, auf denen nicht Kaisoon-Nachfahren auf den oberen Rängen zu finden wären.

Dabei ist Kaisoon, als er nach Deutschland kam, in seiner züchterischen Qualität zunächst völlig verkannt worden, wie im Grunde genommen in den früheren Jahren alle ägyptischen Hengste. Erst als Hadban Enzahi und Ghazal durch ihre Nachzucht auffielen und im Jahre 1966 Kaisoon bei einer Züchtertagung zum schönsten Hengst von den Züchtern gewählt wurde, begann man, sich für seinen züchterischen Einsatz vermehrt zu interessieren. Seine Popularität stieg dann sehr schnell an. Er wurde auch auf großen Schauen an die Spitze gestellt. Seit einigen Jahren hat er die höchsten Bedeckungsziffern bei Vollblut-Araberstuten aufzuweisen. Seine Nachkommenschaft ist nicht nur qualitätsmäßig gut. Auch zahlenmäßig hat er von allen Vollblut-Araberhengsten in Deutschland die höchste Nachzuchtziffer aufzuweisen.

Hessen

Auf dem Ronneburger Hof in Ronneburg/Altwiedermus, in der Nähe von Frankfurt am Main, hat HORST EGGERT, VORSITZENDER DES VERBANDES DER ZÜCHTER DES ARABISCHEN PFERDES, seinen Zuchtbetrieb aufgebaut. Auch Horst Eggert ist vom Reitsport zum arabischen Pferd gekommen. Es begann 1963 fast zufällig, als er Gelegenheit hatte, den 1956 geborenen dunkelbraunen Hengst Rustan von Witraz und der Rasima in einem Frankfurter Reitstall anzukaufen. Erst durch einen Artikel in der Fachzeitschrift St. Georg von Landstallmeister Rudofski, dem Ehrenmitglied unseres Verbandes, wurde bei dem glücklichen Hengstbesitzer das Interesse für die Zucht und die wertvolle Abstammung des Hengstes geweckt. Als Horst Eggert wenig später seine Reitabzeichenprüfung machte und Rudofski dabei als Richter tätig war, kam das Fachgespräch und damit das Interesse für die Vollblut-Araberzucht in Gang. Wenig später folgte dann der Ankauf einer Vollblut-Araberstute, die Tochter von Hadban Enzahi war. Danach wurde es für den Frankfurter notwendig, auch die entsprechenden Voraussetzungen für die Pferdezucht und -haltung zu schaffen. Er erwarb den jetzigen Wohnsitz. Der Zuchtbestand an Vollblut-Arabern wurde dann noch durch zwei aus Spanien importierte Stuten erweitert: Selika und Zaha. Eine dreijährige Rustan-Tochter ist Nachwuchsstute. In etwa 120 Jagden hat sich Rustan als ausgezeichnetes Jagdpferd unter Horst Eggert und seiner Frau bewährt. Dabei machte der Verbandsvorsitzende die Beobachtung, die auch der Autor dieser Zeilen aus eigener Erfahrung bestätigen kann und viele andere Jagdreiter auf arabischen Pferden, daß der Vollblutaraber ein ideales Jagdpferd ganz allgemein ist. Die herausragende Eigenschaft, daß der Araber ein sicheres Jagdpferd ist, beruht auf seiner großen Wendigkeit und Geschicklichkeit im Gelände, auf seiner Reaktionsschnelligkeit und Einsatzbereitschaft. Der Araber paßt beim Springen sehr auf, um keine Fehler zu machen. Dabei ist es angenehm, ihn in der Jagd zu springen, weil er den Reiter gut mitnimmt und sehr geschmeidig ist. Rustan ist unter Eggert sehr viel auch als Pikeur-Pferd gegangen. Dabei war er als Jagdpferd insofern ein besonderes Erlebnis, als er sich von selbst der Hundearbeit anpaßt und insofern die Freude an der Jagd erhöht. Nachdem Rustan ein Jahr im Gestüt Thörner-Ostenfelde gedeckt hatte, wurde er im Januar 1977 für drei Jahre in die USA verpachtet an Dr. Lacroix, Lasma-Arabians, Scottsdale/Arizona.

Mit der bildschönen Schimmelstute Ni Ni von Aswan, die er von Henry Garde ankaufte, hat D. L. GREBE, Hof Daubach, in Breidenbach - nordwestlich von Marburg - einen kleinen, aber guten Zuchtbestand aufgebaut. Auch die junge Stute Kilifa ist auf Aswan ingezüchtet. Der Hengst Negev hat den in Holland bekannten hocheleganten Nagasaki aus spanischer Zucht zum Vater, seine Mutter, die im Gestüt von Professor Koenig steht, ist ebenfalls wieder eine Aswan-Tochter aus Tersk. So stellt Negev - ein sehr edler und eleganter Hengst - eine sehr interessante Blutsverbindung von Spanien, Ägypten und Polen über Tersk dar.

In dem Kurort Bad-Wildungen, südwestlich von Kassel, betreibt KONSTANTIN KEIL seit vielen Jahren einen Reitstall für Kinder, insbesondere für Reiterferien. Ponys mit Araberblut standen hier bei dem Entschluß Pate, sich mehr und mehr dem Vollblut-Araber zuzuwenden. Eine Vollblut-Araberstute und die Hengste Hamin von Karmin und Ghat-Ghat von Ghazal sind sein besonderer Stolz. Bei zahlreichen Kindern und Jugendlichen, die hier ihre Ferien verbracht haben, wurde die Liebe für das arabische Pferd geweckt.

Ghat-Ghat (Ghazal/Algaida) - Z. Dömken, Bes. Keil. Foto: Sting.

WALTER OLMS begründete im Jahre 1969 sein Hamasa-Gestüt in Treis, etwa 10 km nördlich von Gießen, als er von Dr. Krausnick, Lamar, Colorado/USA zwei Stuten importierte, darunter die bedeutende Faziza. Beide Stuten führten das in den USA berühmte Blut des aus dem Gestüt Mohamed Ali stammenden Fadl und der Wüstenstute Turfa. Ihnen folgten dann noch zwei weitere Stuten ähnlicher Blutführung. Außerdem wurden dann noch mehrere Stuten rein ägyptischer Blutführung angekauft. 1974 kam dann der aus El Zahraa/Ägypten stammende Morafic-Sohn Farag hinzu, der vorher in Babolna/Ungarn Hauptbeschäler war. Dadurch wurde der Gestütsbestand komplett. Als zweiter Zuchthengst steht im Gestüt Tufail von Kaisoon und der Faziza zur Verfügung. Olms hatte sich beim Aufbau seiner Zucht von vornherein ganz konsequent von der Idee leiten lassen, daß es Aufgabe seiner Zucht sein sollte, in Abstammung und Typ einen Vollblut-Araber möglichst reiner Blutführung zu bewahren. Züchterisch ergab sich dabei eine glückliche und auch weiterhin sehr erfolgreiche Kombination des edlen im Saklawi-Typ stehenden Ägypters Farag mit den mehr im Koheilan-Typ stehenden Stuten aus den USA. Neben Tufail wurde auch dessen Vollbruder Farous gekört, der an das Gestüt v. Kameke verkauft worden war und dort bereits recht beachtliche Nachzucht erbracht hat. Durch den blutmäßig interessanten Aufbau fand das Gestüt bald internationale Beachtung, so daß Pferde bereits nach Belgien, Holland, Schweden und Südafrika exportiert worden sind. Auch bei Walter Olms ist die Liebe zum arabischen Pferd durch einen Araberwallach im Reitstall in Hildesheim geweckt worden. Im Vergleich mit anderen Reitpferden dieses Reitstalles lernte er schon in jungen Jahren die hohen Qualitäten des arabischen Pferdes kennen und schätzen.

Faziza (Fa-Turf/Azyya) - Z. Lodwich/USA, Bes. Olms, Mutter der Hengste Tufail und Farouss, beide von Kaisoon. Foto: Olms.

Farag (Morafic/Bint Kateefa) - Z. El Zahraa/Ägypten, Bes. Olms. Foto: Olms.

Walter Olms gründete vor einigen Jahren mit gleichgesinnten Züchtern den Asil-Club, der eingangs bereits erwähnt wurde. Es muß hier nochmals hervorgehoben werden, daß es sich bei diesen Züchtern um Vollblut-Araberzüchter handelt, deren Pferde im gleichen Register des Verbandes geführt werden wie alle anderen Vollblut-Araber. Sie haben sich lediglich eine Beschränkung in der Auswahl des Zuchtmaterials auferlegt, indem sie nur solche Pferde zur Zucht verwenden, von denen man annimmt, daß der Nachweis über die ausschließliche Abstammung von der Beduinenzucht besonders sicher ist. Es besteht durchaus kein Grund, dieses Anliegen zu kritisieren. Jedem Züchter steht es frei, die Wahl des Blutaufbaues seiner Zucht so zu gestalten, wie er es für richtig hält. Dementsprechend gibt es auch andere Züchter, die auf andere Abstammungen schwören. In der Verbandsarbeit werden dagegen alle Vollblut-Araberzüchter gleich behandelt. Auf Schauen werden alle Pferde nach den gleichen Grundsätzen prämiiert und in ihrer Qualität gewürdigt. Die Zielrichtung ist also für alle Züchter gleich, aber es steht jedem frei, züchterisch unterschiedliche Wege in Richtung auf das gemeinsame Ziel zu beschreiten.

Hengstfohlen Hamasa Tirf (Tufail/Shar Duda) - Z. u. Bes. Olms. Foto: Olms.

Ammura (Ikarus/Arbela) - Z. u. Bes. Röver, Foto: Röver.

Arbela - Z. Janow Podlaski mit Hengstfohlen Madras (fünf Tage alt) v. Madkour I, Bes. und Foto: Röver.

WILHELM RÖWER in Niedermöllrich, südwestlich von Kassel, ist ein in der Tierzucht praktisch erfahrener Landwirt. In seinem Betrieb befinden sich zur Zeit vier Vollblut-Araberstuten mit Nachzucht. Seit 1971 ist die Vollblut-Araberzucht hier aufgebaut worden. Der Aufbau ist geprägt durch die Kombination polnischer und ägyptischer Blutlinien. Angestrebt wird ein Vollblut-Araber mit viel Typ, gutem Gemüt und ganz hervorragenden Bewegungen. Alle Stuten werden reiterlich ausgebildet und müssen sich in Materialprüfungen placieren. Erste Schauerfolge stellten sich 1977 auf der nationalen Araberschau in Dillenburg ein, als die Ikarus-Tochter Ammura mit einem ersten Preis ausgezeichnet wurde und ein Hengstfohlen von Madkour I (Gestüt Ismer) mit dem 1a-Preis ausgezeichnet wurde.

Diedje (Hadban Enzahi/Winarsad) - Z. Marbach, Bes. Wieder. Foto: Saenger.

In Kassel bei FRIEDRICH WIEDER steht jetzt die Hadban-Tochter Diedje, die im Gestüt von Buschfort bereits sehr gute Nachzucht gebracht hat. Die außergewöhnlich schöne und harmonische Stute ist Vollschwester des Hengstes Demir und auch Vollschwester der Stute Darsi, beide aus der berühmten Winarsad. Aus der Stute Darsi verkaufte Merz den Hengst Darius nach Südafrika, der sich dort auf Anhieb als großer Vererber erwiesen hat.

Rheinland-Pfalz und Luxemburg

Zwar gehört Luxemburg nicht zur Bundesrepublik Deutschland. Da die Luxemburger Züchter sich jedoch dem deutschen Verband angeschlossen haben und auch durch Prof. Weirich-Nickels im Vorstand vertreten sind, sollen sie hier mit eingeordnet werden, weil sie räumlich an Rheinland-Pfalz angrenzen.

Auch HEINER BUSCHFORT, Gestüt KAUBER PLATTE, bei Kaub am Rhein, südlich von Koblenz, kam schon vor vielen Jahren über die Reitponyzucht mit arabischen Hengsten zur Vollblut-Araberzucht. Das Gestüt ist in dem landschaftlich schönsten Teil des Rheintals gelegen. Auf den Höhen südöstlich von Kaub ist die Gestütsanlage von den Weiden umgeben. Von hier hat man über den Rhein hinweg einen weiten Blick in die herrliche Landschaft. Die Zuchtbasis beruht hier auf fünf aus Ägypten importierten Mutterstuten, von denen vier Tuhotmos-Töchter aus El Zahraa sind. Meist haben sie als Großvater mütterlicherseits den großlinigen hochedlen Ala El Din. Aus der Anpaarung dieser Stuten mit besten Hengsten ägyptischer Blutführung, insbesondere dem Hengst Kaisoon, sind eine Reihe bemerkenswerter Fohlen gefallen, die bereits international große Anerkennung gefunden haben. Nach Angaben des Eigentümers ist Zuchtziel des Gestüts der korrekte Asil-Araber mit ausgesprochen großem Leistungsvermögen und dem klassischen Wüstentyp, wie er in Vollendung in der Jahrhundertstute Moniet El Nefous verkörpert wurde, die vor kurzem 30jährig in El Zahraa einging. Die Pferde auf der Kauber Platte führen einen hohen Blutanteil dieser in der Zucht bewährten Stute, die auch Großmutter von Morafic ist. - Vollblut-Araber, gezüchtet auf der Kauber Platte, wurden in alle Welt exportiert, so z. B. nach USA, Australien, Schweden, Schweiz, Spanien. Die Nachfrage nach Jungpferden wächst stetig. Besonders groß ist die Nachfrage aus dem Ausland. Der internationale züchterische Austausch wird besonders gepflegt, so wurde die Kaisoon-Tochter Bint Bint Wedat nach USA verpachtet und wird dort von dem früheren Hauptbeschäler El Zahraas Tuhotmos gedeckt.

Wenn man von Koblenz aus die Hunsrück-Höhenstraße entlang fährt und dann abbiegt Richtung Zell an der Mosel, kommt man nach Moritzheim, wo FRAU ERIKA EHRKE mit zwei Stuten aus Tersk und einer aus El Zahraa eine mittlerweile blühende Vollblut-Araberzucht aufgebaut hat. Hier hat sich die Kombination ägyptischer und polnischer Linien über Tersk bewährt. Der dreijährige Hengst Paladin von Kilimandscharo - Awan war in der ersten Saison der deutschen Vollblut-Araber-Renngesellschaft im Jahre 1977 sehr erfolgreich auf der Rennbahn.

In Ettelbruck bei Luxemburg betreibt JEAN KAYSER eine Vollblut-Araberzucht unter dem Namen "JEAN KAYSERS BLUE ARABIANS". In den Abstammungen der Gestütspferde finden sich nur Nachweise, die direkt auf die Beduinenzucht zurückgehen bzw. Abstammungen des ägyptischen Stutbuches. Die Zuchtpferde wurden entweder aus Ägypten oder aus der Zucht von Mrs. J. E. Ott - USA - importiert. Es handelt sich nicht nur um eine Pedigree-Zucht, sondern durch gezielte Paarung und stetes Arbeiten der Pferde stellt sie eine Qualitäts- sowie Leistungszucht dar, die durch Schönheit, Trockenheit und Adel gefällt. Auch in dieser Zucht findet man das geschätzte Blut der Moniet El Nefous über eine von Thierer gezüchtete Moneera-Tochter. Als Zuchthengst wurde vornehmlich Kaisoon verwendet.

Silvana (Mahomed/Sevillista) - Z. Bosse, Bes. Joachim Lubetzki, Al-Khamsa-Farm, 6531 Niederheimbach, zeigt den edlen Typ der ägyptisch-spanischen Blutkombination. Foto: Lubetzki.

Im Oberwesterwaldkreis, etwa 20 km nördlich von der Autobahnabfahrt Montabaur (nordöstlich von Koblenz) unterhält FRAU INGEBORG KUNTH einen besonderen Zweig des Moheba-Stutenstammes. Gezüchtet wird mit dem Ghazal-Sohn Galan und dem Wisznu-Sohn Sawih. Hier ergibt sich also eine Kombination besonders edler Stämme der ägyptischen, der polnischen und der Marbacher Linien über die Zucht von Dr. Entrees.

Sawih (Wisznu/Sabine) - Z. u. Bes. Kunth. Mutter des Hengstes - letzter Sohn von Wisznu - ist die Stammstute bei Dr. Entress. Foto: Huck.

Bei HEINZ SCHEIDEL in Mannheim wird der gute Stutenstamm des verstorbenen Züchters Hillenbrand mit Nachwuchsstuten aus der guten Sulamith erhalten, die vom Ghazal und der bekannten Lütetsburger Stammstute Salifah gezogen war. Hier befindet sich auch der dritte Vollbruder zu den beiden Dömkenschen Hengsten Nazir und Samum, der Nizar/Sahara-Sohn Sharif, der von Hagemann-Westercelle gezüchtet ist. Die züchterische Kombination dieser Zuchtstätte läßt bei vorsichtiger Inzucht auf Ghazal gleichmäßig sichere Erfolge erwarten.

PROF. WEIRICH-NICKELS in Ehner bei Luxemburg ist Vorstandsmitglied des Verbandes. Seine Zucht wurde aufgebaut mit der Karmin-Tochter Carmen, von der zwei Töchter - beide vom Sultan/Ghazal - im Bestand sind. So werden auch hier Marbacher und Lütetsburger Linien mit den wertvollen Abstammungen von Hadban Enzahi und Ghazal, sowie mit den polnischen Abstammungen kombiniert.

Simbel (Hadban Enzahi/Halisa) - Z. Marbach, Bes. Schenkel. Foto: Mitschke.

INGRID SCHENKEL hat in Jettenbach, nordwestlich von Kaiserslautern, ihr Araber-Gestüt seit 1972 aufgebaut. Sie hat dem edlen Vollblut-Araber ihr Leben verschrieben. Die Zuchtstuten des Gestüts stammen überwiegend aus dem Staatsgestüt Tersk. Der aus Marbach stammende Hadban Enzahi-Sohn Simbel zeichnet sich aus insbesondere durch Genügsamkeit, Härte und Ausdauer. Er hat einen dem Menschen zugeneigten Charakter, was er auch seinen Fohlen vererbt. Der verhältnismäßig großrahmige Hengst gibt diese Eigenschaft auch in der Vererbung mit, was den Forderungen nach einem Vollblut-Araberreitpferd mit genügend Kaliber entgegenkommt.

Baden-Württemberg

Wie bereits in der Einleitung dargestellt, ist das Haupt- und Landgestüt Marbach die in der Welt am meisten bekannte und älteste Zuchtstätte für arabisches Vollblut in Deutschland. Das Gestüt hat seine eigene staatliche Stutbuchführung. Es ist also nicht Mitglied im Verband der privaten Züchter, gehört aber insofern in diese Darstellung hinein, als dieses Buch eine umfassende und zusammenhängende Darstellung der gesamten deutschen Vollblut-Araberzucht geben will. Insofern kommt nun zunächst eine Darstellung der jetzigen Situation in Marbach, verfaßt vom Leiter des Gestüts, Landoberstallmeister Dr. Cranz. Daran anschließend folgt die Schilderung der Privatgestüte in Baden-Württemberg.

DIE VOLLBLUT-ARABERZUCHT IM HAUPT- UND LANDGESTÜT MARBACH
Von Dr. Cranz

In dem über 400 Jahre alten staatlichen Haupt- und Landgestüt Marbach auf der Schwäbischen Alb im Landkreis Reutlingen gelegen, bilden die Vollblut-Araber eine besondere Kostbarkeit.

Im Jahre 1932 wurde der wertvolle Zuchtbestand von der Tochter des letzten württembergischen Königs, der Fürstin zu Wied, dem Land Württemberg übergeben und 17 Vollblut-Araber (vier Hengste und Hengstfohlen, dreizehn Stuten

Nadja, geb. 21. 3. 1955 in El Zahraa/Ägypten. Als Nazeer-Tochter ist sie eine Halbschwester zu Hadban-Enzahi. Sie ist eine der wertvollsten Zuchtstuten des Haupt- und Landgestüts Marbach. Bisher hat Nadja 14 Fohlen gebracht, von denen zwischenzeitlich fünf als Stuten in der eigenen Herde und eines als Deckhengst aufgestellt sind. Sie starb 1978. Foto: Holder.

und Stutfohlen) erhielten in Marbach auf der Schwäbischen Alb ihre neue Heimat. Die Pferde akklimatisierten sich rasch, der Wiederaufbau der Herde wäre reibungslos vonstatten gegangen, wenn nicht während des Krieges und nach Kriegsende das Problem der Hengstbeschaffung aufgetreten wäre. 1955 gelang es dann Herrn Dr. Wenzler, aus El Zahraa den schon legendär gewordenen 1952 geborenen Hengst Hadban Enzahi zu erwerben. Der Erwerb dieses Hengstes, der 1975 starb, wirkte sich besonders segensreich auf die Entwicklung der Weil-Marbacher Vollblut-Araberzucht aus. 136 Stuten wurden von Hadban während seiner Verwendung als Hauptbeschäler in der Stammstutenherde gedeckt, weitere 78 Stuten aus der Vollblut-Araberzucht der Bundesrepublik und anderer europäischer Länder deckte Hadban von 1956 bis 1975. Von den 19 Stuten der Stammstutenherde sind heute 14 Hadban-Töchter. Der Hengst Hadban hat die Marbacher Herde, deren Stutenstämme auf das alte Weiler Erbe zurückgehen, durch seinen klaren Typ, seinen Adel und auch sein liebenswertes Wesen geprägt. Insgesamt umfaßt der Bestand an Vollblut-Araberpferden derzeit:

6 Zuchthengste
21 Stuten
14 Hengstfohlen
11 Stutfohlen   der Jahrgänge 1975 bis 1977

1970 konnte - wiederum in El Zahraa - der Rapphengst "Gharib" von Anter a. d. Souhair v. Sid Abouhom erworben werden. Er wurde in den letzten Jahren überwiegend eingesetzt. Seine Nachkommen zeichnen sich neben gutem Typ, Härte und Leistungsbereitschaft insbesondere durch sehr gute schwungvolle Bewegungen aus. Auch der pachtweise überlassene ägyptische Hengst "Mehanna" von Galal a. d. Mona v. Sid Abouhom und der Moniet el Nefous bringt insbesondere über seinen Mutterstamm sehr wertvolle Blutanteile in die Marbacher Herde.

Besonderer Wert wird in der Zuchtarbeit neben der Erhaltung des konsolidierten und reinen Typs auf die Leistungsbereitschaft der Pferde gelegt. So haben alle in der Zucht verwendeten Hengste die Hengstleistungsprüfung abzulegen, aber auch alle Stuten werden, bevor sie in den Zuchteinsatz kom-

Gharib (Anter/Suhair) - Z. El Zahraa/Ägypten, Bes. Marbach. Foto: Chmelik.

Der Ausbildung im Reiten und Fahren wird bei den Vollblut-Araberstuten in Marbach besondere Bedeutung beigemessen. Die Vollblut-Arabergespanne stellen bei vielen Schauen und insbesondere bei den Hengstparaden des Haupt- und Landgestüts Marbach eine besondere Attraktion dar. Foto: Ege.

men, nach einer sinnvollen reiterlichen Ausbildung auf ihre Reiteignung hin gemäß der Stutenleistungsprüfung geprüft. Darüber hinaus werden die meisten Stuten auch im Gespann geprüft, hierbei lassen sich besonders Rückschlüsse auf Temperament und Charakter der Pferde ziehen. Das Haupt- und Landgestüt Marbach fühlt es wie eh und je als eine besondere Verpflichtung, die reine typgetreue Vollblut-Araberzucht zu erhalten und auszubauen und als Blutquell für die Vollblut-Araberzucht zu wirken. Die Reinheit des Blutes und die 160jährige Tradition der Weil-Marbacher Zucht haben ihr Weltgeltung verschafft. Marbacher Vollblut-Araber sind in aller Welt gefragt und stehen in allen Kontinenten. Von 1968 bis 1977 wurden aus der Marbacher Herde 35 Stuten und Stutfohlen verkauft, vierundfünfzig Prozent blieben im Inland, sechsundvierzig Prozent kamen ins Ausland. Von den im gleichen Zeitraum verkauften 41 Hengsten und Hengstfohlen wurden vierundvierzig Prozent in das Ausland verkauft, während sechsundfünfzig Prozent in der Bundesrepublik Deutschland blieben.

Der Export Marbacher Vollblut-Araberpferde ging während der letzten zehn Jahre in folgende Länder:
Argentinien, Australien, Belgien, Frankreich, Jugoslawien, Kanada, Liberia, Luxemburg, Niederlande, Schweden, Südafrika, USA, wobei der Schwerpunkt bei den Ausfuhren nach den USA liegt.

Südlich von Marbach und nördlich vom Bodensee, etwa fünf Kilometer westlich von Saulgau, liegt das GESTÜT ROSENHOF von FRAU BRAIG in Ursendorf-Retterweiler bei Hohentengen. Der gesamte Stutenbestand des Gestüts (zwei eingetragene Stuten, vier Jungstuten) geht auf die noch in der Zucht befindliche Stammstute Rubinah vom Wisznu aus der Rualla zurück. Auch in dieser Zucht hat also der weit verbreitete Stutenstamm der Achentaler Stammstute Rualla eine erhebliche Ausbreitung erfahren. Bei der züchterischen Selektion wird vor allen Dingen auf beste Reiteigenschaften bei gutem Exterieur und hochedlem Kopf geachtet, so daß man dem Idealbild eines Vollblut-Arabers möglichst nahe kommen will. Um dieses Zuchtziel zu erreichen, werden sowohl ägyptische wie auch polnische Blutlinien verwendet zur Weiterentwicklung des alten Achentaler Stammes. Die besten Zuchterfolge wurden bisher erzielt mit der auf Wisznu ingezogenen Jasmine, die mit dem Hadban Enzahi-Inzest-Hengst "Suez" gepaart wird. Die in Suez vorhandene starke Hadban-Linie setzt sich in den Nachkommen dominierend durch. Bei den Suez-Töchtern wird vermehrt mit Hengsten ägyptischer Abstammung weiter gezüchtet.

Im Jahre 1976 konnte FRIEDHELM DUTZI in Zeutern bei Bruchsal durch den Ankauf der Stuten "Om el Arab" v. Ala el Din , "El Gazella" v. Ghazal und "Naglaana" v. Shaker el Masri die Grundlage für die Zucht von arabischen Vollblutpferden legen. - Gestütsname: ANTARA-VOLLBLUT-ARABER.

Die Stute "Om el Arab", die vorher im Besitz von Merz, dessen Gestüt den Namen gab, hat überragenden Bewegungsablauf. Ihre Nachzucht mit Shaker el Masri wurde unter anderem nach Argentinien und Südafrika exportiert. Bei Om el Arab sind vor allem die Voraussetzungen erfüllt, um durch Paarung mit dem im Zoo Duisburg stehenden Kaisoon das Erbgut des legendären Nazeer zu erhalten. Die züchterische Erwartung, die in diese Verbindung gesetzt ist, wurde durch das 1978 geborene Hengstfohlen Antara-Bakil nicht nur bestätigt, sondern, soweit dies jetzt schon erkennbar ist, weit übertroffen.

El Gazella, eine Tochter der spanischen Tabal-Tochter Etica, ist eine sehr edle, im arabischen Typ stehende Stute. Die Fohlen aus dem Jahrgang 1977 mit Shaker el Masri, 1978 mit Kaisoon, lassen auf gute Zuchtergebnisse hoffen. Der 1977 gezogene Shaker el Masri-Sohn Mashour wurde bereits als Hengstanwärter an das Gestüt Om el Arab verkauft.

Die dreijährige rein ägyptisch gezogene Stute Naglaana reiht sich sehr gut in die züchterische Gesamtkonzeption ein.

Suez (Hadban Enzahi/Shari) - Z. Marbach, Bes. Braig, Gestüt Rosenhof.

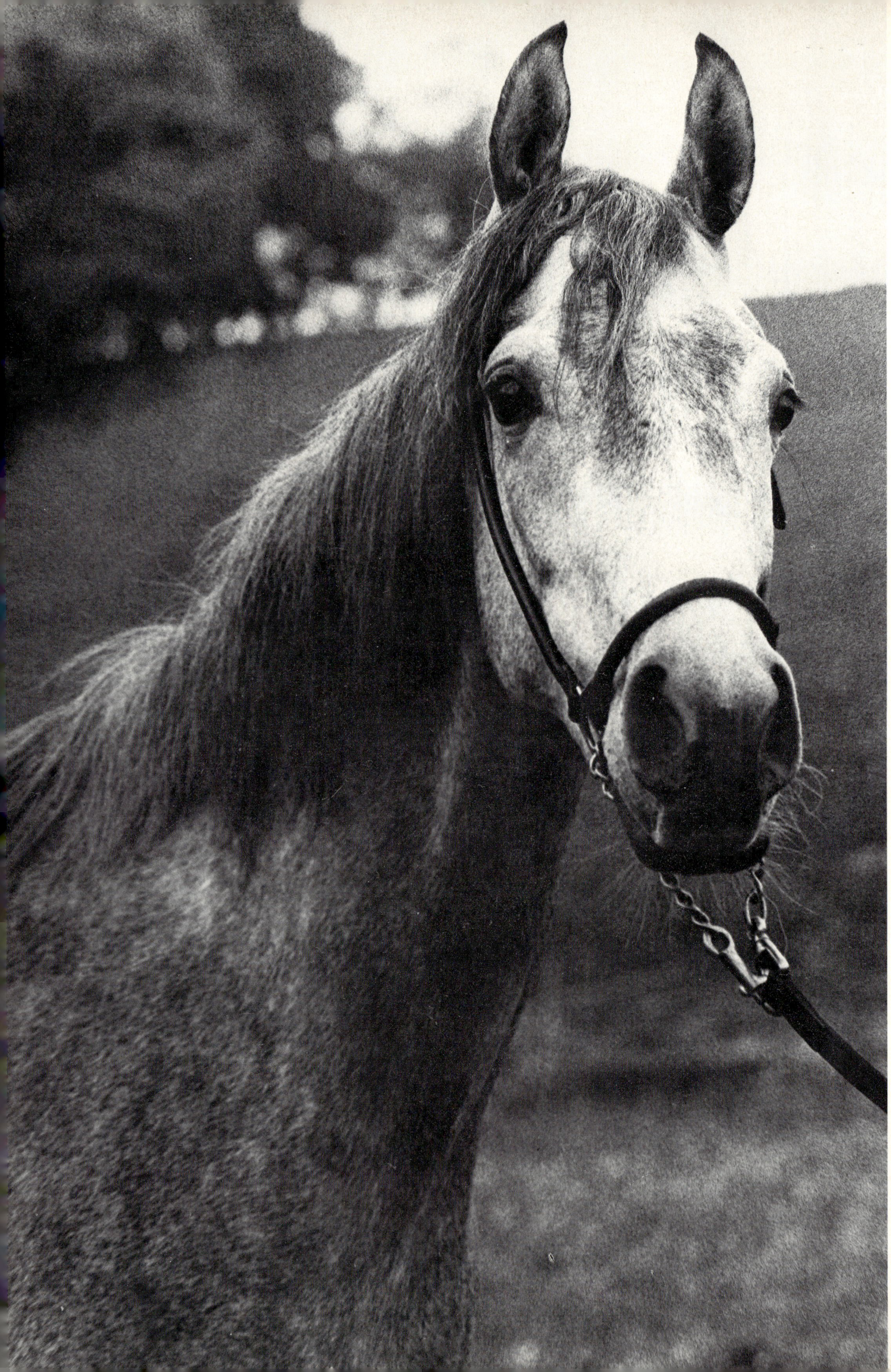

Stute Om El Arab (Ala El Din/Tifla) - Z. Badia-Gestüt/Ägypten, Bes. Dutzi. - Nach dieser Stute, die F. Dutzi von Merz ankaufte, ist das Merz'sche Gestüt benannt worden.

El Gazella (Ghazal/Etica) - Z. Merz, Bes. Dutzi.

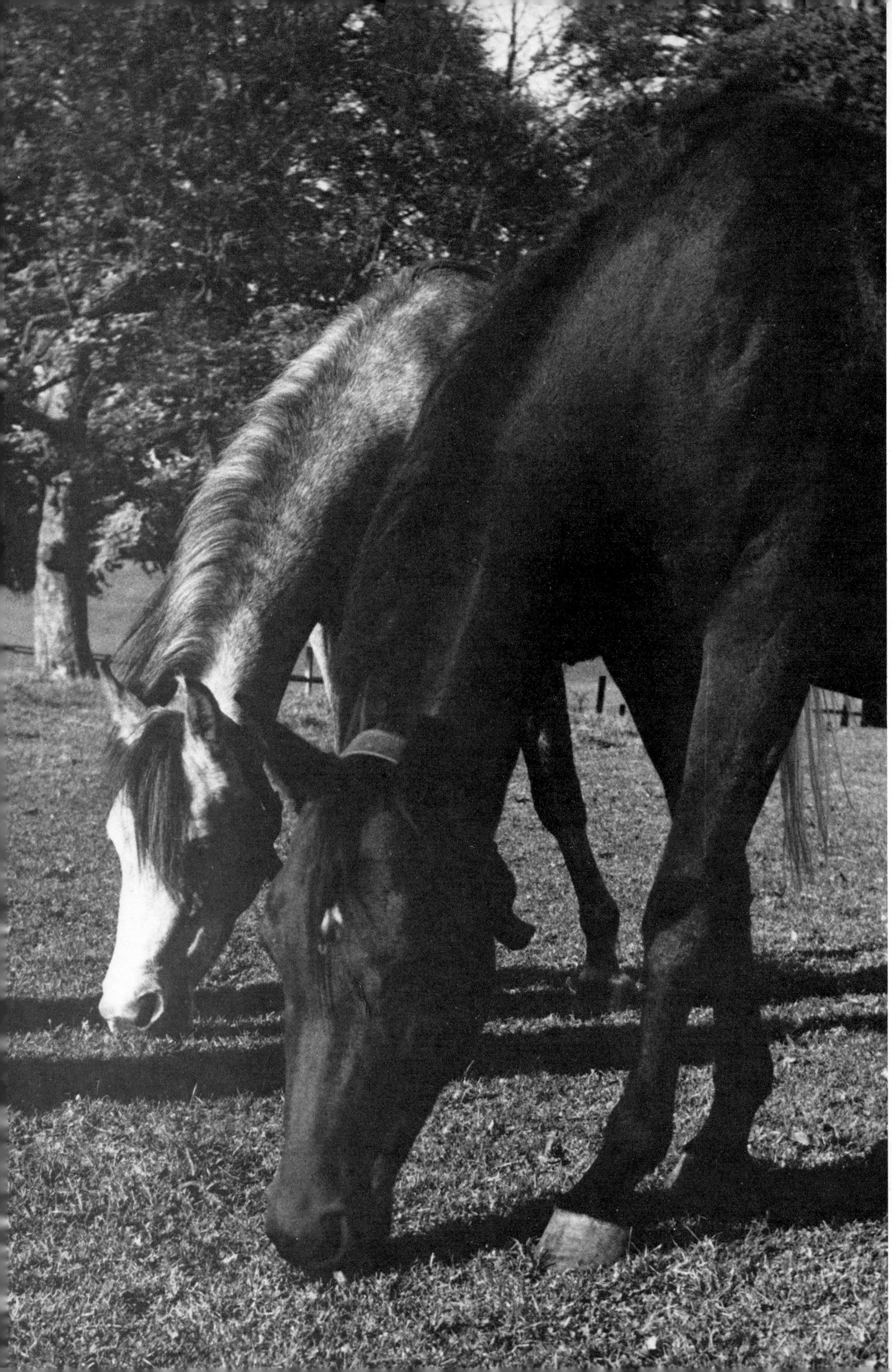

Sabine (Halef/Sabha-Jasir), Stammstute in der Zucht von Dr. Entress, Mutter des Hengstes Sawih bei Kunth, wurde auf der DLG-Ausstellung 1956 prämiiert.

Die Stuten Saady (Ghazal/Sabine) und Sabal-braun- (Daikir/Sabine), beide aus der Zucht und im Besitz von Dr. Entress, auf der Weide in Marbach.

Für den ältesten heute noch aktiven Vollblut-Araberzüchter Deutschlands, Dr. KURT ENTRESS in Nürtingen, ist das Jahr der WAHO-Konferenz 1978 in Deutschland zugleich ein Jubiläumsjahr. Vor 40 Jahren, 1938, begründete er seine Vollblut-Araberzucht mit der aus dem Gestüt Weil stammenden Stute Sarolta. Unermüdlich und mit eiserner Energie hat Kurt Entress seitdem die Interessen der Vollblut-Araberzucht vertreten, wobei er auch ständig bereit war, in dem Verbandsvorstand aktiv mitzuarbeiten und seine großen Erfahrungen zur Verfügung zu stellen. Durch Rückschläge war er dabei nicht zu erschüttern. Bereits im März 1944 kam der erste schwere Rückschlag: Durch Bomben auf den Pferdestall wurden die Stuten Jarna von Jasir aus der Caesarea und Sabah von Ahmed und der Sarolta getötet. Die Stammstute Sarolta selbst wurde schwer verletzt. 1945 wurde dann die Sabah II von Jasir geboren, 1948 Sarolta an den Fürsten zu Inn- und Knyphausen verkauft. Sabah wurde 1949 auf der DLG-Ausstellung mit einem ersten Preis ausgezeichnet, ihre Tochter Sabine mit einem zweiten Preis. 1976 erzielte die Enkelin Saagha ebenfalls wieder auf der DLG-Ausstellung einen ersten Preis. Die sechste Generation dieses Stutenstammes in der Zucht von Dr. Entress wächst nun-

Samiha (Saher/Sabal) - Z. Dr. Entress. Foto: Saenger.

mehr nach, seit 1977 ein braunes Stutfohlen von Mehanna und der Sahiba von Saher aus der Sabal geboren wurde. In den vergangenen Jahren wurden die Stuten der Entress'schen Zucht als Pensionsstuten in Marbach gehalten. Es ist daher verständlich, daß der Aufbau der Zucht mit Marbacher Hengsten derjenigen der Marbacher Stutenherde ähnlich ist. Das besondere Ziel von Dr. Entress ist es jedoch, das wertvolle Jasir-Blut zu erhalten. Zu diesem Zweck ist geplant, die Stute Saagha mit dem selbstgezogenen Hengst Saoudi, der z. Z. in Ströhen im Renntraining ist, im nächsten Jahr zu paaren. Das Pedigree des so erhofften Produktes würde viermal Jasir enthalten. Durch die gleichzeitige Inzucht auf Ghazal wird vermehrt auf Saklawi II ingezüchtet, der als besonders markanter Vertreter zu bezeichnen ist für die früher in Ägypten berühmte Zucht von Abbas Pascha Sherif. Über Jasirs Mutter, die Negma, kommen viermal weitere drei Abbas Pascha-Stuten hinzu, die seinerzeit als das beste Wüstenblut bezeichnet worden sind, das zu dieser Zeit in einem Gestüt gesammelt wurde. Nach Abbas Paschas Tod wurde die Zucht in alle Winde zerstreut. Dieses Beispiel soll zeigen, wie man über viele Generationen hinweg zielsicher und erfolgreich züchten sollte.

FRAU CHRISTINE EGGER hat in Heidelberg mit dem Hengst Imat von Demir aus der bekannten Inazzah ihre Vollblut-Araberzucht begründet. Drei Vollblut-Araberzuchtstuten stehen hier zur Verfügung, darunter die von Merz angekaufte Elsissa rein spanischer Abstammung.

Bei WALTER FATH auf dem Forellenhof in Lehen bei Freiburg/Breisgau hat der aus Tersk stammende Hengst Mashad, den Prof. Koenig im Mutterleib importierte, eine Heimat gefunden. Der Hengst soll hier wegen seiner besonderen Leistungen als Reit- und Rennpferd hervorgehoben werden. Die Leistungen sind nachstehend nach Angaben des Besitzers aufgeführt. Die Abstammung dieses Hengstes ist insofern interessant, als in ihm die wertvollsten Linien aus Ägypten, aus Polen, aus England und Marbach kombiniert sind. Er ist ingezüchtet auf den Hengst Amurath 1881 aus Marbach. Außerdem finden sich in seinem Pedigree so klangvolle Namen wie Nil, Sid Abouhom, Naseem-Skowronek, Enwer Bey-Koalicja, Amurath-Sahib, Koheilan I und Ofir. Seine Erfolge:

1976	Hengstleistungsprüfung in Medingen in der Spitzengruppe
1977	Darmstadt: 3. Platz beim 30 km Distanzritt
1977	Flachrennen über 2.100 m in Karlsruhe: 6. Platz (14 englische Vollblüter waren am Start, alles ausgebildete Rennpferde, Mashad war der einzige Vollblut-Araber, der zudem ohne systematisches Renntraining startete.)
1977	Großer Preis vom Elsaß - Sieger im 80 km Distanzritt (insgesamt 78 Teilnehmer)
1977	Du Haut-Rhin-Preis in Colmar/Elsaß, 6.000 m-Jagdrennen, Sieger bei insgesamt 84 Teilnehmern
1978	Großer Preis vom Elsaß (Neubreisach) am 15. und 16. April 1978 Sieger im Hindernisrennen über 6.500 m - 56 Teilnehmer Sieger im 60 km Distanzritt - 64 Teilnehmer
1977 und 1978	bei verschiedenen Vereinsritten rund um den Kaiserstuhl viermal erste Placierungen.

Besonders hervorzuheben ist, daß Mashad's Reiter 1,92 m groß ist und 94 kg wiegt. Bei den erwähnten Rennen in Frankreich waren durchweg nur Anglo-Normanner und Anglo-Araber französischer Züchtung am Start, außerdem englische Vollblüter. An Vollblut-Arabern starteten 1977 bei diesen Veranstaltungen nur vier aus französischer Zucht und 1978 sechs Vollblut-Araber aus Holland und Belgien. Mashad hat bei den Veranstaltungen in Frankreich erhebliches Aufsehen erregt und das Interesse der Öffentlichkeit für die Leistungsfähigkeit des Vollblut-Arabers geweckt.

Mashab (Naslednik/Madera) - Z. Tersk, Bes. Fath, - Ein Hengst, der durch außergewöhnliche Leistungen in Distanzritten und Rennen herausragt. Foto: Pragher.

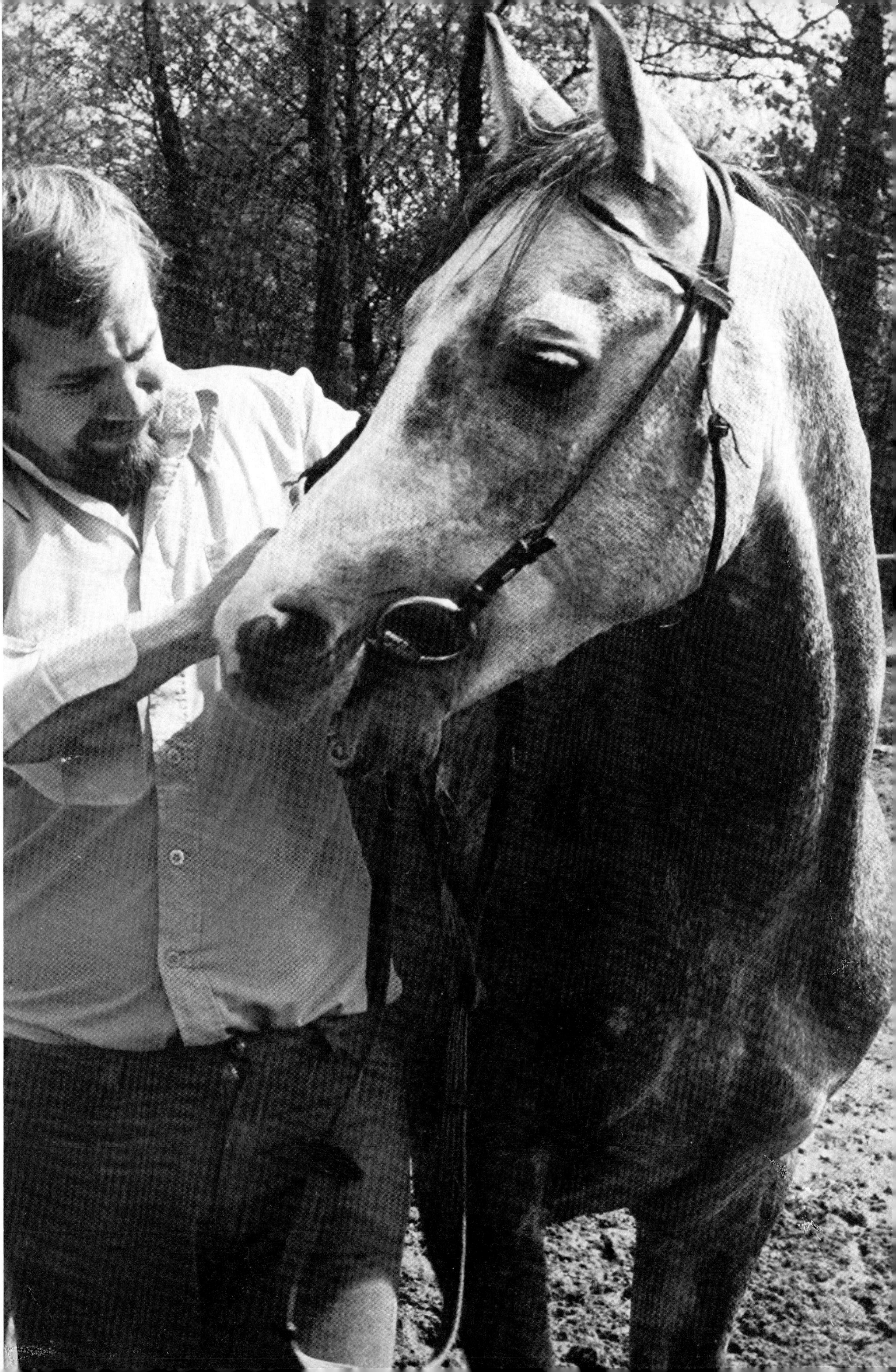

Von r. n. l.: Maisa (Hadban Enzahi/Malikah), - Z. Filsinger; - Malikah (Ghazal/Malacha), Z. Fürst zu Inn- und Knyphausen; - Nazeefa (Gassir/Nazik), Z. El Zahraa/Ägypten, alle Stuten im Gestüt von Dr. Filsinger. Foto: I. Filsinger.

Einer der bedeutenden Züchter des Verbandes und Vorstandsmitglied ist Dr. ERWIN FILSINGER in Graben, etwa 25 km nördlich von Karlsruhe. Er züchtet ausschließlich mit Pferden ägyptischer Abstammung. Seine Stammstute Malikah vom Ghazal und der Malacha hat für die deutsche Vollblut-Araberzucht weitreichende Bedeutung über ihre zahlreiche hervorragende Nachzucht bekommen. Die Angehörigen dieser Stutennachzucht übertreffen sich gegenseitig an Adel, Trockenheit und Harmonie. Ihre drei gekörten Söhne - Mahomed und Malik von Hadban Enzahi und Manal von Anchor Hill Halim - sind geeignet, den wunderbaren Typ ihrer Mutterstute, die dem vielerwähnten Moheba-Stamm angehört, weit zu verbreiten. Insgesamt befinden sich im Bestand zur Zeit zwei Zuchthengste und sechs Zuchtstuten einschließlich Nachzucht. Es ist die Zielsetzung des Züchters, den typvollen, leistungsstarken und sanftmütigen Wüstenaraber, den er bereits in den Stammstuten sieht, in ebenso vollendeter Form in deren Nachzucht zu erhalten.

Maliha (Ghazal/Malacha) - Z. Fürst zu Inn- und Knyphausen, Bes. Dr. Filsinger, herausragende Stamm- und Vererberstute dieses Gestüts. Foto: F. Filsinger.

V. l. n. r.: Mahdia Bint Malikah, Manaya und Zebeda, die Stutfohlen des Jahres 1977, alle von Madkour-Morafic, - Z. u. Bes. Dr. Filsinger. Foto: F. Filsinger.

Dreijähriger Hengst Manal (Anchor Hill Halim/Malikah) - Z. u. Bes. Dr. Filsinger. Foto: I. Filsinger.

Maisa (Hadban Enzahi/Malikah) - Z. u. Bes. Dr. Filsinger. Foto: F. Filsinger.

Mastura (Saher/Molesta) – Z. Marbach, Bes. Franck-Zügel. Foto: Guttmann.

Mit großer Sorgfalt ist der Gestütsbestand von EBERHARD FRANK-ZÜGEL und Tochter Gloria zusammengestellt worden. Die Zucht befindet sich auf dem Wolkenhof bei Murrhardt, etwa 40 km nordöstlich von Stuttgart. Mit recht guten Erfolgsaussichten wird hier der Stutenstamm der Diedje-Winarsad über Dareefa und deren Kaisoon-Töchter Kayda und Dayka weitergeführt. Dazu kommt eine der edelsten Stuten, die jemals aus Tersk nach Deutschland gekommen sind, die Aswan-Tochter Kapelka. Besondere Hoffnung werden auf die aus Marbach angekaufte Mastura gesetzt, die zweimal auf Ghazal und zweimal auf Hadban Enzahi ingezüchtet ist über ihren Vater Saher. Rein ägyptischer Abstammung ist Hamasa Wanisa, eine Kaisoon-Tochter aus dem Hamasa-Gestüt vom Olms.

Wanisa (Kaisoon/Wafaa) - Z. Olms, Bes. Franck-Zügel. Foto: Guttmann.

Kapelka (Aswan/Kapel) - Z. Tersk, Bes. Franck-Zügel.

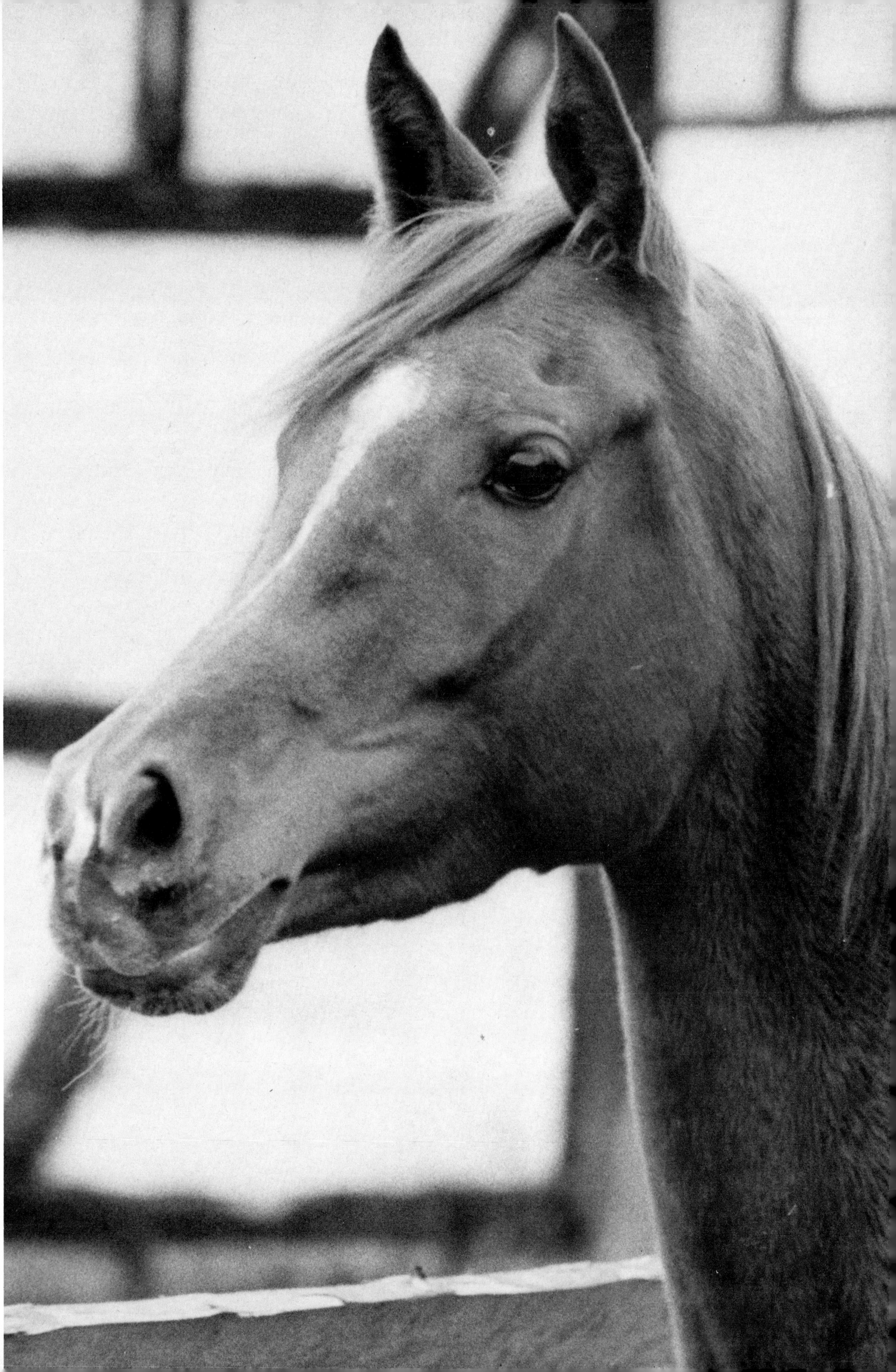

Auf dem Beckenbaurenhof bei Eberhardzell, südlich von Bieberach, hat ERICH HAGENLOCHER ein Vollblut-Arabergestüt ausschließlich mit Importen aus dem Badia-Gestüt und dem Staatsgestüt El Zahraa/Ägypten aufgebaut. Zwei Zuchthengste und sechs Zuchtstuten bilden die Grundlage der Zucht. Der Fuchshengst Shawky von Morafic zeichnet sich durch Harmonie und schöne Proportionen aus, während der braune El Hilal ein hartes drahtiges Leistungspferd ist. Eine herausragende Typstute in diesem Gestüt ist Basama von Anter aus einer Alaa El Din-Tochter. In der Zucht besonders bewährt hat sich die Rappstute El Garia von Tuhotmos, die den Rapphengst El Abd vom Gharib lieferte für das Gestüt Hinterthür. Auch die Schimmelstute Halima lieferte von Shawky einen eleganten Schimmelhengst Ibn Halima, der zunächst bei Frau Susanne Koch in Hausen ob Verena bei Tuttlingen aufgestellt war. Die züchterische Konzeption des Gestüts ist klar auf den ägyptischen Saklawi-Typ ausgerichtet unter Betonung von Härte, Energie und Leistungsfähigkeit.

Halima (Shahid/Aguza) - Z. Badia-Gestüt, Bes. Hagenlocher. Foto: Guttmann.

Bassama (Anter/Bassima) - Z. El Zahraa/Ägypten, Bes. Hagenlocher. Foto: Guttmann.

El Garia (Tuhotmos/Noosa), - Mutter des Hengstes "El Abt" bei Hinterthür. - Z. El Zahraa/Ägypten, Bes. Hagenlocher. Foto: Guttmann.

Als der bekannte Fernsehjournalist THILO KOCH seine langjährige Reporterzeit in Washington/USA beendete, brachte sich seine Frau aus dem berühmten Al-Marah-Gestüt die tragende Stute Al-Marah Midnight Sun mit. Ihre Abstammung ist weitgehend bestimmt durch die klassischen Linien des Crabbet Park. Ihr Sohn Count Rubin wurde bereits in Deutschland geboren. Später kam dann die Stute Jaila von Jobal aus dem Rualla-Stamm des Gestüts Braig hinzu. In Hausen ob Verena bei Tuttlingen in landschaftlich ganz besonders schöner Lage wird seitdem mit viel Freude und Sachverstand die Vollblut-Araberzucht gepflegt.

Zu den alten Züchtern in der deutschen Vollblut-Araberzucht gehört auch ALFRED LEONBERGER in Deizisau, wenige Kilometer östlich von Eßlingen/Stuttgart. Der stattliche Stutenbestand von nunmehr sieben Vollblut-Araberzuchtstuten wurde ausschließlich selbst gezüchtet, mit Ausnahme der Stammstute, auf die alle jungen Stuten in ihrer Abstammung zurückgehen. Diese Stammstute Kismet wurde von Wilhelm Hansen, Ahrensburg, angekauft und hat die in Janow gezüchtete Witraz-Tochter Europa zur Mutter. Ihre älteste Tochter Kamla stammt von Hadban Enzahi, und von diesen beiden alten Stuten stammen die jüngeren ab, alle von Marbacher Hengsten, besonders auch von Nabuch und Saher.

Zu Beginn der 70er Jahre wurden die züchterischen Grundlagen für "OM EL ARAB-Vollblut-Arabergestüt" durch den Import von "Shaker El Masri" sowie 25 Vollblut-Araberstuten aus Ägypten, Spanien und Polen von HEINZ RÜDIGER und SIEGRID MERZ gelegt.

Das Gestüt liegt bei Lauterbach, westlich von Schramberg und etwa 40 km südlich von Freudenstadt im östlichen Schwarzwald.

Shaker El Masri (Morafic-Zebeda), 1963 in El Zahraa, Ägypten, geboren, garantierte durch seine überragende Vererbungskraft die permanente Wiedergewinnung des trockenen Wüstentyps und der traditionellen arabischen Schönheit. Seine Nachzucht (über 90 Vollblut-Araber) zeichnet sich aus durch:

> kurzen, zierlichen Gazellenkopf . . . breite Stirn . . . weit auseinanderstehende, ausdrucksvolle Augen . . . runde Ganaschen . . . schräge Schultern . . . eleganten und korrekten Körperbau . . . dynamische, raumgreifende Bewegungen

gezüchtet nach den Idealen des Wüstenarabers.

Stellen Exporte, Inlandsverkäufe bzw. Championatserfolge auf nationalen und internationalen Schauen Kriterien für die züchterische Leistung eines Gestüts dar, so ist OM EL ARAB neben Marbach das erfolgreichste Vollblut-Arabergestüt in Deutschland.

Über 30 Vollblut-Araber wurden exportiert: in die Schweiz, nach Belgien, Schweden, Frankreich, Holland, Spanien, Südafrika und Argentinien.

Viele Liebhaber arabischer Pferde haben ihre Stammstute oder ihr erstes Vollblut-Araberfohlen auf OM EL ARAB angekauft; über Jahre hinweg kam es zu praktischer züchterischer Zusammenarbeit und intensivem fachlichem Gedankenaustausch.

Auf internationalen Schauen ist OM EL ARAB das erfolgreichste Vollblut-Arabergestüt in Europa.

OM EL ARAB konnte 1975, 1976 und 1977 über 20 Internationale Championatserfolge erzielen. Unter anderem gewann OM EL ARAB in Belgien das Internationale Stutenchampionat, sowie das Internationale Jugendchampionat. In Paris konnte OM EL ARAB 1975 und 1976 das Internationale Stutenchampionat, das Internationale Jugendchampionat gewinnen und stellte den besten Vollblut-Araber der Internationalen Schau.

Den größten Schauerfolg, den je ein in Deutschland gezüchteter Vollblut-Araber erzielen konnte, errang EL SHAKLAN (Shaker El Masri-Estopa), geboren 1975. Bis Juli 1978 nach England verpachtet, gewann EL SHAKLAN auf allen größeren Schauen des Landes und wurde - damals zweijährig - Nationaler Juniorenchampion, sowie Nationaler Reserve Champion von England in 1977. Außerdem wurde EL SHAKLAN Internationaler Champion von Belgien - gleichzeitig bester Vollblut-Araber der Schau - sowie Internationaler Jugendchampion der Internationalen Schau in Paris 1977.

EL SHAKLAN wird ab 1979 - neben dem rein ägyptisch gezogenen Hengst Ibn Shaker - Hauptbeschäler auf OM EL ARAB.

Einige weitere Zahlen über OM EL ARAB:

> 2 Deckhengste   15 Zuchtstuten
> 28 direkte Nachkommen von Shaker El Masri sind im Gestütsbestand
> 18 Vollblut-Araber des Gestütsbestandes sind direkt aus Ägypten importiert oder rein ägyptisch gezogen (straight Egyptian)
> 7 Pferde entstammen der einmaligen Blutkombination Shaker El Masri - Estopa; diese Nachzucht wird ganz konsequent im Gestüt gehalten.

OM EL ARAB liegt eingebettet in einer der idyllischsten und malerischsten Szenen des Schwarzwaldes in ca. 800 m Höhe. Die ca. 20 ha große Gestütsanlage ist hervorragend für die Zucht arabischer Pferde geeignet und garantiert die Vorteile einer natürlichen Aufzucht.

OM EL ARAB ist Gründungsmitglied der WAHO, Mitglied der Pyramid Society, sowie des Asil-Clubs.

Estasha (Shaker El Masri/Estopa) - Z. u. Bes. Merz. Foto: Van Lent.

Estawa (Shaker El Masri/Estopa), hier beste zweijährige Stute der Schau 1976 in Vlimmeren/Belgien, vorgeführt von ihrem Züchter und Besitzer H.-R. Merz. Foto: Van Lent.

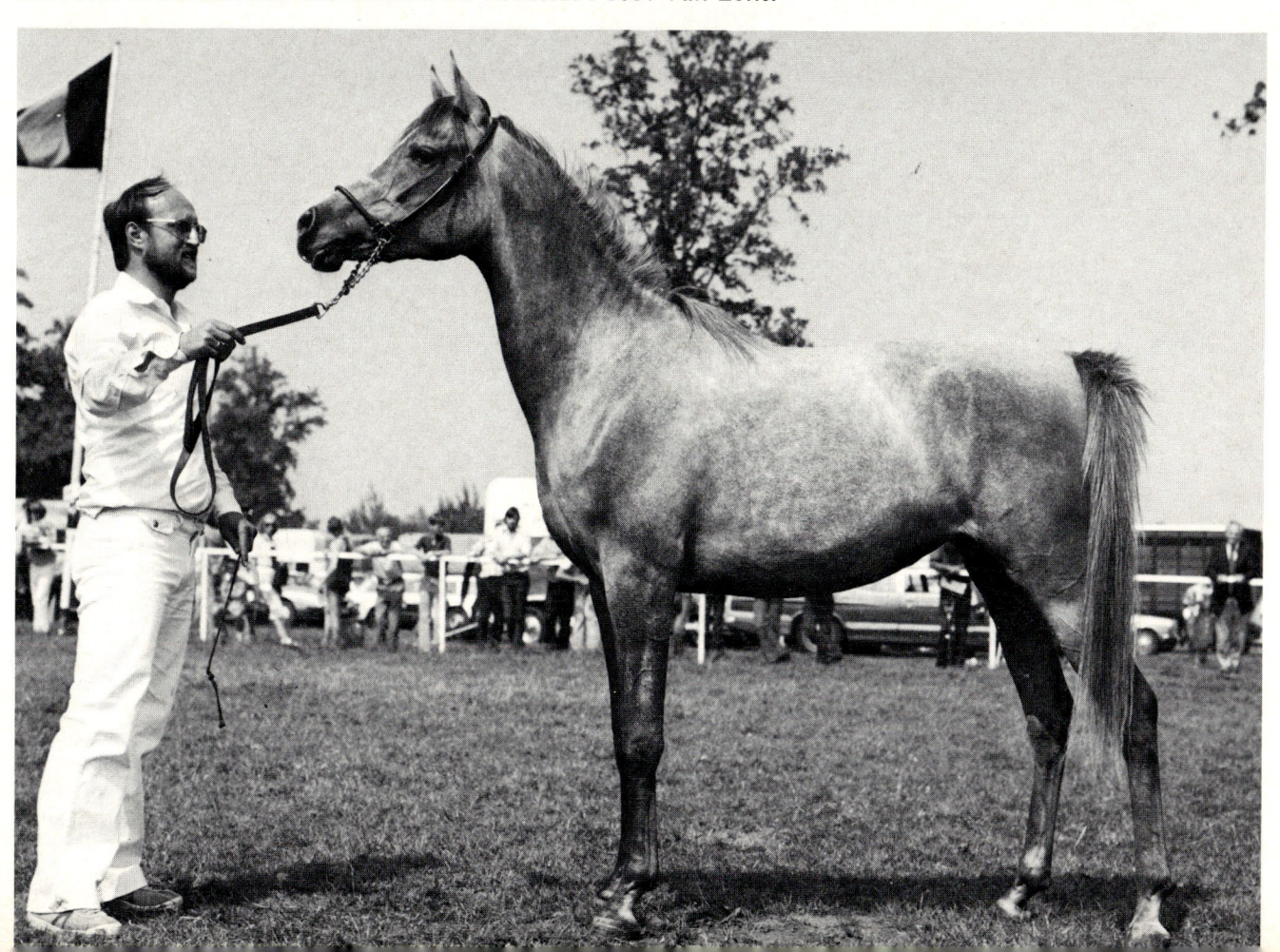

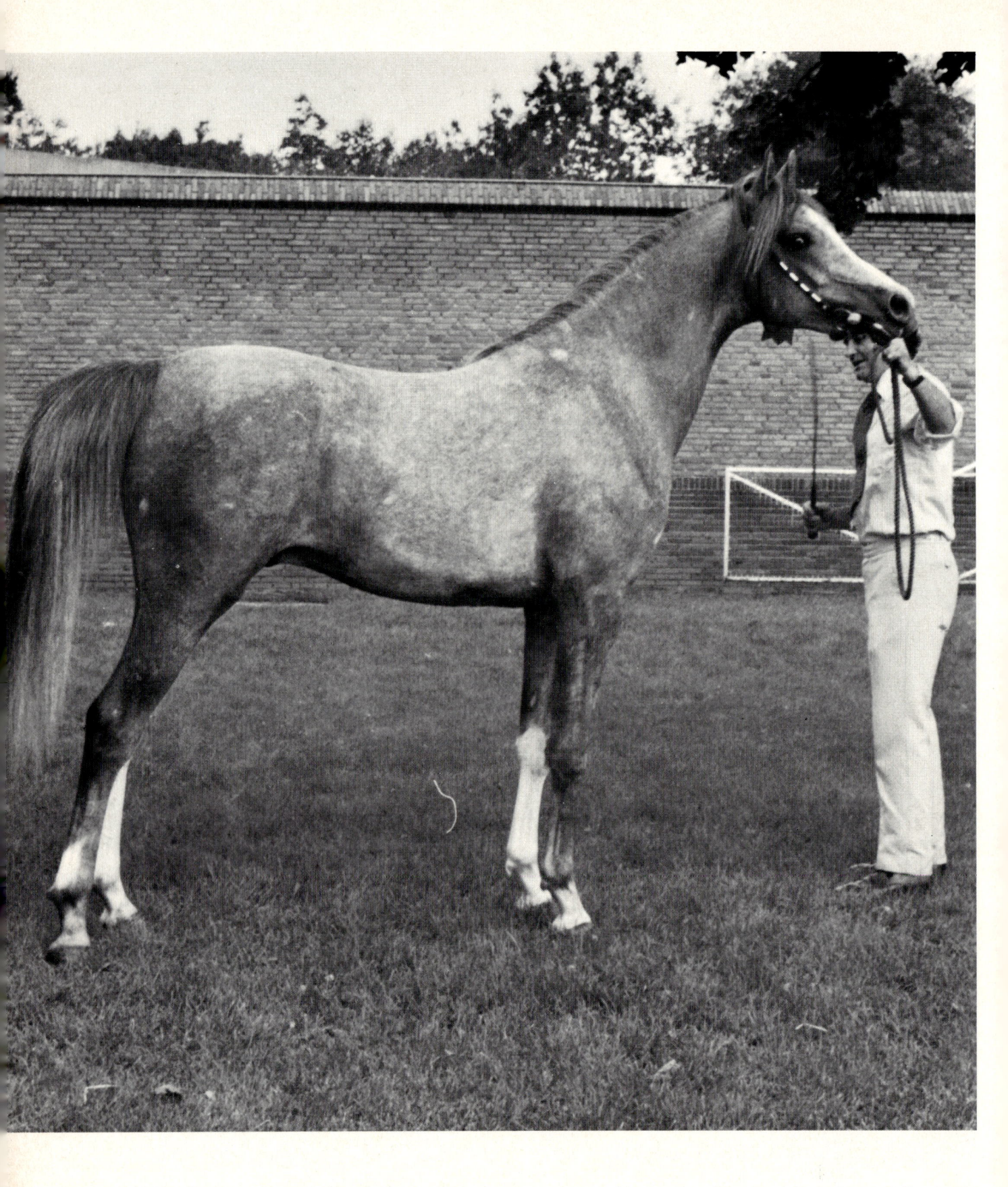

El Shaklan (Shaker El Masri/Estopa), Junioren-Champion und Nationaler Reservechampion von England, Ascot 1977. Z. und Bes. Merz. Foto: Merz.

Frau IRMTRUD MUNDINGER in Offenburg (etwa auf der Höhe von Straßburg, am Rande des Schwarzwaldes gelegen), Weingartenstraße 19 c, hat ihren Vollblut-Arabergestütsbestand von fünf Zuchtstuten mit großer Sorgfalt ausgewählt - vorwiegend unter Berücksichtigung der bewährten Stutenstämme aus Marbach und aus der Zucht von Dr. Kurt Entress. Saher, Sawlagan, Hadban Enzahi und Gharib sind die Väter der Stuten. Als Zuchthengst wurde bisher Shaker El Masri benutzt. Die Stuten Semira von Gharib und Seja von Hadban Enzahi aus der Sethnacht befinden sich im Trainingszentrum für arabische Vollblüter in Ströhen. Die sehr drahtige Seja ging bereits in der Rennsaison 1977 mit großem Erfolg. Unter anderem war sie Siegerstute im Rennen von Sonsbeck am 2. Oktober 1977. Um auch zukünftig die Leistungsfähigkeit, Härte und Ausdauer des Vollblut-Arabers zu erhalten, hat sich Ehepaar Mundinger in der Vollblut-Araber-Renngesellschaft stark engagiert. Es wird für sinnvoll und notwendig gehalten, nicht nur Hengste, sondern auch Stuten der Prüfung im Rennen zu unterziehen. Unter Berücksichtigung dieser Beobachtungen und auf der Basis des bewährten Weil-Marbacher Blutes, sowie durch gezielten Einsatz geeigneter Hengste ist man bestrebt, schöne und leistungsstarke Vollblut-Araber zu züchten.

Im Vollblut-Arabergestüt URSULA POTH - Ettlingen, südlich von Karlsruhe, unweit der Autobahn Karlsruhe-Stuttgart, in landschaftlich reizvoller Lage am nördlichen Schwarzwald gelegen, hat sich in den vergangenen Jahren eine erhebliche Verbesserung des Vollblut-Arabergestütsbestandes ergeben. Besonderes Glanzstück dieses Gestüts ist der rein ägyptisch gezogene Fuchshengst Ibn Galal vom Galal und der Mohga, der lange Zeit Hauptbeschäler in Babolna/Ungarn war. Neben diesem hochedlen Ägypter steht außerdem als Zuchthengst der korrekte kernige, sehr muskulöse und starke Torex von Espartero zur Verfügung, der vom Gestüt Hussmann angekauft wurde. Neben drei Stuten rein ägyptischer Blutführung ist die aus dem Gestüt Om El Arab stammende Balihya von Hadban Enzahi und der Balada eine Vertreterin der züchterisch so interessanten Kombination von ägyptischem und spanischem Blut. Auf dieser guten Basis wächst eine typvolle Nachzucht von ein- bis zweijährigen Jungstuten im Gestüt heran. Gestütsadresse: 7044 Dobel, Schwarthausener Str. 43 (Schwarzwald).

Mohena (Hadban Enzahi/Morisca V), beste dreijährige Stute Vlimmeren/Belgien 1976 - Z. u. Bes. Merz. Foto: Von Lent.

Balihya (Hadban Enzahi/Balada) - Z. Merz, Bes. Poth. Foto: Poth.

Eine besonders glückliche Hand entwickelte GEORG THIERER, Bad-Schönborn, als er in El Zahraa die beiden Stuten Salha und Moneera ankaufte. Beide Stuten brachten vier Jahre hintereinander nur Stutfohlen von Kaisoon, so daß es leicht möglich war, hier einen vielversprechenden Stutenbestand aufzubauen und auch an andere Züchter abzugeben. Die Ala El Din-Tochter Moneera aus der Mouna - Moniet El Nefous ist eine besonders typische Vertreterin ihres weltberühmten Mutterstammes. Sie steht in ihrem außergewöhnlich edlen Typgepräge der Großmutter in nichts nach. Ihre Nachzucht läßt auch keinen Zweifel daran, daß Kaisoon der richtige Hengst für diese Stute war.

Zusammen mit dem Gestüt Om El Arab wurde auch die Zucht von FRANZ SILLER in Rastatt aufgebaut, zunächst durch den Ankauf von drei Stuten aus Spanien und den Hengst Laos aus Polen. Züchterisch besonders interessant ist der kastanienbraune hochedle junge Hengst Palisander von Shaker El Masri aus der Paola. Die seltene glanzvolle kastanienbraune Farbe machen ihn ebenso interessant wie sein hochedler Typ und die ägyptisch-spanische Blutführung.

In Kirchheim/Teck am Rande der Schwäbischen Alb züchtet RAINER VÖHRINGER mit zwei Vollblut-Araberstuten und dem Hengst Afkan. Auch in dieser Zucht ist das Bemühen Leitstern, den originären Typ des Wüstenarabers mit den entsprechenden Exterieur- und Reiteigenschaften zu erhalten.

Morayma - Bes. Vöhringer.

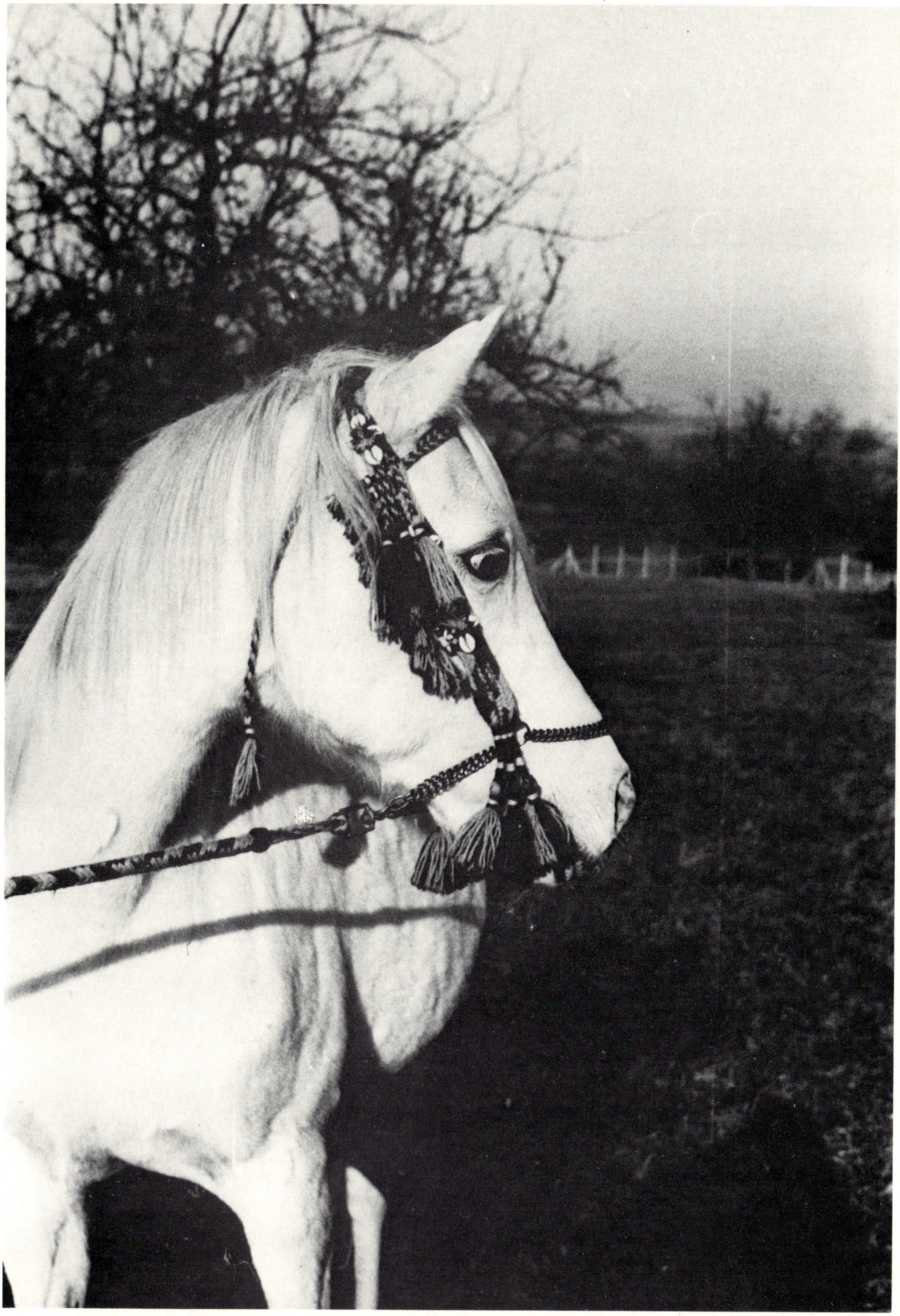

Bayern

In Geltendorf am Erlensee, etwa 40 km westlich von München, nördlich vom Ammersee, betreibt PAUL CHMELIK zusammen mit der FAMILIE EDER die "DAWA ARABER-FARM". Paul Chmelik, der sich seit langem besonders intensiv um die Sache des edlen Vollblut-Arabers bemüht und selbst auch schon ein Buch herausgebracht hat (s. Literaturverzeichnis), hat mit dem Ankauf der Stute Dawa aus Marbach den Grundstein der Zucht gelegt. Zwei Töchter dieser Stute von Hadban Enzahi und Sharaf sind Nachwuchsstuten.

Der von Constanze Dömken gezüchtete Ghazal-Sohn Ghandur hat von seinem Vater im besonderen Maße die stolze Aufrichtung, den Hengstausdruck und die hohe reiterliche Veranlagung und Geschmeidigkeit geerbt. In diesem kleinen und besonders schönen Gestüt werden alle Pferde möglichst viel und hauptsächlich im Gelände geritten. Die Besonderheit ist hier, daß jedes Pferd nach Western Art ausgebildet wird. Dafür steht ein besonderer Trainer zur Verfügung.

Dawa (Karmin/Hamdi) - Z. Marbach, Bes. Chmelik, Dawa-Araber-Farm. Foto: Chmelik.

Es hieße Eulen nach Athen tragen, wollte man in diesem Buch ausführlicher über den weltbekannten Zoologen PROFESSOR BERNHARD GRZIMEK berichten. Nachdem der Frankfurter Zoo-Direktor sich in den - begrenzten - Ruhestand zurückgezogen hat, baute er sich in Mittelmühle-Steigerwald im ländlichen Raum eine kleine, aber feine Vollblut-Araberzucht auf. Er kehrte damit nach Beendigung seiner hauptamtlichen und offiziellen Zoologenlaufbahn wieder zum Ausgangspunkt seiner Berufstätigkeit zurück, die einmal mit Verhaltensforschung an Vollblut-Araberpferden im Gestüt Janow Podlaski begonnen hatte. So war es nicht verwunderlich, daß er zwei Stuten aus Janow ankaufte, dazu den Ghazal-Sohn Sultan, den er von Frau v. Kleist erwarb. Die Zucht des arabischen Vollblutpferdes ist jedoch nicht das einzige Anliegen von Prof. Grzimek.

Vielmehr verwirklichte er eine Erkenntnis, die sich hoffentlich zukünftig noch in weiten Bevölkerungskreisen herumsprechen wird: Der Vollblut-Araber ist durch seinen Charakter und seine Geschmeidigkeit als Reitpferd auch im besonderen Maße für ältere Menschen geeignet. Gerade wenn man älter wird, ist das regelmäßige Reiten auf arabischen Pferden ein ganz besonders gutes Mittel, um Gesundheit und Elastizität und körperliches Wohlbefinden des Reiters zu fördern. In seinem Buch (s. Literaturverzeichnis) und in der Zeitschrift "Tier" hat Prof. Grzimek seine Beobachtungen und Erfahrungen mit Vollblut-Araberpferden festgehalten, so daß hierauf an dieser Stelle hingewiesen werden kann. Daß allerdings die edelsten Araber aus Polen kommen, wie Grzimek einmal schrieb, wird von manchen Züchtern bezweifelt. Sein Hauptbeschäler Sultan ist immerhin ein Sohn des Ägypters Ghazahl...

Ghandur (Ghazal/Ninive) - Z. Dömken, Bes. Eder, Dawa-Araber-Farm. Foto: Chmelik.

Dariah (Hadban Enzahi/Dawa) - Z. u. Bes. Chmelik, Dawa-Araber-Farm. Foto: Chmelik.

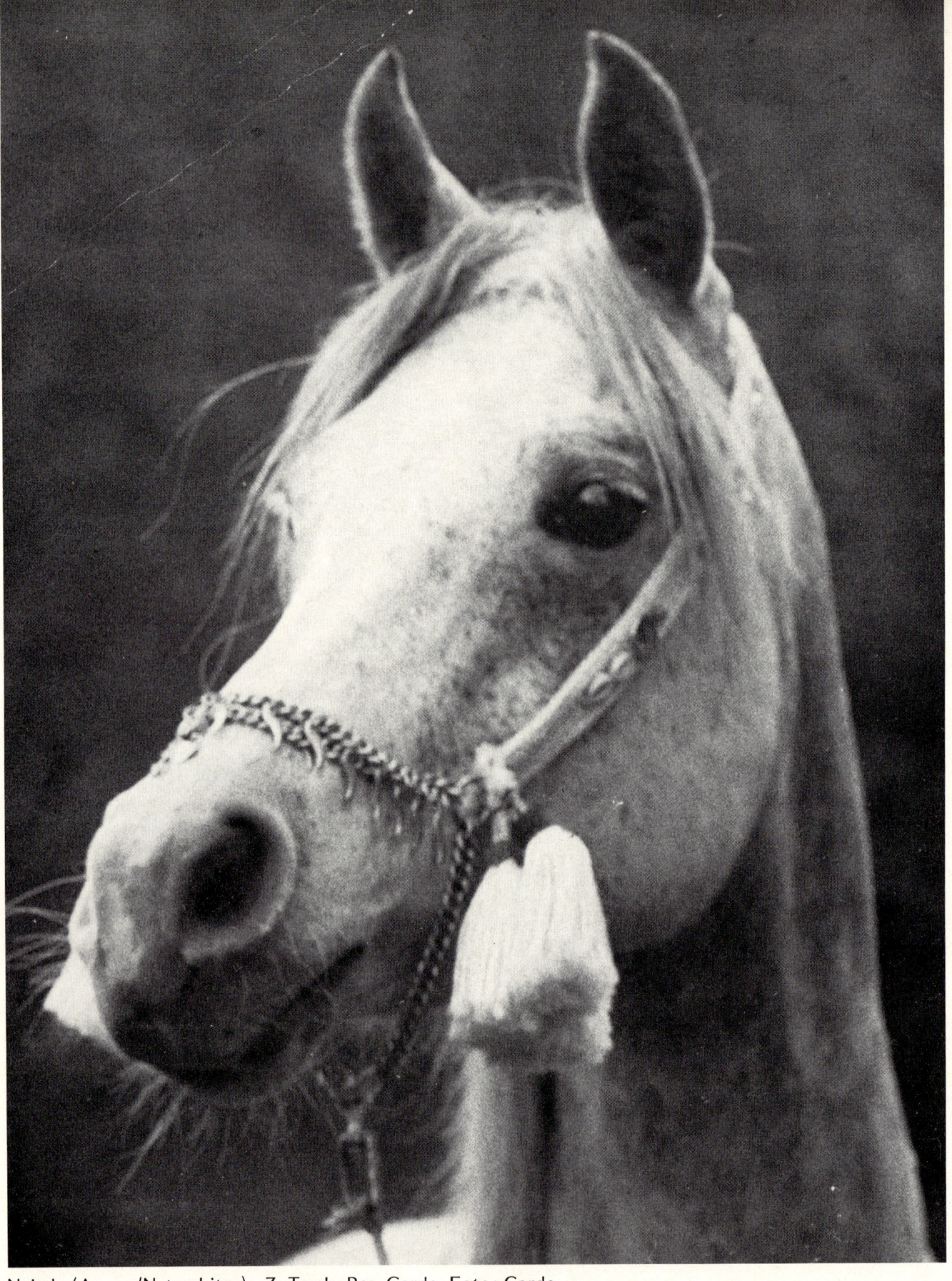

Najada (Aswan/Naturshitza) - Z. Tersk, Bes. Garde. Foto: Garde.

HENRY GARDE in Sittlkofen/Adlkofen, östlich von Landshut, hat sich immer wieder besonders stark eingesetzt für die Vollblut-Araber ägyptisch-polnischer Blutverbindung aus dem russischen Staatsgestüt Tersk. Seine Zucht wurde vollkommen auf der Basis von Aswan-Nachkommen aufgebaut. Sowohl der Hengst Kilimandscharo als auch die Stuten Nevada und Nejada sind Nachkommen des ägyptischen Nazeer-Sohnes Aswan. Besonders seine Stuten imponieren immer außergewöhnlich durch die Schönheit ihrer Linie, ihren erstklassigen Typ und den großen Gang. Durch das System der Halbgeschwister-Paarung wird das edle Aswan-Blut in den Nachkommen erhalten, die sich heute vorwiegend im Gestüt von Frau Silvia Garde bei Köln befinden.

Wenn man von München aus die Autobahn in Richtung Salzburg fährt, in Irschenberg nach Miesbach abbiegt, gelangt man dann in östlicher Richtung nach Wörnsmühl, wo in landschaftlich besonders reizvoller Lage FRAU JUTTA HELL das GESTÜT ERLAU unterhält. Drei Hengste und drei Stuten werden zur Zeit als Bestand verzeichnet, dazu kommen die Jungpferde. Die Zucht wurde auf Stammstuten des Gestüts Achental aufgebaut - schwerpunktmäßig ist hier wieder der Stamm der Rualla vertreten. Das Gestüt Erlau ist eine besondere Pflegestätte der Reitkunst und des Reitsports auf Vollblut-Arabern.

Dr. WOLFGANG HIRSCH in Velburg/Oberpfalz importierte aus einem bekannten Gestüt der Vereinigten Staaten von Amerika den 1970 geborenen Schimmelhengst Anchor Hill Halim. Der sehr harmonische und schöne Hengst zeigte in der Leistungsprüfung in Medingen hervorragende Reitpferdequalität. Er gehörte der Spitzengruppe seines Jahrgangs an. Von seinem Besitzer wurde er weiterhin stark reiterlich genutzt und gefördert. Nach Velburg gelangt man, wenn man von Nürnberg auf der Autobahn Richtung Regensburg fährt.

Anchor Hill Halim (Hadban/Silima) - Z. Atkinson/USA, Bes. Petra Horsch, die den Hengst für ihre Stuten erwarb.

Züchterisch erhielt Anchor Hill Halim besondere Möglichkeiten durch seinen Einsatz im Vollblut-Arabergestüt von FRAU PETRA HORSCH in Hellmannsberg, östlich von Ingolstadt gelegen. Hier stehen drei Zuchtstuten zur Verfügung, darunter die bildschöne Vollschwester des Hengstes Mahomed, die von Dr. Filsinger gezüchtet ist. Die sehr gute Nachzucht des Hengstes Anchor Hill Halim in diesem Gestüt, ist ein deutlicher Hinweis auf den Wert des Hengstes.

Mofeedah (Hadban Enzahi/Malikah) - Z. Dr. Filsinger, Bes. Horsch.

Moshalla (Anchor Hill Halim/Mofeedah) Junghengst, geb. 1976, - Z. u. Bes. Horsch.

Mashena (Anchor Hill Halim/Mofeedah), Stutfohlen, geb. 1977, Z. u. Bes. Horsch.

40 km südöstlich von Bayreuth ist die Vollblut-Araberzucht von WERNER KESSL in Bärnwinkel bei Pressath in der Oberpfalz gelegen. Hier wird im kleineren Rahmen die Zucht des unter den deutschen Vollblut-Araberzüchtern nicht vergessenen, leider viel zu früh verstorbenen liebenswürdigen Frieder Meisenbach fortgeführt. Schwerpunktmäßig ist die Zucht auch wieder auf dem Gestüt Achental aufgebaut mit Nachkommen des Rualla-Stutenstammes. Glanzpunkt des Gestütes ist jedoch die Ghazal-Tochter Jorgha aus der besonders schönen Typstute Jomara (Joschi-Jacaranda-Murana I-Stamm). Der edle Typ der Pferde dieses Gestüts ist aber auch maßgebend durch den edlen Wisznu mitgeprägt, der sich in allen Abstammungen findet.

Eine besondere Perle unter den bayrischen Zuchtstätten des Vollblut-Arabers ist das Gestüt des Bildhauers PROFESSOR KOENIG in Ganslberg, nördlich von Landshut. Hier hat sich der Hengst Nuri Schalan als Vererber ganz besonders bewährt, ein Hengst, der den Künstler Koenig ganz außergewöhnlich begeisterte, als er ihn das erste Mal sah, durch seine Schönheit und seine ungeheuer starke Ausstrahlungskraft. Der Nizar-Sohn ist aus der Ghazal-Tochter Wega von Hagemann-Westercelle gezüchtet. Ihm werden vorwiegend Aswan-Töchter zugeführt, so daß hier eine Inzucht auf Nazeer vorgenommen wird, mit gleichzeitiger Kombination von englischen, polnischen und Marbacher Blutströmen. Zahlreiche Fohlenjahrgänge in diesem Gestüt zeigen überzeugend in edlem Typ, Korrektheit und sehr schwungvollem Gang den Erfolg dieser züchterischen Kombination, wobei sich das hervorragende Gangvermögen der Aswan-Mütter besonders auswirkt. Die herrlichen Pferde, die bezaubernde Gestütsanlage und die idyllische Landschaft bilden hier gemeinsam das Milieu, in dem der Inhaber des Lehrstuhls für Praktisches Gestalten an der Universität München seine Schaffenskraft entfalten kann.

Im Gestüt Ganslberg - Prof. Koenig. Foto: Koenig.

Erholung für Prof. Fritz Koenig: Ausritt auf Nuri Schalan.

Im Gestüt Ganslberg - Prof. Koenig.

Metelica (Aswan/Madera), - Z. Tersk, Bes. Prof. Koenig, - mit Stutfohlen, geb. 1978, Mehna v. Kilimandscharo. Foto: Koenig.

Nuri Schalan (Nizar/Wega) - Z. Hagemann, Bes. Prof. Koenig, - geritten von Heike Schmidt. Foto: Koenig.

Nika (Aswan/Norka), - Z. Tersk, Bes. Prof. Koenig. Foto: Koenig.

Unweit von Salzburg, nordöstlich von Traunstein, in Waging am See, im schönen Oberbayern, hat FRAU KATJA KRIEGER mit zwei auserlesenen Stuten aus dem Moheba-Stamm eine Zucht edelster Vollblut-Araber begründet. Die bildschöne Makata aus der Mamsahi, die aus dem Gestüt v. Kameke zugekauft wurde, eine Kaisoon-Tochter, wird hier das wertvolle Erbe ihrer Mutter Mamsahi weitergeben.

Etwa 35 km ostwärts von München, in Brand bei Forstern, befindet sich das Vollblut-Arabergestüt Hof Schimmelberg von HEINRICH MALTZ. Vier Vollblut-Araberzuchtstuten und der in Marbach gezüchtete Fuchsschimmelhengst Sharaf von Hadban Enzahi und der Hathor bilden den Kern des Gestütsbestandes. Sehr edle Stuten wurden aus Marbach und von Prof. Koenig erworben.

Sharaf (Hadban Enzahi/Hathor), - Z. Marbach, Bes. Maltz. Foto: Chmelik.

Dagmar (Hadban Enzahi/Dahana), Bes. Maltz. Foto: Chmelik.

Madkour (Morafic/Maisa), - Z. El Zahraa/Ägypten, Be. Seidlitz - ein besonders typischer Sohn seines berühmten Vaters. Foto: Dobat.

Seit längerer Zeit steht dem Gestüt von GÜNTER SEIDLITZ in Steinbach bei Aschaffenburg der züchterisch besonders wertvolle, außergewöhnlich edle Morafic-Sohn Madkour aus El Zahraa zur Verfügung. Der Gestütsbestand wurde aufgewertet dadurch, daß zwei rein ägyptisch gezogene Stuten von Dr. Filsinger hinzugekauft wurden. Hier wird nun der wertvolle Stutenstamm der Malika-Moheba über die Vollschwester von Mahomed, die Stute Maymoonah, weitergeführt.

JOSEF STEINER in Augsburg hat seine Zucht mit einem Import von vier Stuten und einem Hengst aus den USA aufgebaut, die dann noch bereichert wurde durch den Zukauf der besonders ausdrucksvollen Typstute El Kantara aus der Diedje. El Kantara wurde auch bereits als dreijährige Stute auf einer DLG-Ausstellung mit erstem Preis ausgezeichnet.

Nach Versuchen mit Vollblut-Arabern anderer Herkünfte hat Dr. HANS-JÖRG TAUSCHKE sein Araber-Gestüt Oberland in Bad Heilbrunn seit zwei Jahren auf Pferde mit ägyptischer Abstammung umgestellt. Hier ist der sehr elegante Dunkelfuchshengst Ibn Galal I, der in Babolna gezüchtet wurde aus einer Ala El Din-Stute, aufgestellt.

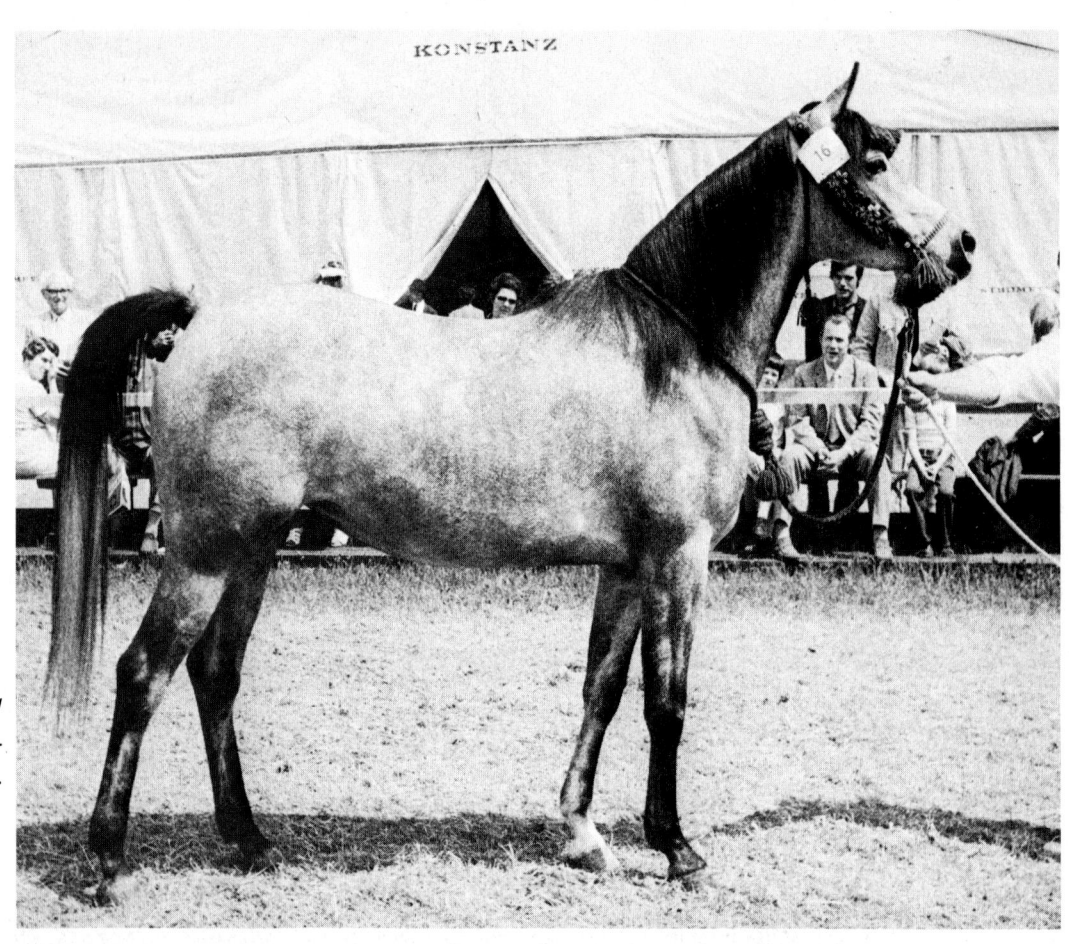

El Kantara (Kaisoon/Diedje), - Z. Buschfort, Bes. Steiner. Foto: Sting.

Momtaza (Sameh/Mamlouka), - Z. El Zahraa/Ägypten, Bes. Dr. Tauschke.

WALDEMAR ZEITELHACK, GESTÜT MORITZBERG - Schwaig, nordöstlich von Nürnberg, kaufte 1971 mehrere Vollblut-Araber in Tersk und El Zahraa, von denen heute nur noch die direkte Nazeer-Tochter Foze im Gestüt ist. Diese international weit bekannte Stute verkörpert in ihrer grazilen Trockenheit und mit ihrem hohen Adel, sowie dem außergewöhnlichen Gangvermögen in ganz besonderem Maße das, was man sich unter Wüstentyp vorstellt. Der Hengst Ghaleh vom Ghazal - gezüchtet von Ströhen. Foze ist 1978 von Mahomed (Dömken) gedeckt worden und tragend.

Foze (Nazeer/Fathia), - Z. El Zahraa/Ägypten, Bes. Zeitelhack. Foto: Saenger.

Zum Schluß der Schilderung einzelner Zuchten in Deutschland soll als Schlußpunkt, aber auch als Höhepunkt der züchterischen Überlegungen ein Blick geworfen werden über die bayrische Grenze nach ÖSTERREICH. In Enns, südöstlich von Linz, befindet sich das GESTÜT SCHIEFEREGG von GUSTL EUTERMOSER. Dieser wohnte früher in Bayern und ist insofern langjähriges Mitglied des deutschen Zuchtverbandes. Hauptbeschäler dieses Gestütes ist der in El Zahraa/Ägypten gezüchtete Fuchshengst Mehanna von Galal und der Mouna - Moniet El Nefous. Der bereits als Junghengst angekaufte 1971 geborene hochelegante Fuchs lenkte erstmalig die Aufmerksamkeit der deutschen Vollblut-Araberzüchter auf sich, als er 1975 bei der Hengstprüfung in Medingen als überlegener Sieger abschnitt. Sofort, als er ins Training genommen wurde, fiel er durch seine außergewöhnliche Dienstbereitschaft und Rittigkeit auf. Er lernte leicht und schnell. Es war eine Freude für die Bereiter, ihn während der Ausbildung arbeiten zu dürfen. Während der Hengst in der Jugend fein und zierlich wirkte, hat er nun an Substanz und Männlichkeit gewonnen und verfügt auch über den erforderlichen Rahmen. Im Hinblick auf Adel und Schönheit ist er ein typischer Vertreter seines berühmten Mutterstammes. Insofern ist es nicht verwunderlich, daß sich die züchterischen Kontakte nach Deutschland sehr intensiv gestalteten, was sich u. a. in der Verpachtung des Hengstes an deutsche Züchter zeigte. 1976 und 1977 war der Hengst von Marbach gepachtet und als Hauptbeschäler eingesetzt worden. Im Jahre 1977 deckte er vorher bis Anfang März auch auf der Hengststation von Gottfried Hoogen in Kevelaer am Niederrhein. Im Frühjahr 1978 wurde er bei Aulbach in Kleve am Niederrhein stationiert, wo ihm wiederum Stuten aus der deutschen Zucht zugeführt werden konnten. Die ersten Fohlenjahrgänge zeigen auch aus unterschiedlichsten Müttern seine überzeugende und durchschlagende Vererbungskraft. Insbesondere ist auch den Fohlen bereits anzusehen, daß sie die Rittigkeit des Vaters mitbekommen haben. So ist zu erwarten, daß dieser Hengst für die deutsche Vollblut-Araberzucht noch erhebliche Bedeutung bekommen wird.

Mehanna (Galal/Mouna), Z. El Zahraa/Ägypten, Bes. Eutermoser, Gestüt Schieferegg. Foto: Haake.

Ghada mit Hengstfohlen Malesh v. Mehanna. Z. u. Bes. des Fohlens: Eutermoser, Gestüt Schieferegg. Das junge Fohlen zeigt in seiner Bewegungsmanier bereits deutlich die vom Vater geerbte Reitpferdequlität. Foto: Haake.

Am Schluß dieser Wanderung durch deutsche Vollblut-Arabergestüte von der Nordsee bis zu den Alpen bleibt festzuhalten, daß die deutschen Vollblut-Araberzüchter auf einer sehr breit angelegten Basis verschiedenster Abstammungen durchaus eine gemeinsame Zielsetzung in ihrem züchterischen Bemühen verfolgen. Allen Zuchtbestrebungen ist gemeinsam die Zielsetzung, den klaren Typ der Rasse mit ihren zahlreichen guten Reitpferdeeigenschaften zu erhalten und zu pflegen.

Der Überblick zeigt bei diesem Bemühen den dominierenden Einfluß der ägyptischen und der Marbacher Blutlinien. Dabei ergeben sich zahlreiche interessante züchterische Kombinationsmöglichkeiten:

Besonders schöne Koheilan-Köpfe, ausdrucksvolle Gesichter mit großen Augen und Gelehrigkeit bringen die englischen Blutlinien; -
Härte, Energie und Rennleistung wird durch die polnische Abstammung gewährleistet; -
Eleganz und Trockenheit bietet die spanische Zucht; -
Reitqualität, Leistungsfähigkeit und Härte im Rennen bringt das russische Staatsgestüt Tersk.

So steht es dem Züchter frei, sich in seiner Zuchtkonzeption auf bestimmte Linien zu beschränken - wie es z. B. die Mitglieder des Asil-Clubs tun -, oder die züchterische Weiterentwicklung in der Kombination verschiedener Blutlinien zu verwirklichen. Gerade auch bei dem letztgenannten Konzept zeichnen sich bereits in bestimmten Zuchtstätten gute Erfolge ab. Dabei zeigt dieser Überblick auch, daß Pferde mit guten reiterlichen Erfolgen und entsprechender Veranlagung bei allen Herkünften (abstammungsmäßig) zu finden sind.

Die deutschen Züchter haben klar erkannt:
Wer nur auf Korrektheit, großen Rahmen, Kaliber, starke Knochen, Rumpfigkeit und Masse achtet in der Zucht, selektiert in die verkehrte Richtung.
Nur wenn man edle, typklare Hengste zur Zucht verwendet, kann man auch edle Nachzucht erwarten.

"GALOPPRENNEN - LEISTUNGSPRÜFUNG FÜR ARABISCHE VOLLBLÜTER"
Von H. Lyra

Am Himmelfahrtstag, den 19. 5. 1977, wurde von der "Deutschen Renngesellschaft für arabische Vollblüter mbH" auf der A-Bahn in Dortmund das erste Galopprennen für Vollblut-Araber gestartet. Zwölf dreijährige Hengste und Stuten und die "Amazonen" im Sattel in den bunten Farben der Besitzer. Schöne, edle und durchtrainierte Pferde mit auffallend eleganten und lockeren Bewegungen, so daß das Publikum beim Aufgalopp begeistert Beifall klatschte.

Stute "Seja" (Hadban Enzahi/Sethnacht), - Z. Marbach und im Besitz von Frau I. Mundinger, die am 2. 10. 1977 in Sonsbeck über 1.800 m siegte. Das Rennen war mit Geldpreisen in Höhe von DM 2.800,-- und Ehrenpreis dotiert. Foto: Lyra.

Die arabische Ausstrahlung und Gesundheit der Pferde in bester Kondition war erreicht worden durch die gute Trainingsarbeit von Leon Chatizow von der Rennbahn in Warschau. Schon Monate vorher hatte ihn das Gestüt Ismer für den Ausbildungsstall in Ströhen angestellt, um unter fachmännischer Anleitung die Voraussetzungen für die Durchführung der Rennen zu schaffen. Um die Pferde z. B. so gut zu trainieren, daß sie sich leicht in die Startmaschine führen lassen und eine Distanz von 2.400 m mit Elan und flüssigem Rennstil ohne Schwierigkeit meistern.

Es war ein guter Start. Nach einem spannenden Rennen und hartem Finish siegte die Stute "Wileika" (v. Diem-Wielka) nur knapp vor "Paladin" (v. Kilimandscharo-Papuaska) und "Fort" (v. Kaisoon-Formoza), die sich auch in den späteren Rennen besonders bewährt hat. Fast trocken waren die Pferde und ließen sich ganz ruhig absatteln, wie von der Fach- und Tagespresse erstaunt festgestellt wurde. Und das gleiche haben wir auf anderen Rennplätzen immer wieder erlebt.

Für uns ist das klar. Wir züchten arabische Vollblüter, weil es ganz besonders schöne, edle und auch leistungsfähige Pferde sind. Aber das ist sicher nicht genug. Um das auch beweisen zu können, führen wir Galopprennen durch, die den natürlichen Bewegungen der arabischen Vollblüter am meisten entsprechen. Und auch dafür, daß die wertvollen Eigenschaften der Härte und Energie durch echte Leistungs-Prüfungen und -Selektion auch in der Zukunft in unseren Pferden erhalten bleiben.

Von Leon Chatizow in Ströhen und Frau M. Renken in Kevelaer, werden 32 Hengste und Stuten für die Rennsaison 1978 trainiert. In Nordrhein-Westfalen, in Nord- und Süddeutschland werden an zehn Renntagen zwanzig Galopprennen durchgeführt, die sicher wieder ein begeistertes Publikum finden werden: Züchter und Zuschauer, die dann arabische Vollblüter kaufen wollen; - und auch das ist für uns wichtig. Schöne, gesunde und rittige Pferde, deren Leistungsfähigkeit im Training und auf der Rennbahn auf Herz und Nieren geprüft worden ist.

Das Training für die Rennsaison 1979 beginnt am 1. 10. 1978. Es werden zweieinhalbjährige und auch ältere Pferde angenommen, deren Besitzer Mitglied des Araber-Verbandes sind, nach dessen Zuchtbuchordnung die Rennen als Leistungsprüfung durchgeführt werden. Anmeldungen als Gesellschafter oder auch nur für das Training sind an das Sekretariat der DRAV in 2000 Hamburg 70, Fr.-Ebert-Damm 89 c zu richten. Geschäftsführer ist H. Lyra, von dem jederzeit weitere Auskünfte zu erhalten sind.

Zum Abschluß der WAHO-Konferenz finden am 10. 9. 1978 auf der Derbybahn in Hamburg-Horn zwei nationale und zwei internationale Galopprennen für arabische Vollblüter (und ein Schauprogramm) statt, an denen Pferde aus Schweden, Polen, Holland und Belgien teilnehmen: Der erste internationale Renntag für Vollblut-Araber in Europa, dem - wie wir hoffen - als Prüfung und Vergleich der züchterischen Leistung noch viele folgen werden.

Einlauf bei dem Galopprennen am 16. 10. 1977 in Saarbrücken. "Darr" (v. Diem/Wielka) vor "Paladin" (v. Kilimandscharo/Papuaska) nach einer Distanz von 2.400 m. Höhe der Geldpreise DM 3.000,-- und Ehrenpreis für Sieger und Reiter. Foto: Hartung.

Siegerehrung am 19. 5. 1977 in Dortmund durch Prof. Dr. B. Grzimek mit dem Vorsitzenden des Amateur-Rennreiter-Verbandes, Herrn v. Schmidt-Pauli. Davor Frau Ismer und Trainer Leon Chatizow und Frl. Bronnenmeyer, Reiterin der Siegerstute "Wileika" (Diem-Wielka) aus dem Gestüt Ismer. Foto: Schmidt.

Beim Aufgalopp: Galeh (Ghazal/Algaida), - Z. Dömken, Bes. Zeitelhack, Gestüt Moritzberg. Foto: Frank.

HENGSTPRÜFUNGEN IN MEDINGEN UND MARBACH

Hengstleistungsprüfungen für Vollblut-Araberhengste, die bis zum Jahre 1976 auf freiwilliger Grundlage durchgeführt wurden und zukünftig Voraussetzung für die endgültige Zuchtanerkennung gekörter Hengste sind, wurden in Deutschland bisher auf dem Klosterhof Medingen bei Bevensen/Lüneburger Heide durchgeführt und im Wüttembergischen Haupt- und Landgestüt Marbach. Aufgrund des deutschen Tierzuchtgesetzes ist seit 1977 vorgeschrieben, daß Vollblut-Araberhengste die nachstehend näher geschilderte Leistungsprüfung im Alter von viereinhalb Jahren, spätestens fünfeinhalbjährig abzulegen haben. Erst durch den Beweis ihrer reiterlichen Leistungsfähigkeit bei dieser Prüfung erfolgt die endgültige Anerkennung für die Zucht.

Das Prinzip dieser Prüfung beruht darauf, daß man während einer gemeinsamen Trainingszeit von hundert Tagen vor der Prüfung alle Hengste eines Jahrganges, also im gleichen Alter, unter absolut vergleichbaren standardisierten Bedingungen in einer möglichst großen Gruppe beobachtet. Die Abschlußprüfung findet dann in der Regel jährlich im Oktober statt, so daß die Hengste etwa am 1. Juli in der Prüfungsanstalt angeliefert werden. Durch das Verfahren der gemeinsamen Ausbildung unter der Leitung eines erfahrenen Trainingsleiters sollen die Umweltfaktoren Haltung, Fütterung, Pflege, Ausbildungsschema und reiterliche Einwirkung so standardisiert werden, daß man während der Zeit der Ausbildungsentwicklung und bei der Prüfung am Schluß den genetisch bedingten Unterschieden im Prüfungsergebnis möglichst nahe kommt. So ist es auch begründet, daß die Beobachtungen während der Ausbildungszeit zu fünfzig Prozent in die Bewertung des Gesamtergebnisses eingehen. Die restlichen fünfzig Prozent bei der Findung der Punktzahl des Endergebnisses ergeben die Bewertung bei der Abschlußprüfung.

Die Ausbildung während der hundert Tage umfaßt die Dressurarbeit in der Bahn, Springen im Parcours und Springen im Gelände, wobei auch das Freispringen in die Trainingsarbeit eingebaut ist. Züchterisch gesehen ist es erforderlich, daß man die Hengste gleichen Alters möglichst in einer Hengstprüfungsanstalt vereinigt, damit die Prüfungsgruppe in sich zahlenmäßig so groß wie möglich ist. Nur eine Zahl von mindestens fünfzehn Hengsten läßt die jetzt vorgeschriebene in langen Jahren entwickelte Auswertungs- und Beurteilungsmethode unter Anwendung populationsgenetischer Rechenmethoden zu. In Medingen wurde dem Gesichtspunkt der standardisierten Ausbildungsbedingungen besonders erfolgreich insofern Rechnung getragen, als beim Geländeritt in der Abschlußprüfung, der für das Prüfungsergebnis von großer Bedeutung ist, nur etwa vier oder fünf absolut gleichwertige sehr gute Reiter die Hengste reiten, so daß die festgestellten Unterschiede - soweit sie nicht durch unterschiedliches Alter der Hengste bedingt sind - weitgehend auf die erbliche Veranlagung der Hengste zurückgeführt werden können.

Während der Trainingszeit wird der Hengst nach Charakter, Temperament und Leistungsvermögen beurteilt. In dem abschließenden Leistungstest am Ende der Prüfung wird er auf die Beherrschung der Grundgangart sowie nach den allgemein anerkannten Regeln des Reitsports und den Anforderungen dieser Regeln für Anfänger im Springen, in der Dressur und im Geländeritt geprüft. Dieser schließt dann ab mit einem Jagdgalopp über 1.000 m ohne Sprünge, wo der Hengst zum Abschluß Energie, Härte und Ausdauer sowie Schnelligkeit unter Beweis stellen soll. Die Gesamtleistung des Hengstes errechnet sich als Index innerhalb der vergleichbar behandelten Prüfungsgruppe aus den Ergebnissen der Vorprüfung und den abschließenden Leistungstests. Hengste, die bei der Auswertung der Prüfungsdisziplin nach Punkten im Indexwert um mehr als 1,5 Standardabweichungen unter dem Durchschnitt der Prüfungsgruppe liegen, haben die Eigenleistungsprüfung nicht bestanden. Diese Bestimmung bedeutet, daß in jedem Fall etwa bis zu zehn Prozent der Prüflinge nach der Hengstprüfung aus der Zucht ausscheiden sollen, wobei aber die Nachholung der Prüfung möglich ist.

Das Prüfungssystem ist als eine wichtige Maßnahme anzusehen, die dazu dient, die Reitpferdequalität zu fördern und entsprechend selektieren zu können. Dabei wird es sich wahrscheinlich ohnehin einspielen, daß Hengste mit geringen Ergebnissen in der Hengstleistungsprüfung oder mit dort deutlich gewordenen reiterlichen Schwierigkeiten von den Züchtern im allgemeinen kaum benutzt werden.

Für den einzelnen Hengstbesitzer ist das Training in Medingen selbst dann von großer Bedeutung und wirtschaftlich interessant, auch wenn der Hengst die Prüfung nicht besteht, weil eine so sorgfältige, sachverständige und vielseitige Ausbildung in so kurzer Zeit mit einer ganz bestimmten Zielsetzung den Einsatz der finanziellen Mittel in jedem Fall auch privatwirtschaftlich rechtfertig.

Besonders bemerkenswert bei den Prüfungen in Medingen war immer wieder das Ergebnis der tierärztlichen Verfassungsprüfung nach dem Geländeritt und Jagdgalopp. Hier zeigen gerade die Vollblut-Araberhengste im Vergleich zu den Hengsten der Warmblutrassen, daß sie im Durchschnitt über ein sehr gutes Regenerationsvermögen verfügen. Bewertet wird hier die Beruhigung der Herz- und Atemfrequenz nach der Leistung. Die tierärztlichen Feststellungen zeigten, daß Härte und Energie sowie Dauerleistungsfähigkeit dem arabischen Vollblut in besonderem Maße innewohnen.

Die Prüfung nach dem vorstehend geschilderten System mit der einheitlichen Vorbereitungszeit wurde bisher nur bei Herrn Eugen Wahler, Klosterhof Medingen (zwischen Uelzen und Lüneburg), systematisch durchgeführt.

In den vergangenen Jahren konnten in Marbach die Prüfungen nur so durchgeführt werden, daß auf ein gemeinsames Hundert-Tage-Training verzichtet werden mußte. Jeder Hengstbesitzer mußte seinen Hengst selbst vorbereiten und zur Prüfung vorstellen. Damit war der individuellen und unterschiedlichen Einwirkung der Reiter natürlich mehr Raum gegeben, so daß diesem Prüfungssystem ein entsprechend geringerer Aussagewert für die Zucht innewohnt. Zweifellos wird es zukünftig schwierig werden, genügend Prüfungskapazität zur Verfügung zu stellen, wenn alle Hengste obligatorisch die Prüfung ablegen müssen. Daher ist es die persönliche Auffassung des Autors, daß es für die Praxis der Zuchtarbeit durchaus genügen würde, wenn man die Prüfungen wie bisher auf freiwilliger Grundlage auch zukünftig durchführen könnte. Die Erfahrungen mit dem jetzt vorgeschriebenen System müssen abgewartet werden.

Hengstprüfung in Medingen - Ausritt der Vollblut-Araber- und Araberhengste zum Geländeritt. Foto: Felicitas Tank.

Damat (Demir/Dzika), - Z. Ismer, Bes. Gestüt Goting-Kliff, im abschließenden Renngalopp nach dem Geländeritt, bei der Hengstprüfung in Medingen.

DISTANZRITTE

Seit im Gestüt Schmidt-Ankum im Jahre 1969 erstmalig in Deutschland ein Distanzritt über 50 km als reiterliche Konkurrenz veranstaltet wurde, erfreut sich diese Disziplin des Reitsports immer größerer Beliebtheit. Inzwischen werden in allen Teilen des Bundesgebietes Distanzritte durchgeführt, die meist für Pferde aller Rassen ausgeschrieben werden. Es hat sich bei diesen Veranstaltungen gezeigt, daß die Vollblut-Araber, obwohl sie vielfach nur einen kleinen Prozentsatz der Teilnehmer ausmachten, sehr häufig zu den Siegern oder zur Spitzengruppe gehörten.

Nachdem nun Erfahrungen mit dieser Form des Reitsports vorliegen - bei dem Bericht über die einzelnen Zuchtstätten wurde wiederholt darauf eingegangen - wird nunmehr vom Verband der Züchter des Arabischen Pferdes auch in Zusammenarbeit mit der Deutschen Reiterlichen Vereinigung angestrebt, ein System festzulegen, das es ermöglicht, auch Distanzritte in die Auswertung für die Zucht mit einzubeziehen. Im Vorstand des Verbandes wird daher die Auffassung vertreten, daß für die Vollblut-Araberhengste zukünftig drei Möglichkeiten offenstehen sollen, ihre Leistungsfähigkeit und reiterlichen Qualitäten zu beweisen:

1. Die Hengstprüfung in Form des Hundert-Tage-Testes
2. Die Rennleistung
3. Die Erfolgsnachweise in Distanzritten.

Auf diese Weise soll auch der vielseitigen Veranlagung dieser edlen Pferderasse Rechnung getragen werden.

Im 100-Meilen-Ritt, Hitzacker 1978, siegte überlegen der typvolle Nazir-Sohn Marwan a. d. Ghazahl-Tochter Mamsahi. In ihm bewies sich die züchterische Konzeption der für die deutsche Vollblut-Araberzucht mitbestimmenden Hengste Nizar, Ghazal, Wisznu herausragend in Leistung und Adel. Züchter: v. Kameke, Bes.: Tiemann, Hamburg.

Grand Jupiter (Sur-Grande/Ghatita), - Z. Long/USA, beim Geländeritt, Hengstleistungsprüfung Marbach, geritten von der Besitzerin Frau Wolff. Foto: Sting.

Nach dem Distanzritt in Ankum: Stute Prima (Knipel/Platforma), - Z. Gestüt Tersk, hier geführt von Ohliger jr.

Der Shagya-Araber—Hengst Durchlaucht (Gazal VII/Duna) aus der Zucht von Dr. Gramatzki ist ein sehr bewährtes Jagd- und Vielseitigkeitspferd. - Hier unter seinem Besitzer G. Franke, Hannover.

Auf Wiedersehen beim nächsten Besuch auf der Weide. Ayesha v. Ghazal/Algaida. Foto: Heike Schmidt.

Bildbände und Fachliteratur über arabische Pferde in deutscher Sprache:

KARL WILHELM AMMON:
"Nachrichten von der Pferdezucht
der Araber und den arabischen Pferden"
Verlag Olms, Hildesheim

DR. OTTO SAENGER:
"Araber STUTBUCH VON DEUTSCHLAND, Band 1"
Verlag Olms, Hildesheim

ERNST BILKE:
"Pferdepassion"
Verlag Olms, Hildesheim

AUGUST JÄGER:
"Das orientalische Pferd und das Privatgestüt Seiner
Majestät des Königs von Württemberg"
Verlag Olms, Hildesheim

DR. OTTO FREY:
"Das arabische Pferd"
Hadlaub-Verlag, Winterthur

ERIKA SCHIELE:
"Araber in Europa"
BLV-Verlag, München

ERIKA SCHIELE:
"Arabiens Pferde - Allahs liebste Kinder"
BLV-Verlag, München

URSULA GUTTMANN, R. RASWAN:
"Arabische Pferde"
Hadlaub-Verlag, Winterthur

URSULA GUTTMANN:
"Liebesbriefe um arabische Pferde"
Bildband mit den alten Marbacher Pferden um Jasir
Albert Müller Verlag, Rüschlikon-Zürich

Stutbuch Weil-Marbach 1817 - 1971, Zweiter Band
Meisenbach-Verlag, Bamberg

CARL-HEINZ DÖMKEN:
"GHAZAL, der Fürst der Pferde"
L. B. Ahnert-Verlag, Friedberg-3

BERNHARD GRZIMEK:
"Und immer wieder Pferde"
Kindler-Verlag GmbH, München

"ASIL-ARABER"
Bildband mit deutsch/englischen Texten
Olms Presse, Hildesheim

PAUL CHMELIK:
"Schätze aus Deutschlands Ställen"
Bildband
Erich Hoffmann Verlag, Heidenheim

Vorstand des Verbandes der Züchter des Arabischen Pferdes e. V.
- ab 3. 5. 78 für 3 Jahre gewählt -

Horst Eggert, Ronneburg	Vorsitzender Vollblut-Araberzüchter Anglo-Araberzüchter	Prof. Weirich-Nickels Redingen/Lux.	Vollblut-Araberzüchter
Dr. Nagel, Hespenbusch	Stellv. Vorsitzender Vollblut-Araberzüchter	Dr. Gramatzki, Hamburg	Araberzüchter
Dr. Saenger, Bissendorf	Zuchtleiter Vollblut-Araberzüchter	R. M. Sachadae, Bad Godesberg	Araberzüchter
Dr. Filsinger, Graben	Vollblut-Araberzüchter	Dr. Frielinghaus, Hünfeld	Vertreter der persönlichen Mitglieder
Holger Ismer, Ströhen	Vollblutaraberzüchter		
Prof. Pauffler, Göttingen/Roringen	Vollblut-Araberzüchter Anglo-Araberzüchter		
Dr. Piduch, Söntgerath	Vollblut-Araberzüchter		

Verbandsgeschäftsstelle - Organisation:
Luginsland 1
6000 Frankfurt/Main 1
Tel.: 0611/281413

Verbandsbeschäftsstelle - Stutbuchführung:
H. v. Niebelschütz,
2071 Delingsdorf
Tel.: 04532/3430

PFERDEBESITZER UND PFERDEBESTAND

Guenter Abich   Hagenahstr. 7   2140 Bremervoerde
Tel. 04761-2434

1. H Sekrit   geb. 1963   von * Hadban Enzahi   a.d. Hajar
2. S Marsukenia   geb. 1967   von Marsuk   a.d. Kenya
3. H * Nehros   geb. 1968   von Zehros   a.d. Norama
4. S Nadia   geb. 1976   von * Nehros   a.d. Marsukenia
5. S Karima   geb. 1976   von Sekrit   a.d. Kajana

Maria Theresia Graefin   v.u.z.Arco-Zinneberg   8351 Schloss Moos/Nby.
Tel. 09383-316

1. S * Metel   geb. 1973   von Topol   a.d. Mechta

Dr.Rudolf Arning   Dreeser Tor 22   5309 Rheinbach
Tel. 02226-2690

1. S Daphne   geb. 1973   von Hamin   a.d. Darsi

Heinz Helmut Aulbach   Gestuet Schwanenburg   4190 Kleve 1
Tel. 02821-3395

Heinrich Aulbach   Molkereiweg 11   4190 Kleve-Rindern
Tel. 02821-22345

1. S Nadira   geb. 1973   von * Hamdan II   a.d. * Negma Dawliyah
2. S Korana   geb. 1975   von Sindbad   a.d. Kasima
3. H * Masir   geb. 1975   von * Mehanna   a.d. * Bint Shahbaa
4. S Shams el Faanah   geb. 1976   von * Farouk   a.d. * Narges
5. S Gazeera   geb. 1976   von Sindbad   a.d. * Golson
6. S Negri   geb. 1976   von Sindbad   a.d. * Negma Dawliyah
7. S Bint Kasima   geb. 1977   von Sindbad   a.d. Kasima

Hannelore Augustat v.Hagen   Felderbachstr. 119   4321 Oberelfringh-Hattingen
Tel. 0221-523501

1. S Koratha II   geb. 1967   von * Kaisoon   a.d. Koranah
2. S Koraisa   geb. 1968   von * Kaisoon   a.d. Koranah

Anne Bagdahn   Sylter Str. 4   1000 Berlin 33
Tel. 030-8244244

  1. H Sabri   geb. 1962 von * Hadban Enzahi   a.d. Hajar

Hilke von Bargen   Nordende 11   2190 Cuxhaven 1
Tel. 04721-29106

  1. H Nauschan   geb. 1965 von * Nizar   a.d. Shari
  2. H Sawadeh   geb. 1973 von Sawih Ibn Wisznu   a.d. Sarah
  3. H Nadhafi   geb. 1978 von Nauschan   a.d. Sawadeh

Josef Basenach   Hofgut Monbach   6641 Hilbringen
Tel. 06861-3788

  1. Gharnefer   geb. 1972 von * Gharib   a.d. * Nefrotete

Ludwig Bauer   Hirschparkhaus   8833 Eichstaett
Tel. 08421-529

Guenther Bayer   Am Grundlein 14   8650 Kulmbach
Tel. 09221-3574

  1. S Kalifa   geb. 1967 von Kheman   a.d. Koratah
  2. H Aribi   geb. 1973 von Salah   a.d. Kalifa
  3. S Kariba   geb. 1975 von Aribi   a.d. Kalifa

Horst Bechtel   Ernst-Leitz-Str. 16   6056 Heusenstamm
Tel. 06104-2179

  1. H * Indian Fire   geb. 1969 von Indian Flame II   a.d. Yanni
  2. H Shiriwan   geb. 1971 von Shagar   a.d. Shanaz
  3. H Pasha   geb. 1974 von Shagar   a.d. * Panosza

Heinrich Becker   Haarener Str. 160   4791 Borchen 1
   Tel. 05251-38383

   1. S * Dajema   geb. 1966   von Shihab Kid   a.d. Blue Sophonisba
   2. H Dafaan   geb. 1973   von * Kilimandscharo   a.d. * Dajema
   3. H Daajan   geb. 1974   von * Kilimandscharo   a.d. * Dajema
   4. S Djamila   geb. 1976   von Merafic   a.d. * Dajema
   5. S Dunja   geb. 1977   von * Ibn Mahasin   a.d. * Dajema
   6. H Granat   geb. 1977   von * Diem   a.d. * Galopada

Kurt Becker   Stresemannstr. 250   3400 Goettingen
   Tel. 0551-61301

   1. S * Galopada   geb. 1953   von Rozmaryn   a.d. Galka
   2. H Gayrak   geb. 1974   von El Azrak   a.d. * Galopada
   3. S Garantie   geb. 1975   von Ikarus   a.d. * Galopada
   4. H Garant   geb. 1976   von * Diem   a.d. * Galopada

Hans-Joachim Benner   Alter Kirchweg 17   3101 Winsen (Aller) OT. Stedden
   Tel. 05143-483

   1. S Nizah   geb. 1974   von Salam   a.d. Nazira
   2. H Narlan   geb. 1978   von * Joka-Tuam   a.d. Nizah

Horst Bernloehr   Schweizerhof   7160 Gaildorf
   Tel. 07971-204

   1. S Nishi   geb. 1964   von * Nizar   a.d. Joschi
   2. S Nubia   geb. 1974   von Nuri Schalan   a.d. * Nika

Dietrich Beyer   Heerstr. 9   5300 Bonn
   Tel.

   1. S Schaari   geb. 1973   von Warabi   a.d. * Sasah

Helene Beyer   Weissenburger Str. 84   8820 Gunzenhausen
   Tel. 09831-3369

   1. S * Palitra   geb. 1970   von * Salon   a.d. Panama
   2. H Passem   geb. 1975   von Mali   a.d. * Palitra
   3. H Pascha   geb. 1976   von * Kilimandscharo   a.d. * Palitra
   4. S Nasbalah   geb. 1978   von Rujahsin   a.d. Natalie

Dr. Albin Bidniak   Im Schloss   7401 Hirrlingen
Tel. 07478-282

   1. H Haddschi-Murrad   geb. 1967   von * Hadban Enzahi   a.d. Hamdi

---

Rolf Boening   Muehlenstr. 1   3405 Dramfeld
Tel. 05509-779

Heinrich u. Erika Bosse   Stiddienstr. 1   3300 Braunschweig-Stiddien
Tel. 0531-87707

   1. S * Sevillista   geb. 1967   von Mosafi   a.d. Frajana II
   2. S Wahana   geb. 1971   von Nazir   a.d. Warifah
   3. S Meneptah   geb. 1972   von Nazir   a.d. Massulka
   4. H Shalom   geb. 1973   von * Shaker el Masri   a.d. * Sevillista
   5. H Bumerang   geb. 1974   von * Diem   a.d. * Brygada
   6. S Silvana   geb. 1975   von Mahomed   a.d. * Sevillista
   7. H Wisznu Ibn Sawih   geb. 1975   von Sawih Ibn Wisznu   a.d. Wahana
   8. S Brawura   geb. 1976   von Nazir   a.d. * Brygada
   9. H Wano   geb. 1976   von Mahomed   a.d. Wahana
10. H Brawo   geb. 1977   von Nazir   a.d. * Brygada
11. H Sharak   geb. 1977   von Mahomed   a.d. * Sevillista
12. S Masurka   geb. 1977   von Shalom   a.d. Meneptah
13. S Warissa   geb. 1978   von * Joka-Tuam   a.d. Wahana

Elsbeth Gertrud Braig   Gestuet Rosenhof   7969 Hohentengen-1
Tel. 07572-2237

   1. S Rubinah   geb. 1961   von * Wisznu   a.d. Rualla
   2. S Jasmine   geb. 1969   von Jobal   a.d. Rubinah
   3. H Suez   geb. 1969   von * Hadban Enzahi   a.d. Shari
   4. S Saphira   geb. 1976   von Suez   a.d. Jasmine
   5. H Suarek   geb. 1976   von Suez   a.d. Rubinah
   6. S Surani   geb. 1977   von Suez   a.d. Rubinah

Fiona Bridgen   Hof Daubach   3565 Breidenbach
Tel. 06465-245

   1. H Dagan   geb. 1972   von Magnet   a.d. * Dajema

Reinhold Bruns   Iland 29   2000 Hamburg 65
Tel. 040-6040258

1.	S	Fatme	geb. 1956	von	Haladin	a.d.	Winette
2.	H	Rabdan	geb. 1968	von	* Wisznu	a.d.	Rualla
3.	H	Ahmal	geb. 1968	von	Galan	a.d.	Fatme
4.	H	Faard	geb. 1971	von	Rabdan	a.d.	Fatme
5.	H	Faryd	geb. 1973	von	Rabdan	a.d.	Fatme
6.	S	Fatima	geb. 1974	von	Rabdan	a.d.	Fatme
7.	S	Farida	geb. 1976	von	Rabdan	a.d.	Fatme

Verena Buschfort   Hofgut Kauber Platte   5425 Kaub/Rhein
Tel. 06774-284

1.	H	* Sawlagan	geb. 1968	von	Alaa el Din	a.d.	Mahbouba
2.	S	* Bint Wedad	geb. 1970	von	Hassan	a.d.	Wedad
3.	S	* Set Husen	geb. 1971	von	Tuhotmos	a.d.	Set Abouhom
4.	S	* Nana	geb. 1971	von	Tuhotmos	a.d.	Nazic
5.	S	* Hania	geb. 1971	von	Tuhotmos	a.d.	Hodhoda
6.	S	* Moetazza	geb. 1972	von	Tuhotmos	a.d.	Aziza
7.	S	B.B.Wedad	geb. 1974	von	* Kaisoon	a.d.	* Bint Wedad
8.	H	Assad	geb. 1975	von	* Kaisoon	a.d.	* Hania
9.	H	Souad	geb. 1976	von	* Sawlagan	a.d.	* Nana
10.	H	Areef	geb. 1977	von	* Kaisoon	a.d.	* Nana
11.	S	Bint Kaysoon	geb. 1978	von	* Kaisoon	a.d.	* Hania
12.	H	Saykoon	geb. 1978	von	* Kaisoon	a.d.	* Set Husen

Hans-Josef Caron   Viktoriastr. 5   6630 Saarlouis
Tel. 06831-82211

Renate Chmelik   Am Eichet 4   8919 Schondorf
Tel. 08192-472

1.	S	Dawa	geb. 1965	von	* Karmin	a.d.	Hamdi
2.	S	Dariah	geb. 1973	von	* Hadban Enzahi	a.d.	Dawa
3.	H	Diego	geb. 1978	von	Sharaf	a.d.	Dawa

Hedy Christoffel   Leihgesternerweg 19   6300 Giessen
Tel. 0641-78777

1.	S	* Malacha	geb. 1955	von	El Sareei	a.d.	* Moheba
2.	H	Jubilee	geb. 1964	von	* Karmin	a.d.	Jena

Otto Christoph   Schrofenstr. 27   8204 Brannenburg/Obb
Tel. 08034-2188

  1. S * Kalila II   geb. 1973   von Ialu   a.d. Kalila
  2. S Karilla   geb. 1978   von Halaf   a.d. * Kalila II

Erika Rudolph   AV-Gestuet Chrymont   OT Brunstein   3410 Northeim
Tel. 05551-5970

  1. S * Naglaa   geb. 1963   von Mamdouh   a.d. Fadila
  2. S Jorcondah   geb. 1965   von * Wisznu   a.d. Jekah
  3. H Jordeh   geb. 1969   von Demir   a.d. Jorcondah
  4. S Jorkaidah   geb. 1970   von * Kaisoon   a.d. Jorcondah
  5. H Naxor   geb. 1970   von Roxan   a.d. Algella
  6. S * Rasha   geb. 1971   von Ibn Maisa   a.d. * Abeer
  7. S Jarifah   geb. 1973   von Marsuk   a.d. Jeszikah
  8. S Jaikah   geb. 1974   von * Kaisoon   a.d. Jorkaidah
  9. S Jaszirah   geb. 1974   von * Kaisoon   a.d. Jeszikah
 10. H Jabinh   geb. 1974   von Jordeh   a.d. Jekah
 11. H Joszih   geb. 1975   von * Farag   a.d. Jorcondah
 12. S Jekkah   geb. 1975   von Mahomed   a.d. Jorkaidah
 13. S Jaszanyah   geb. 1977   von Mahomed   a.d. Jorcondah
 14. S Rashidah   geb. 1977   von * El Hilal   a.d. * Rasha
 15. H Jojakimh   geb. 1977   von * Joka-Tuam   a.d. Jarifah
 16. H El Nasrih   geb. 1978   von * Shaker el Masri a.d. * Naglaa

---

Eva Cissee   Am Hasselteich 64   3300 Braunschweig
Tel. 0531-44325

  1. S Jibah   geb. 1971   von * Kaisoon   a.d. Jorcondah

Herbert Cosack   4780 Lippstadt-Menzelsfelde
Tel. 02941-8416

  1. H * Dark Shadow   geb. 1967   von Indian King   a.d. Dancing Shadow
  2. H Marius   geb. 1971   von Marsuk   a.d. Kar-Margarita

Peter Deicke   Schuhstr. 17   3200 Hildesheim
Tel. 05121-33097

  1. S Kolkwitzia   geb. 1971   von Shagar   a.d. Kowiszkah
  2. H Korse   geb. 1975   von * Diem   a.d. Kolkwitzia
  3. S Komtessa   geb. 1976   von * Kaisoon   a.d. Kolkwitzia
  4. S J.K.B.Shabbah   geb. 1977   von * Kaisoon   a.d. J.K.B.Belkies

---

Wera Dela   Gestuet Timmelsberg   2302 Schoenhorst
Tel. 04347-3410

1. S Nizara   geb. 1965   von * Nizar   a.d. Wega
2. S Aisha   geb. 1968   von Demir   a.d. Muhsinah
3. H Sabek   geb. 1973   von * Salon   a.d. Aisha
4. S Asmai   geb. 1974   von Mameluck   a.d. Aisha
5. S Nedsha   geb. 1974   von Mameluck   a.d. Nizara
6. S Amakosa   geb. 1975   von Mameluck   a.d. Aisha
7. H Nizardi   geb. 1976   von Diyaa   a.d. Nizara

Ewald Dickhut   Reichenbachstrasse 9   4786 Lippstadt
Tel. 02941-10746

1. S * Rosalind   geb. 1970   von Nimran   a.d. Rosjanka
2. S Sayana   geb. 1972   von * Kaisoon   a.d. Salome
3. H Pan-Alimente   geb. 1973   von * Diem   a.d. * Panosza
4. H Domino   geb. 1974   von * Dark Shadow a.d. Sarazena

Guenther Dieball   Schildhorster Str. 2   3222 Freden/Leine
Tel. 05184-471

1. S Razzinah   geb. 1959   von * Wisznu   a.d. Rualla
2. H Dieban   geb. 1974   von * Diem   a.d. Razzinah
3. S Rabea   geb. 1975   von * Diem   a.d. Razzinah
4. S Razola   geb. 1976   von * Kaisoon   a.d. Razzinah
5. S Razanah   geb. 1977   von Nazir   a.d. Razzinah
6. H Narus   geb. 1978   von Nazir   a.d. Razzinah

Walter Dill   Arabergestuet Haegerhof   3420 Herzberg
Tel. 05521-2491

1. S * Narjess   geb. 1963   von Ibn   a.d. Arabelle
2. S * Malaga   geb. 1969   von Madani   a.d. Berriane
3. S * Bahra   geb. 1970   von Koraich   a.d. * Malaga
4. S * Chemma   geb. 1971   von Koraich   a.d. Nefissa
5. S * Chafia   geb. 1971   von Koraich   a.d. * Malaga
6. S * Douja   geb. 1972   von Koraich   a.d. * Malaga
7. S * Dar Essalam   geb. 1972   von Koufi   a.d. Djamila
8. S * Echmouna   geb. 1973   von Esmet Ali   a.d. * Malaga
9. H * El Aswad   geb. 1974   von * Ibn Galal   a.d. Hosna
10. S * Farida   geb. 1974   von Esmet Ali   a.d. * Malaga
11. S * Gamouda   geb. 1975   von Koraich   a.d. * Malaga

Rolf Dobat   Buchenhof Stelle Nr. 7   2832 Twistringen
Tel.

1.	S Rajana	geb. 1969	von Demir	a.d. Rualla
2.	S * Golson	geb. 1972	von Tuhotmos	a.d. Tamara
3.	S Risha	geb. 1976	von Sindbad	a.d. Rajana
4.	S Gamila	geb. 1977	von * Madkour	a.d. * Golson
5.	S Rawya	geb. 1977	von * Madkour	a.d. Rajana
6.	S Reshmeh	geb. 1977	von * Madkour	a.d. Rasheda
7.	S Mahabba	geb. 1978	von * Madkour	a.d. Maymoonah
8.	S Ranousha	geb. 1978	von * Madkour	a.d. Rajana

Constanze Doemken   Hof Borstel 1   2817 Doerverden
Tel. 04239-361

1.	H * Nizar	geb. 1953	von Nizzam	a.d. Sulka
2.	S * Algaida	geb. 1959	von Congo	a.d. Olimpia II
3.	H * Salon	geb. 1959	von Negatiw	a.d. Sonata
4.	S * Afifa	geb. 1963	von Morafic	a.d. Hemmat
5.	H Nazir	geb. 1964	von * Nizar	a.d. Sachara
6.	H Rih	geb. 1964	von Bibars	a.d. Rualla
7.	H Mahomed	geb. 1968	von * Hadban Enzahi	a.d. Malikah
8.	H Samum	geb. 1968	von * Nizar	a.d. Sachara
9.	S Ayesha	geb. 1969	von * Ghazal	a.d. * Algaida
10.	S * Nadia	geb. 1969	von Amlam - Emam	a.d. * Foze
11.	S Ghazala	geb. 1973	von * Ghazal	a.d. * Afifa
12.	H Marsafi	geb. 1973	von Mahomed	a.d. * Algaida
13.	S Abiyah	geb. 1974	von Mahomed	a.d. * Afifa
14.	H Mamoudi	geb. 1974	von Mahomed	a.d. Ninive
15.	H Muchmal	geb. 1975	von Mahomed	a.d. * Afifa
16.	H Mahab	geb. 1975	von Mahomed	a.d. Ayesha
17.	S Animah	geb. 1976	von Mahomed	a.d. * Afifa
18.	H Mursuk	geb. 1976	von Mahomed	a.d. * Nadia
19.	S Nikiah	geb. 1976	von Mahomed	a.d. Ninive
20.	H Schammar	geb. 1977	von * Sawlagan	a.d. * Afifa
21.	H Sihdih	geb. 1977	von * Sawlagan	a.d. * Nadia
22.	S Aqaba	geb. 1978	von * Sawlagan	a.d. * Afifa
23.	H Nemsi Effendi	geb. 1978	von * Nizar	a.d. Ayesha
24.	S Ghaza	geb. 1978	von Mahomed	a.d. Ghazala

Volkmar Toennies von Donop   Waldstrasse   3284 Schieder-Woebbel
Tel. 05233-213

1.	S Kandy	geb. 1966	von * Wisznu	a.d. Katjuscha
2.	S Katja	geb. 1970	von Demir	a.d. Kandy
3.	S Kalinka	geb. 1972	von Shagar	a.d. Kandy
4.	S Karmen	geb. 1974	von Shagar	a.d. Kandy
5.	H Dolomit	geb. 1976	von * Diem	a.d. Katja
6.	S Karina	geb. 1977	von * Emin	a.d. Kandy
7.	H Elam	geb. 1978	von * Emin	a.d. Katja
8.	S Mira	geb. 1978	von Madkour I	a.d. Kalinka

Herbert Dumke   im Schibenkaemperfeld 14 a   4782 Erwitte/Westf.
   Tel. 02943-3688

   1. S Korolla II   geb. 1973 von * Salon   a.d. Korolla

Ilona Ebbrecht   Kirchgasse 6   8631 Unterlauter
   Tel.

   1. H Halim   geb. 1972 von * Hamdan II   a.d. * Kamila
   2. H Sadik   geb. 1976 von Sawih Ibn Wisznu a.d. Warifah

Eugen Eder   Am Erlensee   8085 Geltendorf
   Tel. 08193-342

   1. H Ghandur   geb. 1970 von * Ghazal   a.d. Ninive

Dr. Elfriede Egerer   Post Hengersberg   8355 Eichberg 26
   Tel. 09901-493

   1. S * Nedotroga   geb. 1972 von Topol   a.d. Naturshitza

Christiane Egger   Buechsenackerhang 20   6900 Heidelberg 25
   Tel.

   1. H Imat   geb. 1968 von Demir   a.d. Inazzah
   2. S * Elsissa   geb. 1971 von Figuroso   a.d. * Etica
   3. S Samiha Bint Saher   geb. 1972 von Saher   a.d. Sabal
   4. H Kassai   geb. 1974 von Imat   a.d. Kyster
   5. H El Padisha   geb. 1976 von * Madkour   a.d. * Elsissa

---

Horst Eggert   Am Ronneburger Hof   6451 Ronneburg 3
   Tel. 06048-3261

   1. S * Selika III   geb. 1961 von Karabe   a.d. Kalila
   2. H Rayo   geb. 1972 von * Rustan   a.d. * Selika III
   3. S Rustana   geb. 1974 von * Rustan   a.d. * Selika III

Marianne Eggert   Am Ronneburger Hof   6451 Ronneburg 3
   Tel. 06048-3261

   1. S * Zaha   geb. 1970 von Kefren   a.d. Smara
   2. H Zarif   geb. 1976 von * Rustan   a.d. * Zaha
   3. H Zafir   geb. 1977 von * Rustan   a.d. * Zaha

Hans Ehlert   Gmuendener Str. 27   7073 Lorch/Wuerttbg.
Tel. 07172-6579

Erika Ehrke   Hofgut   5581 Moritzheim
Tel. 06545-450

1. S * Papuaska	geb. 1963	von Pomeranets	a.d. Progressja
2. S * Nargis	geb. 1970	von Kankan	a.d. Nastawnitza
3. S * Ghroub	geb. 1971	von Galal	a.d. Set el Wadi
4. H Padischah	geb. 1972	von * Kilimandscharo	a.d. * Papuaska
5. H Paladin	geb. 1974	von * Kilimandscharo	a.d. * Papuaska
6. W Nofor Ben Nargis	geb. 1974	von * Kilimandscharo	a.d. * Nargis
7. H Gharoon	geb. 1975	von * Kaisoon	a.d. * Ghroub
8. S Palmyra	geb. 1975	von * Kilimandscharo	a.d. * Papuaska
9. S Padma	geb. 1976	von Tufail	a.d. * Papuaska
10. S Ghardaia	geb. 1977	von * Farag	a.d. * Ghroub
11. H Parzival	geb. 1977	von Kahir	a.d. * Papuaska

Emil Eichstaetter   Klosterberghof   6921 Spechbach
Tel. 06226-8042

1. S Darsine	geb. 1964	von Daikir	a.d. Darsi
2. H Hazim el Arab	geb. 1972	von * Hadban Enzahi	a.d. * Sevillista
3. S Darisa	geb. 1978	von Hazim el Arab	a.d. Darsine

Lotte Eisel   Nassestr. 26   5000 Koeln 41
Tel. 0221-444699

Fritz Engel   Oppendorf 92   4995 Stemwede 3
Tel. 05773-225

1. S * Altana	geb. 1971	von Celebes	a.d. Ala
2. S Psyche	geb. 1972	von * Karmin	a.d. * Penelope
3. H Pergos	geb. 1974	von Ikarus	a.d. * Pergolla
4. H Aaron	geb. 1976	von Ikarus	a.d. * Altana
5. H Picasso	geb. 1976	von * Diem	a.d. * Pergolla
6. S Sirrah	geb. 1977	von Shagar	a.d. Psyche
7. S Dayah	geb. 1977	von * Diem	a.d. * Altana
8. H Dartan	geb. 1978	von * Diem	a.d. * Altana
9. S Panopa	geb. 1978	von Madkour I	a.d. Psyche

Dr. Kurt Entress   Hindenburgstr. 60   7440 Nuertingen
Tel. 07022-2426

1. S Sahiba   geb. 1971   von Saher   a.d. Sabal
2. S Saagha   geb. 1973   von * Gharib   a.d. Saady
3. H Saoudi   geb. 1974   von Saher   a.d. Sabal
4. S Samira   geb. 1976   von Saher   a.d. Sabal
5. S Sahanna   geb. 1977   von * Mehanna   a.d. Sahiba
6. S Saameha   geb. 1978   von * Mehanna   a.d. Saagha

Christa Esch   Gut Boeke   5063 Overath
Tel. 02206-3416

1. S Gazelle   geb. 1961   von * Ghazal   a.d. Fatme
2. H Shaul   geb. 1966   von * Nizar   a.d. Shari
3. H Al Ghazi   geb. 1975   von Shaul   a.d. Gazelle
4. S Schoene Nomadin   geb. 1977   von Shaul   a.d. Gazelle

Hildegard Falkenberg   Gestuet Vivat   2309 Honigsee
Tel. 04302-682

1. S Shadia   geb. 1972   von * Gharib   a.d. Shari

Walter Fath   Forellenhof   7800 Freiburg-Lehen
Tel. 07665-6505

1. S * Sasah   geb. 1969   von Demir   a.d. Santa Eulalia
2. H * Mashab   geb. 1972   von Naslednik   a.d. * Madera
3. H Manas   geb. 1974   von Nuri Schalan   a.d. * Madera
4. S Sheila   geb. 1975   von Warabi   a.d. * Sasah
5. H Sambesi   geb. 1976   von * Mashab   a.d. * Sasah
6. H Sahib   geb. 1977   von * Mashab   a.d. * Sasah

Dr. Wolfhard Feldbausch   Suedring 9   6740 Landau/Pfalz
Tel. 06341-2704

Dr. Erwin Filsinger   Friedrichstaler Str. 23   7523 Graben/Baden
Tel. 07255-333

1. S Malikah   geb. 1962   von * Ghazal   a.d. * Malacha
2. S * Nazeefa   geb. 1967   von Gassir   a.d. Nazic
3. S * Zabia   geb. 1967   von Tuhotmos   a.d. Zahda
4. S Haadyah   geb. 1967   von Saphir   a.d. Haifa
5. S Zeenah   geb. 1972   von * Kaisoon   a.d. * Zabia
6. S Maisa   geb. 1973   von * Hadban Enzahi   a.d. Malikah
7. H Manal   geb. 1974   von * Anchor Hill Hali a.d. Malikah

Dr. Erwin Filsinger   Friedrichstaler Str. 23   7523 Graben/Baden
Tel. 07255-333

(Fortsetzung)
8. S Zahda   geb. 1974   von Malik   a.d. * Zabia
9. H Maymoon   geb. 1975   von * Kaisoon   a.d. Maymoonah
10. S Marah   geb. 1975   von * Madkour   a.d. Malikah
11. S Zareefa   geb. 1976   von Malik   a.d. * Zabia
12. H Mabrouk   geb. 1976   von * Madkour   a.d. Malikah
13. H Nabil Ibn Nazeefa   geb. 1977   von * Farag   a.d. * Nazeefa
14. S Zebeda   geb. 1977   von * Madkour   a.d. Zeenah
15. S Manaya   geb. 1977   von * Madkour   a.d. Maisa
16. S Mahdia B. Malikah   geb. 1977   von * Madkour   a.d. Malikah
17. H Zadif   geb. 1978   von Manal   a.d. * Zabia

Helmut Foeckler   Boeckholt 31   4172 Straelen 1
Tel.

1. S Kafra   geb. 1973   von * Diem   a.d. Kasba

Eberh. Franck-Zuegel   Wolkenhof/Hofberg 40   7157 Murrhardt/Wuertt.
Tel. 07192-284

1. S Kayda   geb. 1973   von * Kaisoon   a.d. Dareefa
2. S Wanisa   geb. 1973   von * Kaisoon   a.d. * Wafaa
3. S Dayka   geb. 1974   von * Kaisoon   a.d. Dareefa
4. H Sadat   geb. 1975   von Saher   a.d. Dareefa
5. S Farissa   geb. 1976   von * Farag   a.d. Dareefa
6. H Fadir   geb. 1977   von * Farag   a.d. Dareefa
7. S Kimi   geb. 1977   von * Kilimandscharo   a.d. * Kapelka
8. S Kareefa   geb. 1977   von * Farag   a.d. Kayda
9. S Darah   geb. 1978   von * Kilimandscharo   a.d. Dareefa
10. S Winda   geb. 1978   von * Shaker el Masri a.d. Wanisa
11. H Kapello   geb. 1978   von * Kilimandscharo   a.d. * Kapelka
12. H Kairo   geb. 1978   von * Kilimandscharo   a.d. Kayda

Gloria Franck-Zuegel   Wolkenhof/Hofberg 40   7157 Murrhardt/Wuertt.
Tel. 07192-5285

1. S * Kapelka   geb. 1966   von Aswan   a.d. Kapel
2. S Dareefa   geb. 1968   von Hadif   a.d. Diedje
3. S Mastura   geb. 1973   von Saher   a.d. Molesta
4. S Munja   geb. 1978   von * Shaker el Masri a.d. Mastura

Nikolaus Frauenberg   Arloner Str. 109   Capellen/Luxemburg
Tel. 302-66

1. S * Hamidah   geb. 1969   von Gihan Shah   a.d. Okt el Fol

----

Henry Garde   Sittlkofen   8311 Adlkofen-Landshut
Tel. 08707-490

1. H * Kilimandscharo   geb. 1968   von Aswan   a.d. Karta
2. H Kauri   geb. 1974   von * Kilimandscharo   a.d. * Kapelka
3. H Napril   geb. 1976   von * Kilimandscharo   a.d. * Najada
4. H Nanito   geb. 1978   von * Kilimandscharo   a.d. * Nevada

Silvia Garde   Dahler Str. 51   5063 Overath-Marialinden
Tel.

1. S * Najada   geb. 1966   von Aswan   a.d. Naturshitza
2. S * Nevada   geb. 1970   von Aswan   a.d. Naina
3. S * Niva   geb. 1971   von Aswan   a.d. Napersnitza
4. H * Marsianin   geb. 1971   von Aswan   a.d. Magnolia
5. H Napoleon   geb. 1972   von * Kilimandscharo   a.d. * Najada
6. H Nirwana   geb. 1973   von * Kilimandscharo   a.d. * Ni Ni
7. S Naafa   geb. 1973   von * Kilimandscharo   a.d. * Najada
8. H Neman   geb. 1973   von Nabeg   a.d. Nega
9. S Neschi   geb. 1974   von * Kilimandscharo   a.d. * Nevada
10. S Nemea   geb. 1974   von * Kilimandscharo   a.d. * Najada
11. S Kira   geb. 1975   von * Kilimandscharo   a.d. * Kapelka
12. S Nomena   geb. 1975   von * Kilimandscharo   a.d. * Nevada
13. S Neposa   geb. 1975   von * Kilimandscharo   a.d. * Najada
14. S Nega   geb. 1975   von * Kilimandscharo   a.d. * Niva
15. H Nego   geb. 1976   von * Kilimandscharo   a.d. * Nevada
16. S Narbara   geb. 1976   von * Kilimandscharo   a.d. * Niva
17. S Narida   geb. 1977   von * Kilimandscharo   a.d. * Niva
18. S Nikila   geb. 1977   von * Kilimandscharo   a.d. * Nevada

---

Reinhard Gentz   Brauhausstr. 3   3341 Klein Vahlsberg/Nieders.
Tel. 05332-1067

Helga Glaser   Sonnenbichlstr. 17a   8201 Stephanskirchen
Tel. 08036-8632

1. S * Wadina   geb. 1969   von Blue Diamond   a.d. Wahidah
2. S * Boashah   geb. 1972   von * Marzavan   a.d. Bikassah
3. H Harqan   geb. 1977   von Halaf   a.d. * Wadina
4. H Saydhan   geb. 1977   von Sawih Ibn Wisznu   a.d. * Boashah
5. S Belkies   geb. 1978   von Koran   a.d. * Boashah
6. H Sholin   geb. 1978   von Saher   a.d. * Wadina

E.Schreiber u.H.Oberhoff Gestuet Goting Kliff   2271 Nieblum/Foehr
Tel. 04681-8198

1. S Khamisah	geb. 1965	von Kheman	a.d. Koratah
2. H * Taktik	geb. 1968	von Kankan	a.d. Tropinka
3. S * Piera	geb. 1969	von El Azrak	a.d. Piesn
4. H Damat	geb. 1970	von Demir	a.d. Dzika
5. S Kismet III	geb. 1971	von * Kaisoon	a.d. Khamisah
6. S Kariba	geb. 1973	von * Diem	a.d. Khamisah
7. H Kharim	geb. 1974	von Damat	a.d. Khamisah
8. H Pan	geb. 1975	von Celebes	a.d. * Piera
9. H Kashmir	geb. 1975	von Damat	a.d. Khamisah
10. H Pizarro	geb. 1976	von * Taktik	a.d. * Piera
11. S Kaiama	geb. 1976	von Damat	a.d. Kismet III
12. S Kalypso	geb. 1977	von * Taktik	a.d. Khamisah
13. H Phoenix	geb. 1977	von * Taktik	a.d. * Piera

Dieter Grebe   Hof Daubach   3565 Breidenbach
Tel. 06465-245

1. S * Ni Ni	geb. 1968	von Aswan	a.d. Nerpa
2. S * Pianola	geb. 1970	von Aswan	a.d. Peschinka
3. S Kilifa	geb. 1972	von * Kilimandscharo	a.d. * Kapelka
4. H * Negev	geb. 1973	von Nagasaki	a.d. * Nevolnitza
5. S Ninifee	geb. 1974	von * Kilimandscharo	a.d. * Ni Ni
6. S Nunah	geb. 1975	von * Farag	a.d. * Ni Ni
7. S Nanah	geb. 1976	von * Farag	a.d. * Ni Ni
8. S Khes	geb. 1977	von Kahir	a.d. Kilifa
9. S Nischika	geb. 1977	von Kahir	a.d. * Ni Ni

Monika Grefenstein   Sperlingsweg 21   5000 Koeln 30
Tel. 0221-582421

1. S * Mahroussa	geb. 1972	von Neptun	a.d. Taja
2. H Ali Baba	geb. 1976	von Dail	a.d. * Mahroussa
3. H Mustafa III	geb. 1977	von Dail	a.d. * Mahroussa

Gertraute Griesbach   Heimatring 38   8630 Coburg
Tel. 09561-30538

1. S Jobiah	geb. 1965	von Bibars	a.d. Jowiszah

Peter Gross   Am Blankenmoor 5   3171 Neubokel / Gifhorn
Tel. 05371-3823

1. S Massulka	geb. 1965	von * Ghazal	a.d. Masarrah
2. S * Nefrotete	geb. 1968	von Amlam - Emam	a.d. Bint Folla
3. S * Bint Fayek I	geb. 1969	von Fayek	a.d. Atfa
4. S * Cleopatra	geb. 1969	von Amlam - Emam	a.d. Bint Nafaa
5. H Makedon	geb. 1972	von Marsuk	a.d. Kenya
6. S Shams el Sasama	geb. 1974	von * Sarwat	a.d. * Sameera
7. H Nadur	geb. 1974	von * Gharib	a.d. * Negma Dawliyah
8. S Shams el Nefisa	geb. 1974	von * Sarwat	a.d. * Nefrotete
9. S El Samraa	geb. 1976	von * Kaisoon	a.d. * Bint Wedad
10. S Sevadah	geb. 1976	von * Maddah	a.d. * Severina
11. H Haroun	geb. 1977	von * Farouk	a.d. * Hadba
12. H Mashour	geb. 1977	von Mahomed	a.d. Shams el Suleika
13. S Nousa	geb. 1977	von * Farouk	a.d. * Nefrotete
14. S Farousa	geb. 1977	von * Farouk	a.d. * Bint Fayek I
15. H Masaoud	geb. 1977	von Mahomed	a.d. Massulka

Prof. Dr.Dr. Bernhard Grzimek   Roederbergweg 168   6000 Frankfurt/Main 60
Tel. 0611-448922

1. H Sultan	geb. 1962	von * Ghazal	a.d. Salifah
2. S * Panosza	geb. 1967	von Czort	a.d. Panonia
3. S * Drweca	geb. 1970	von Negatiw	a.d. Dysputa
4. S Pokairah	geb. 1974	von * Kaisoon	a.d. Polska
5. H Meru	geb. 1976	von Sultan	a.d. * Panosza
6. S Epini	geb. 1977	von Sultan	a.d. * Drweca
7. H Kiwu	geb. 1978	von Sultan	a.d. * Panosza

Friedrich Hagemann   Blumenstr. 5   3100 Westercelle
Tel. 05141-25885

1. S Sachara	geb. 1960	von * Ghazal	a.d. Salifah
2. S Saklavia	geb. 1969	von * Ghazal	a.d. Sachara
3. S Nazira	geb. 1969	von Nazir	a.d. Wega
4. S Ischa	geb. 1970	von Nazir	a.d. Iryna
5. S Wadnah	geb. 1971	von Salam	a.d. Wega
6. H Warif	geb. 1972	von Salam	a.d. Wega
7. H Sethos	geb. 1972	von * Kaisoon	a.d. Sachara
8. H Salif	geb. 1973	von Salam	a.d. Nazira
9. S Isis	geb. 1974	von Salam	a.d. Ischa
10. S Salima	geb. 1974	von Salam	a.d. Sachara
11. H Nuri	geb. 1975	von Salam	a.d. Nazira
12. H Salam Aleikum	geb. 1975	von Salam	a.d. Saklavia
13. H Saklavi	geb. 1976	von Sethos	a.d. Saklavia
14. S Sinah	geb. 1977	von Salif	a.d. Sachara
15. S Nazah	geb. 1977	von Sethos	a.d. Nazira

Erich Hagenlocher   Kirchhalde 14   7031 Aidlingen
Tel. 07593-691

1.	S	* Abeer	geb. 1960	von	El Sareei	a.d.	Absa
2.	H	* Shawki	geb. 1963	von	Morafic	a.d.	Bint Mabrouka
3.	S	* Halima	geb. 1963	von	Shahid	a.d.	Aguza
4.	S	* El Garia	geb. 1970	von	Tuhotmos	a.d.	Noosa
5.	S	* El Arousa	geb. 1970	von	Ibn Shahrzada	a.d.	Lateefa II
6.	H	* El Hilal	geb. 1970	von	Nader	a.d.	Ameena
7.	S	* Adam Kheir	geb. 1971	von	Kayed	a.d.	* Bint Rawya
8.	S	* Bassama	geb. 1971	von	Anter	a.d.	Basima
9.	S	Amira	geb. 1974	von	* Gharib	a.d.	* Abeer
10.	H	Hakim	geb. 1974	von	* Gharib	a.d.	* Halima
11.	S	Al Gasvorah	geb. 1975	von	* Gharib	a.d.	* Adam Kheir
12.	S	Baheia	geb. 1975	von	* Gharib	a.d.	* Bassama
13.	H	Asad	geb. 1975	von	Mali	a.d.	* El Arousa
14.	S	Hilala	geb. 1975	von	* El Hilal	a.d.	* El Garia
15.	H	Halim	geb. 1975	von	* El Hilal	a.d.	* Halima
16.	S	Boukra	geb. 1976	von	* El Hilal	a.d.	* Bassama
17.	S	Bint Garia	geb. 1977	von	* El Hilal	a.d.	* El Garia
18.	S	Aminah	geb. 1977	von	* El Hilal	a.d.	* Abeer
19.	S	Aribah	geb. 1977	von	* El Hilal	a.d.	* El Arousa
20.	S	Akulah	geb. 1977	von	* El Hilal	a.d.	* Adam Kheir
21.	S	Bint Bassama	geb. 1977	von	* El Hilal	a.d.	* Bassama
22.	H	Hadir	geb. 1977	von	* El Hilal	a.d.	* Halima

Rudi Hautz   Goerrestr. 1   6746 Hauenstein
Tel. 06392-426

1.	H	Sulaphir	geb. 1965	von	Saphir	a.d.	Sulamith
2.	H	Mustafa II	geb. 1965	von	Saphir	a.d.	Darsi
3.	S	Dziwa II	geb. 1966	von	* Wisznu	a.d.	Dzika
4.	S	Sahra	geb. 1971	von	* Karmin	a.d.	Dziwa II
5.	S	Mughit	geb. 1973	von	Mustafa II	a.d.	Dziwa II
6.	S	Murjaana	geb. 1975	von	Mustafa II	a.d.	Dziwa II
7.	S	Mahaba	geb. 1976	von	Mustafa II	a.d.	Dziwa II
8.	H	Dakem	geb. 1977	von	Mustafa II	a.d.	Dziwa II
9.	H	Mutasim	geb. 1978	von	* Kaisoon	a.d.	Dziwa II

Walter Heim   Dudenroder Str. 16   6470 Buedingen 6
Tel. 06042-2119

1.	H	Rustafir	geb. 1969	von	* Rustan	a.d.	Saydha

Helmut Heinzel   Ginsterweg 5   2105 Seevetal 3
Tel. 04105-83204

1.	S	Shams el Suleika	geb. 1973	von	* Sarwat	a.d.	Kenya
2.	S	Rasheda	geb. 1973	von	Saher	a.d.	Rajana
3.	S	Sharia	geb. 1978	von	Mahomed	a.d.	Shams el Suleika

Jutta Hell   Gestuet Erlau   8161 Woernsmuehl
Tel. 08025-8475

1.	S Kordula	geb. 1952	von Kalif	a.d.	* Kho-Rha
2.	S Feridah	geb. 1963	von Kheman	a.d.	Koratah
3.	S * Rumaila	geb. 1964	von Jager	a.d.	Razzinah
4.	H * Sascha	geb. 1969	von Siglavi Bagdady VI	a.d.	* Rumaila
5.	H Achmed	geb. 1971	von * Akif	a.d.	* Rumaila
6.	S Feda	geb. 1973	von * Akif	a.d.	Feridah
7.	H Sagib	geb. 1974	von * Sascha	a.d.	Kordula
8.	H Safari	geb. 1974	von * Sascha	a.d.	Feridah
9.	S Ritah	geb. 1974	von * Sascha	a.d.	* Rumaila
10.	S Fedah	geb. 1975	von * Akif	a.d.	Feridah
11.	H Akino	geb. 1976	von Achmed	a.d.	Feridah
12.	S Rasah	geb. 1976	von Sultan	a.d.	* Rumaila
13.	S Razina	geb. 1977	von * Diem	a.d.	* Rumaila
14.	H Arim	geb. 1977	von Achmed	a.d.	Feridah
15.	S Risalah	geb. 1978	von * Diem	a.d.	* Rumaila

Hartwig Hencke   .   2051 Buechsenschinken
Tel. 04104-2867

1.	S * Jazmina	geb. 1970	von Corinto	a.d.	Yacaranda
2.	S * Dalia V	geb. 1974	von Uzacur	a.d.	* Jazmina
3.	H Nablus	geb. 1976	von Nabil	a.d.	* Jazmina

Torsten Henisch   Obere Inntalstrasse 70   8399 Egglfing/Inn
Tel. 08537-215

1.	H Sherall	geb. 1965	von * Karmin	a.d.	Hathor
2.	S Amar el Kiram	geb. 1973	von * Kaisoon	a.d.	Koranah

Dr. Hans Georg Hentscher   Rolfstr. 10   2246 Hennstedt/Heide
Tel. 04836-1247

1.	H El Hakim	geb. 1969	von Demir	a.d.	Muhsinah

Eva-Maria Hertlein   Stiesberg 3   8974 Oberstaufen/Allgaeu
Tel. 08386-2717

1.	S * Powest	geb. 1966	von * Salon	a.d.	Panel
2.	S Puella	geb. 1972	von * Ghazal	a.d.	* Powest
3.	S Pointe	geb. 1975	von Saher	a.d.	* Powest

Hubert Hesker-Lengermann   Hammer Str. 66   4403 Hiltrup
  Tel. 02501-3696

  1. H * Nalet   geb. 1967 von Arax   a.d. Newidimka

Margret Hinterthuer   Ristedter Str. 26   2803 Weyhe-Leeste
  Tel. 0421-804180

  1. S Jarahah   geb. 1970 von Bibars   a.d. Jadah
  2. H * Joka-Tuam   geb. 1972 von Kassam   a.d. Jobiah
  3. S * Skokah   geb. 1972 von * Marzavan   a.d. Kokettah
  4. S Kora   geb. 1973 von Shagar   a.d. Koriah
  5. H El Abd   geb. 1974 von * Gharib   a.d. * El Garia
  6. S Korifa   geb. 1976 von Ghazwan   a.d. Kora
  7. S Jara   geb. 1977 von * Joka-Tuam   a.d. Jarahah
  8. S Samiah   geb. 1977 von * Joka-Tuam   a.d. * Skokah
  9. S Khamsa   geb. 1977 von * Joka-Tuam   a.d. Kora
 10. H Sultan   geb. 1978 von El Abd   a.d. * Skokah

Dr. Matthias Hintz   Niederrheinische Str. 30   3575 Kirchhain
  Tel. 06422-1320

  1. S Salome   geb. 1973 von Suez   a.d. Jasmine
  2. S Jerima   geb. 1975 von Jerim   a.d. * Jorindah

Dr. Wolfgang Hirsch   Wolfganger Str. 2   8436 Velburg/Opf.
  Tel. 09182-287

  1. H Pasal   geb. 1970 von * Karmin   a.d. * Papuaska

Christine Hirschmann   Luitpoldstr. 27 Stadthof   8830 Treuchtlingen
  Tel. 09142-1355

  1. H Selim   geb. 1962 von Kanzler   a.d. Halisa
  2. S * Nesnakomka   geb. 1971 von Kankan   a.d. Naina
  3. S * Kastanieta   geb. 1971 von Aswan   a.d. Karta
  4. H Kanuri   geb. 1976 von Nuri Schalan   a.d. * Kastanieta
  5. H Negus   geb. 1976 von Sambesi   a.d. * Nesnakomka
  6. H Kalim   geb. 1978 von Selim   a.d. * Kastanieta
  7. H Negesti   geb. 1978 von Selim   a.d. * Nesnakomka

Therese Holling   Muehlenstrasse 16   4434 Ochtrup
Tel. 02553-2450

1. S * Shiraz   geb. 1971   von Rissaz   a.d. Sithara
2. S Suleika   geb. 1976   von * Gromet   a.d. * Shiraz
3. S Shabba Osterwind   geb. 1977   von * Gromet   a.d. * Shiraz

----

Georg Holzmann   Alpenstr. 19   8938 Buchloe
Tel. 08241-2292

1. H * Naklon   geb. 1966   von Lak   a.d. Nastawnitza
2. S * Panika   geb. 1969   von Kankan   a.d. Panama
3. H Sahmir   geb. 1971   von Saher   a.d. Sulka
4. S Kaira   geb. 1973   von Selim   a.d. * Kasta
5. H Sudan   geb. 1973   von * Salon   a.d. * Spiral

Petra Horsch   8073 Hellmannsberg/Ingolstadt
Tel. 08456-7221

1. H * Anchor Hill Halim geb. 1970 von Hadbah   a.d. Silima
2. S Rozita   geb. 1970 von Samba   a.d. Rizara
3. S Mofeedah   geb. 1972 von * Hadban Enzahi   a.d. Malikah
4. H Raskal   geb. 1974 von * Gharib   a.d. Rozita
5. S Somara   geb. 1974 von Napoleon   a.d. * Somaya
6. S Sayameh   geb. 1976 von * Anchor Hill Halim a.d. * Somaya
7. H Moshallah   geb. 1976 von * Anchor Hill Halim a.d. Mofeedah
8. S Moshena   geb. 1977 von * Anchor Hill Halim a.d. Mofeedah
9. S Bint Somaya   geb. 1977 von * Anchor Hill Halim a.d. * Somaya
10. H Ramsul   geb. 1977 von Saher   a.d. Rozita
11. H Ramdan   geb. 1978 von * Anchor Hill Halim a.d. Rozita
12. S Moregha   geb. 1978 von * Anchor Hill Halim a.d. Mofeedah

----

Dr. Peter E. Horstmann   Azaleenweg 2   4005 Meerbusch-Duesseldorf
Tel. 02159-2228

1. S * Basma   geb. 1969   von Ibn Fakhri   a.d. Bint Kheir
2. S Medea   geb. 1972   von * Kaisoon   a.d. * Missia
3. H Kestron   geb. 1973   von * Kaisoon   a.d. Estra
4. S Kokarde   geb. 1974   von * Kaisoon   a.d. Koranah
5. S Badia   geb. 1975   von Sindbad   a.d. * Basma
6. H Mahhar   geb. 1976   von * Fikri   a.d. Medea
7. H Basil   geb. 1976   von Sindbad   a.d. * Basma
8. S Bint Basma   geb. 1977   von Sindbad   a.d. * Basma
9. S Mucamal   geb. 1977   von * Sawlagan   a.d. Medea

Paul Huck   Rittweg 6a   7600 Offenburg
Tel. 0781-6161

Eleonore Hussmann   Ulrichstr.107   4234 Alpen
Tel. 02802-2851

1.	S	* Worexa	geb. 1966	von Exelsjor	a.d.		Worskla
2.	S	* Scheherazade	geb. 1968	von Exelsjor	a.d.		Lalaga
3.	S	* Esterella	geb. 1969	von Exelsjor	a.d.		Cela
4.	H	* Pierrot	geb. 1969	von Czort	a.d.		Pierzga
5.	S	* Garda	geb. 1970	von Negatiw	a.d.		Gryka
6.	H	* Saudi	geb. 1970	von Dardir	a.d.		Sake
7.	S	* Centka	geb. 1971	von Elf	a.d.		Centuria
8.	S	* Esparella	geb. 1972	von Espartero	a.d.	*	Esterella
9.	S	* Espazade	geb. 1972	von Espartero	a.d.	*	Scheherazade
10.	S	Sawlara	geb. 1973	von * Sawlagan	a.d.	*	Esterella
11.	H	Sawor	geb. 1973	von * Sawlagan	a.d.	*	Worexa
12.	H	El Zix	geb. 1974	von * Salon	a.d.	*	Centka
13.	H	Cebor	geb. 1975	von * Saudi	a.d.	*	Centka
14.	S	Estana	geb. 1975	von * Saudi	a.d.	*	Esterella
15.	W	Gabor	geb. 1975	von * Saudi	a.d.	*	Garda
16.	H	Schaud	geb. 1975	von * Saudi	a.d.	*	Scheherazade
17.	H	Sadan	geb. 1975	von * Saudi	a.d.	*	Worexa
18.	H	Cziko	geb. 1976	von * Saudi	a.d.	*	Centka
19.	H	Eohnaton	geb. 1976	von * Saudi	a.d.	*	Esterella
20.	H	Gabal	geb. 1976	von * Saudi	a.d.	*	Garda
21.	S	Saika	geb. 1976	von * Saudi	a.d.	*	Scheherazade
22.	H	Wodan	geb. 1976	von * Saudi	a.d.	*	Worexa
23.	H	Espartaco	geb. 1976	von * Saudi	a.d.	*	Esparella
24.	S	Sadika	geb. 1977	von * Saudi	a.d.	*	Scheherazade
25.	S	Estebna	geb. 1977	von * Saudi	a.d.	*	Esterella
26.	H	Gadir	geb. 1977	von * Saudi	a.d.	*	Garda
27.	H	Cinquo	geb. 1977	von * Saudi	a.d.	*	Centka
28.	H	Essaud	geb. 1977	von * Saudi	a.d.	*	Esparella
29.	H	Marwan	geb. 1978	von * Mehanna	a.d.	*	Worexa
30.	S	Medina	geb. 1978	von * Mehanna	a.d.	*	Espazade
31.	S	Sahiba	geb. 1978	von * Saudi	a.d.	*	Scheherazade

Dr. Friedrich Immisch   Schuetzenstrasse 56   3510 Hann. Muenden
Tel. 05541-2661

1.	S	* Coca-Cola	geb. 1967	von Mosafi	a.d.		Sirena
2.	S	* Nebraska	geb. 1969	von Sacudir	a.d.		Corona
3.	S	* Zagala	geb. 1970	von Alcazar	a.d.	*	Prometida
4.	S	Omera	geb. 1972	von * Shawki	a.d.	*	Om el Arab
5.	H	Ibn Shaker	geb. 1973	von * Shaker el Masri	a.d.	*	Helena
6.	S	Dame	geb. 1973	von * Shaker el Masri	a.d.	*	Dolora
7.	S	Casablanca	geb. 1974	von * Shaker el Masri	a.d.	*	Coca-Cola
8.	H	Helenos	geb. 1974	von * Shaker el Masri	a.d.	*	Helena
9.	H	Zargo	geb. 1975	von * Shaker el Masri	a.d.	*	Zagala
10.	H	Ibn Mujahid	geb. 1975	von Mujahid	a.d.	*	Coca-Cola
11.	S	Bint Cola	geb. 1976	von Mujahid	a.d.	*	Coca-Cola
12.	S	Omen	geb. 1976	von Mujahid	a.d.		Omera
13.	S	Zita	geb. 1976	von Mujahid	a.d.	*	Zagala
14.	S	Oklahoma	geb. 1977	von Mujahid	a.d.		Omera
15.	H	Dianthus	geb. 1977	von Mujahid	a.d.		Dame

Dr. Friedrich Immisch   Schuetzenstrasse 56   3510 Hann. Muenden
Tel. 05541-2661

(Fortsetzung)

16.	H	Nairobi	geb. 1977	von Mujahid	a.d.	* Nebraska
17.	H	Zephir	geb. 1977	von Mujahid	a.d.	* Zagala
18.	H	Colorado	geb. 1978	von Ibn Shaker	a.d.	* Coca-Cola
19.	S	Zarin	geb. 1978	von Ibn Shaker	a.d.	* Zagala
20.	H	Can Can	geb. 1978	von Ibn Shaker	a.d.	Casablanca
21.	H	Diamant	geb. 1978	von Ibn Shaker	a.d.	Dame
22.	S	Nevada	geb. 1978	von Ibn Shaker	a.d.	* Nebraska
23.	S	Ora	geb. 1978	von Ibn Shaker	a.d.	Omera

Holger Ismer   Gestuet Tierpark   2848 Wagenfeld 2
Tel. 05774-505

1.	S	Dzika	geb. 1960	von * Ghazal	a.d.	* Europa
2.	S	Shari	geb. 1960	von * Hadban Enzahi	a.d.	Haita
3.	H	* Diem	geb. 1964	von Negatiw	a.d.	Dimatra
4.	S	Sethnacht	geb. 1964	von * Hadban Enzahi	a.d.	Hajar
5.	H	Shagar	geb. 1966	von * Ghazal	a.d.	Haita
6.	S	Shaika	geb. 1968	von * Wisznu	a.d.	Shari
7.	S	Wielka	geb. 1968	von Demir	a.d.	Wiszkha
8.	S	* Orsza	geb. 1968	von Ego	a.d.	Orla
9.	H	* Eunizar	geb. 1969	von El Azrak	a.d.	Eunice
10.	S	Shaila	geb. 1969	von * Ghazal	a.d.	Shari
11.	S	Inshalla	geb. 1969	von * Ghazal	a.d.	Inazzah
12.	H	Said	geb. 1970	von Demir	a.d.	Sarazena
13.	S	Sharia	geb. 1970	von * Ghazal	a.d.	Shari
14.	H	* Emin	geb. 1971	von Celebes	a.d.	Elmira
15.	H	Madkour I	geb. 1971	von * Hadban Enzahi	a.d.	Moheba II
16.	H	Wielki Dem	geb. 1971	von Demir	a.d.	Wiszkha
17.	S	Shiwa	geb. 1971	von * Ghazal	a.d.	Shari
18.	H	Pergamos	geb. 1973	von Krezus	a.d.	* Pergolla
19.	S	Shadi	geb. 1973	von * Diem	a.d.	Shari
20.	W	Wistus	geb. 1973	von * Diem	a.d.	Wiszkha
21.	W	Ifrit	geb. 1973	von * Diem	a.d.	Inazzah
22.	W	Indus	geb. 1973	von * Diem	a.d.	Inshalla
23.	S	* Kanwa	geb. 1973	von Krezus	a.d.	Kasja
24.	H	Izmit	geb. 1974	von * Diem	a.d.	Inazzah
25.	S	Ishtah	geb. 1974	von * Diem	a.d.	Inshalla
26.	S	* Orbanda	geb. 1974	von Bandos	a.d.	* Orsza
27.	S	Shaiba	geb. 1974	von * Diem	a.d.	Shaika
28.	S	Shedi	geb. 1974	von * Diem	a.d.	Sharia
29.	S	Wardha	geb. 1974	von El Paso	a.d.	* Watra
30.	S	Wileika	geb. 1974	von Radia	a.d.	Wielka
31.	H	Congo	geb. 1975	von Madkour I	a.d.	* Cleopatra
32.	S	Dimani	geb. 1975	von Andrut	a.d.	* Dimini
33.	S	Ildrima	geb. 1975	von * Diem	a.d.	Inazzah
34.	S	Orshgar	geb. 1975	von Shagar	a.d.	* Orsza
35.	H	Shaik	geb. 1975	von * Diem	a.d.	Shaika
36.	H	Sahi	geb. 1975	von * Diem	a.d.	Shari
37.	S	Shakia	geb. 1975	von * Diem	a.d.	Sharia
38.	S	Wilga	geb. 1975	von * Diem	a.d.	* Watra
39.	H	Wielkan	geb. 1975	von * Diem	a.d.	Wielka
40.	H	Alon	geb. 1975	von * Kaisoon	a.d.	* Altana

Holger Ismer   Gestuet Tierpark   2848 Wagenfeld 2
Tel. 05774-505

(Fortsetzung)

41. H Darius	geb. 1975	von * Diem	a.d. Katja
42. H Cadiz	geb. 1976	von Madkour I	a.d. * Cleopatra
43. H Dzahdi	geb. 1976	von * Diem	a.d. Dzika
44. H Ishim	geb. 1976	von Madkour I	a.d. Inazzah
45. H Ilion	geb. 1976	von * Diem	a.d. Inshalla
46. S Odessa	geb. 1976	von Madkour I	a.d. * Orsza
47. S Sala	geb. 1976	von * Diem	a.d. Shari
48. S Shayda	geb. 1976	von Ikarus	a.d. Sharia
49. H Wiek	geb. 1976	von * Diem	a.d. Wielka
50. H Saabor	geb. 1976	von * Diem	a.d. Shiwa
51. H Madour	geb. 1977	von Madkour I	a.d. Shaika
52. S Shaida	geb. 1977	von * Diem	a.d. Shari
53. H Darrox	geb. 1977	von * Diem	a.d. Shaila
54. S Estancia	geb. 1977	von * Emin	a.d. Sharia
55. H Dal	geb. 1977	von * Diem	a.d. Shiwa
56. H Oblist	geb. 1977	von Madkour I	a.d. * Orsza
57. S Inka	geb. 1977	von * Diem	a.d. Inazzah
58. S Clema	geb. 1977	von Madkour I	a.d. * Cleopatra
59. H Shaak	geb. 1977	von Madkour I	a.d. Shadi
60. S Emina	geb. 1977	von * Diem	a.d. * Kanva
61. H Saddat	geb. 1977	von Shereik	a.d. Cliza

Lore Jattiot   Eckhausen   5203 Much
Tel.

1. S Jeszimah	geb. 1971	von Marsuk	a.d. Jeszikah
2. S Layla	geb. 1974	von Mahomed	a.d. * Marah
3. S Hadzimah	geb. 1975	von Hadan	a.d. Jeszimah

Kuno von Kaehne-Priesholz   2341 Priesholz-Gelting
Tel. 04642-2348

Dobimar von Kameke-Streckenthin   .   2061 Grabau
Tel. 04537-245

1. S Wilja	geb. 1957	von Haladin	a.d. Winette
2. S Mamsahi	geb. 1964	von * Ghazal	a.d. Masarrah
3. S Akaba	geb. 1968	von * Ghazal	a.d. * Algaida
4. S Whysha	geb. 1970	von * Kaisoon	a.d. Wilja
5. H Mischuk	geb. 1970	von Marsuk	a.d. Mamsahi
6. H Farouss	geb. 1971	von * Kaisoon	a.d. * Faziza
7. S Wiglawia	geb. 1971	von * Ghazal	a.d. Wilja
8. H Daemon	geb. 1972	von * Gharib	a.d. Hamdi
9. S Mourhena	geb. 1972	von * Kaisoon	a.d. Mamsahi
10. S Wigha	geb. 1972	von * Ghazal	a.d. Wilja

Dobimar von Kameke-Streckenthin . 2061 Grabau
Tel. 04537-245

(Fortsetzung)

11. S Sirikit	geb. 1973	von * Gharib	a.d. Saragat
12. H Marcus	geb. 1973	von * Diem	a.d. Mamsahi
13. S Weichsel	geb. 1973	von Mameluck	a.d. Wilja
14. S Aphrodite	geb. 1973	von Mameluck	a.d. Akaba
15. S Whyshama	geb. 1974	von Mameluck	a.d. Whysha
16. H Melchior	geb. 1974	von Mameluck	a.d. Mamsahi
17. S Werla	geb. 1975	von Mameluck	a.d. Wilja
18. S Windy	geb. 1975	von Mameluck	a.d. Wiglawia
19. H Sarastro	geb. 1975	von Mameluck	a.d. Saragat
20. H Wotan	geb. 1975	von Mameluck	a.d. Whysha
21. H Mabrouk	geb. 1975	von Mameluck	a.d. Mamsahi
22. H * Souhayl	geb. 1975	von Seef	a.d. Azza I
23. S Magdalena	geb. 1976	von * Gharib	a.d. Magda
24. H Wingh	geb. 1976	von Farouss	a.d. Wilja
25. H Mandarin	geb. 1976	von Farouss	a.d. Mamsahi
26. H Winnetou	geb. 1976	von Farouss	a.d. Whysha
27. S Wandola	geb. 1976	von Farouss	a.d. Wiglawia
28. H Attila	geb. 1976	von Farouss	a.d. Akaba
29. S Wasa	geb. 1976	von Farouss	a.d. Wigha
30. H Moses	geb. 1976	von Farouss	a.d. Mourhena
31. S Warusa	geb. 1977	von Farouss	a.d. Wilja
32. H Monarch	geb. 1977	von Farouss	a.d. Mamsahi
33. H Addy	geb. 1977	von Daemon	a.d. Akaba
34. H Wendolin	geb. 1977	von Daemon	a.d. Whysha
35. H Wingolf	geb. 1977	von Farouss	a.d. Wigha
36. S Malta	geb. 1977	von Daemon	a.d. Mourhena
37. H Wissol	geb. 1977	von Daemon	a.d. Weichsel

Prof. Dr. Heinz Kampen   Neuemoor Nr. 63   2951 Hesel/Ostfriesland
Tel.

1. S Wabrah	geb. 1973	von * Kaisoon	a.d. Wiborka
2. H Erik	geb. 1977	von * Emin	a.d. Katja
3. H Wingolf	geb. 1978	von * Emin	a.d. Wabrah

Adolf Kanter   Mollendarer Bachtal 18 Birkenh.   5411 Urbach/Koblenz
Tel. 0261-62281

1. H Dail	geb. 1972	von * Hadban Enzahi	a.d. Dawa

Hans Kersting   Piekenbrock 27   4711 Nordkirchen
   Tel. 02389-2966

(Fortsetzung)

   6. H Shiran   geb. 1976 von Ikarus   a.d. Shalida

Werner Kessl   Nr.10 Pressath   8481 Baernwinkel
   Tel. 09644-352

   1. S Rusalkah   geb. 1963 von * Wisznu   a.d. Rualla
   2. S Jorgha   geb. 1970 von * Ghazal   a.d. Jomara
   3. H Irabid   geb. 1972 von Bibars   a.d. Irinah
   4. S Rushmah   geb. 1974 von * Ibn Mahasin   a.d. Rusalkah
   5. H Jopit   geb. 1975 von * Grand Jupiter a.d. Jorgha
   6. H Rupit   geb. 1975 von * Grand Jupiter a.d. Rusalkah
   7. H Rupiter   geb. 1976 von * Grand Jupiter a.d. Rusalkah
   8. H Ruid   geb. 1977 von Irabid   a.d. Rusalkah
   9. S Jorida   geb. 1977 von Irabid   a.d. Jorgha

Dr.Erwin Klein   Nr. 263   3251 Ottenstein
   Tel. 05286-237

   1. S Kateefa   geb. 1970 von * Kaisoon   a.d. Selima
   2. S Dziana   geb. 1974 von * Nalet   a.d. Dziwischah
   3. H Karino   geb. 1977 von * Saab   a.d. Kateefa
   4. H Kronprinz   geb. 1978 von * Sawlagan   a.d. Kateefa

Hannelore Klein   Sonnenhof   6540 Simmern
   Tel. 06761-3674

   1. S * Meca II   geb. 1966 von Carbonero   a.d. Rauda II
   2. H Mohamed II   geb. 1974 von Sharif   a.d. * Meca II

Sabine Klueppel   Pfarrhaus   3331 Lelm-Helmstedt
   Tel. 05353-413

   1. H Nurabi   geb. 1967 von * Nizar   a.d. Joschi
   2. S * Gejsza   geb. 1968 von Chazar   a.d. * Galopada

Fritz Knebusch   Lindenstr. 98   2217 Hermannshoehe
   Tel. 04822-2216

   1. H Willuc   geb. 1967 von Marsuk   a.d. Wilja

Jean Kayser   17 Rue Abbe Muller   Ettelbruck/Luxemburg
Tel. 82207

1.	S J.K.B.Belle Dahma	geb. 1965	von Bel Gordas	a.d.	Dahma el Zarka
2.	S J.K.B.Mahaweb	geb. 1969	von Ibn Hafiza	a.d.	Amani
3.	S J.K.B.Hamda	geb. 1970	von * Hamdan II	a.d.	Bint Yosreia
4.	S J.K.B.Faarisah	geb. 1970	von Faaris	a.d.	J.K.B.Belle Dahma
5.	S J.K.B.Belkies	geb. 1971	von Galal	a.d.	Korima
6.	S J.K.Blue Mamdouha	geb. 1973	von * Kaisoon	a.d.	* Moneera
7.	H J.K.B.Jaheel	geb. 1974	von * El Beshir	a.d.	J.K.B.Belle Dahma
8.	S J.K.B.Hadbah	geb. 1975	von * El Beshir	a.d.	J.K.B.Hamda
9.	H J.K.Blue Monsar	geb. 1975	von * Hadban Enzahi	a.d.	Molesta
10.	H J.K.B.Fouaz	geb. 1975	von * El Beshir	a.d.	J.K.B.Faarisah
11.	S J.K.B.Bishrah I	geb. 1975	von * El Beshir	a.d.	J.K.B.Belkies
12.	H J.K.B.Marwaz	geb. 1975	von * El Beshir	a.d.	J.K.B.Mahaweb
13.	S J.K.B.Bint Neheya	geb. 1976	von Ibn Moniet el Nefo	a.d.	Nehaya
14.	S J.K.B.Faarah	geb. 1976	von * El Beshir	a.d.	J.K.B.Faarisah
15.	H J.K.B.Hadran	geb. 1976	von * El Beshir	a.d.	J.K.B.Hamda
16.	H J.K.B.Dahran	geb. 1976	von * El Beshir	a.d.	J.K.B.Belle Dahma
17.	S J.K.B.Bishrah II	geb. 1976	von * El Beshir	a.d.	J.K.B.Belkies
18.	S J.K.B.Hasnah	geb. 1977	von * Kaisoon	a.d.	J.K.B.Hamda
19.	S J.K.B.Shabbah	geb. 1977	von * Kaisoon	a.d.	J.K.B.Belkies
20.	S J.K.B.Hasmeh	geb. 1978	von * Gharib	a.d.	J.K.B.Hamda

Konstantin Keil   Berliner Str. 1   3590 Bad Wildungen
Tel. 05621-5814

1.	H Hamin	geb. 1964	von * Karmin	a.d.	Hawisad
2.	H Ghat-Ghat	geb. 1970	von * Ghazal	a.d.	* Algaida
3.	S Sigl.Bagdady VI-38	geb. 1972	von Siglavi Bagdady VI	a.d.	* Kuhayleh Zaid
4.	H Schalon	geb. 1977	von Nurabi	a.d.	Sigl.Bagdady VI-38

Wilhelm Kelle   Neue Friedhofstr. 7   4952 Porta-Westfalica-Barkhausen
Tel. 0571-53176

1.	H Pascha I	geb. 1966	von Kheman	a.d.	Polska
2.	S Kerria	geb. 1972	von Pascha I	a.d.	Kowiszkah
3.	H Karwin	geb. 1975	von Pascha I	a.d.	Kowiszkah
4.	S Elmira	geb. 1976	von * Emin	a.d.	Kerria
5.	H Koumet	geb. 1977	von Pascha I	a.d.	Kowiszkah
6.	S Elmara	geb. 1977	von * Emin	a.d.	Kerria
7.	H Kelim	geb. 1978	von Pascha I	a.d.	Kowiszkah

Hans Kersting   Piekenbrock 27   4711 Nordkirchen
Tel. 02389-2966

1.	S Dzwina	geb. 1971	von * Kaisoon	a.d.	Dzika
2.	S Istah	geb. 1972	von Shagar	a.d.	Inazzah
3.	S Dhakia	geb. 1975	von Sindbad	a.d.	Dzwina
4.	H Islam	geb. 1976	von Ikarus	a.d.	Dzwina
5.	S Ithari	geb. 1976	von Sindbad	a.d.	Istah

Margit-Ellen Knittel-Bronnold   Postfach 167   7000 Stuttgart
Tel. 0711-511716

  1. S * Tiara   geb. 1971   von Eleuzis   a.d. Tiwiriada
  2. H Theseus   geb. 1977   von * Kaadi   a.d. * Tiara

Susanne Koch   7201 Hausen ob Verena
Tel. 07424-2565

  1. S * A.M.Midnight Sun geb. 1962   von A.M.Shahriar   a.d. Shades of Night
  2. S Jaila   geb. 1970   von Jobal   a.d. Rubinah
  3. H Gharajan   geb. 1974   von * Gharib   a.d. Jaila
  4. S Jahila   geb. 1975   von * El Hilal   a.d. Jaila
  5. S Tiffani   geb. 1976   von * Ibn Halima   a.d. * A.M.Midnight Sun
  6. H Ghavan   geb. 1976   von * Ibn Halima   a.d. Jaila
  7. S Nafteta   geb. 1977   von * Ibn Halima   a.d. Jaila
  8. S Arabeske   geb. 1977   von * Ibn Halima   a.d. * A.M.Midnight Sun

---

Prof. Fritz Koenig   8301 Ganslberg b. Landshut
Tel. 08704-205

  1. S Kyster   geb. 1963   von * Hadban Enzahi a.d. Khabitha II
  2. H Sambesi   geb. 1965   von * Karmin   a.d. Shari
  3. H Nuri Schalan   geb. 1966   von * Nizar   a.d. Wega
  4. S * Puschinka   geb. 1967   von Aswan   a.d. Pavlina
  5. S * Nevolnitza   geb. 1968   von Aswan   a.d. Napersnitza
  6. S * Nika   geb. 1968   von Aswan   a.d. Norka
  7. H Khedalus   geb. 1968   von Kheman   a.d. Dalila
  8. S * Metelica   geb. 1971   von Aswan   a.d. * Madera
  9. H Pushan   geb. 1972   von Sambesi   a.d. * Puschinka
10. H Nias   geb. 1973   von Nuri Schalan   a.d. * Nika
11. W Kushin   geb. 1973   von Nuri Schalan   a.d. Kyster
12. S Niassa   geb. 1974   von Nuri Schalan   a.d. * Nevolnitza
13. S Pionga   geb. 1974   von Nuri Schalan   a.d. * Puschinka
14. H Kumed   geb. 1975   von Sambesi   a.d. Kyster
15. S Mangani   geb. 1975   von Nuri Schalan   a.d. * Metelica
16. S Nenja   geb. 1975   von Nuri Schalan   a.d. * Nevolnitza
17. S Nuwa   geb. 1975   von Nuri Schalan   a.d. * Nika
18. S Pangwa   geb. 1975   von Nuri Schalan   a.d. * Puschinka
19. S Macheba   geb. 1975   von Nuri Schalan   a.d. * Madera
20. S Kyowa   geb. 1976   von Nuri Schalan   a.d. Kyster
21. H Marini   geb. 1976   von Nuri Schalan   a.d. * Metelica
22. H Noa   geb. 1976   von Nuri Schalan   a.d. * Nevolnitza
23. H Nogay   geb. 1976   von Nuri Schalan   a.d. * Nika
24. S Phalya   geb. 1976   von Nuri Schalan   a.d. * Puschinka
25. S Maschari   geb. 1976   von Nuri Schalan   a.d. * Madera
26. S Medai   geb. 1977   von Nuri Schalan   a.d. * Metelica
27. H Payad   geb. 1977   von Nuri Schalan   a.d. * Puschinka
28. H Kaswan   geb. 1977   von * Kilimandscharo a.d. Kyster
29. H Named   geb. 1977   von Nuri Schalan   a.d. * Nevolnitza
30. S Menah   geb. 1978   von * Kilimandscharo a.d. * Metelica
31. H Kandal   geb. 1978   von * Kilimandscharo a.d. Kyster
32. S Nahma   geb. 1978   von Nuri Schalan   a.d. * Nevolnitza
33. S Nuriba   geb. 1978   von Nuri Schalan   a.d. * Nika
34. H Pasgal   geb. 1978   von Nuri Schalan   a.d. * Puschinka

Karl-Heinz Koenig   Lassbrucher Str. 64   4923 Extertal-Lassbruch
Tel. 05754-366

1. S Ashraf	geb. 1967	von * Witel	a.d. Koheylah
2. S Rewjana	geb. 1971	von Shagar	a.d. Rualla
3. H Shaeen	geb. 1972	von Mali	a.d. Surijah
4. S Amra	geb. 1975	von * Farag	a.d. Ashraf
5. S Ramatta	geb. 1975	von Kasyd	a.d. Rewjana
6. H Shaitan	geb. 1976	von Shaeen	a.d. Ashraf
7. S Raqua	geb. 1976	von Shaeen	a.d. Rewjana
8. H Shahil	geb. 1977	von Shaeen	a.d. Rewjana
9. S Achlam	geb. 1977	von Shaeen	a.d. Ashraf
10. H Shahama	geb. 1978	von Shaeen	a.d. Rewjana

Leonie Kolb   Haus Tannenberg   6980 Wertheim/M
Tel. 09342-5079

1. S Jellabyah   geb. 1971   von * Kaisoon   a.d. Jekah

Christian Kolb   Hommersum 85   4180 Goch 4
Tel. 02827-337

1. S * Prima	geb. 1963	von Knippel	a.d. Platforma
2. S * Zhindi	geb. 1972	von Wasel Gerwazy	a.d. Sparkling Gold

---

Friedrich Kramer   Kronenstr. 14   4830 Guetersloh
Tel. 05241-27677

1. S Mekka II	geb. 1972	von Merafic	a.d. Wiborka
2. S Medina	geb. 1977	von Koran	a.d. Mekka II
3. S Memphis	geb. 1978	von Koran	a.d. Mekka II

Georg Kramp   Friedr.-Ebert-Str. 25   4920 Lemgo-Lieme
Tel. 05261-6464

1. H * Borys   geb. 1956   von Wielki Szlem   a.d. Bojkena

Eva-Maria Kraus   Hasselberger Steige 21   6981 Hasloch
Tel. 09342-5029

1. S Korinah II	geb. 1964	von * Karmin	a.d. Korinah
2. S Kholani	geb. 1974	von Sultan	a.d. Korinah II
3. H Koriolan	geb. 1975	von Sultan	a.d. Korinah II
4. S Kokille	geb. 1976	von * Kilimandscharo	a.d. Korinah II

Rolf Dieter Kraut   Engelestaele 40   7460 Balingen
Tel. 07433-12333

1. S Sahad	geb. 1971	von * Hadban Enzahi	a.d. Saady

Katja Krieger   Ropferding Nr. 4   8221 Waging a. See
Tel. 08681-9527

1. S Mahda	geb. 1966	von Daikir	a.d. * Malacha
2. S Makata	geb. 1969	von * Kaisoon	a.d. Mamsahi
3. H Halaf	geb. 1970	von * Hadban Enzahi	a.d. Danil
4. S Mehari	geb. 1976	von Sawih Ibn Wisznu	a.d. Mahda
5. S Maghara el Khamsa	geb. 1977	von Daemon	a.d. Makata
6. S Matamah el Khamsa	geb. 1978	von Halaf	a.d. Makata

Herbert Kropp   Talstr. 2   2142 Gnarrenburg
Tel. 04763-333

Ingeborg Kunth   Dorfstr. 38   5419 Steinen Lindenhof
Tel. 02666-1240

1. S Warifah	geb. 1960	von * Ghazal	a.d. Winette
2. H Galan	geb. 1963	von * Ghazal	a.d. Kenya
3. H Sawih Ibn Wisznu	geb. 1968	von * Wisznu	a.d. Sabine
4. H Masudi	geb. 1971	von Shaul	a.d. Massulka
5. S Natalie	geb. 1974	von Sawih Ibn Wisznu	a.d. Nashisha
6. S Sabiya	geb. 1974	von Galan	a.d. Sabine
7. S Magaya	geb. 1975	von * Grand Jupiter	a.d. Mahda
8. S Weesheeba	geb. 1977	von Sawih Ibn Wisznu	a.d. Warifah
9. H Mnahi	geb. 1978	von Sawih Ibn Wisznu	a.d. Maalesha

Herbert Kunz   Geneickener Str. 34-38   4070 Rheydt
Tel. 02166-21030

1. H Riad   geb. 1962   von * Wisznu   a.d. Rualla
2. S Rujobah   geb. 1962   von Jobal   a.d. Razzinah
3. S * Kuhayleh Zaid   geb. 1967   von Ferhan   a.d. Kajana
4. S * Chulaisah   geb. 1970   von Bibars   a.d. Isabell II
5. S * Makwah   geb. 1970   von Kassam   a.d. Rubinah
6. H Sigl.Bagdady VI-36 geb. 1972   von Siglavi Bagdady VI   a.d. 7 Cargo
7. S Ruwinah   geb. 1974   von Cargo VI   a.d. Rujobah

Rainer Kunz   Luiterstr. 10   4133 Neukirchen
Tel. 02845-27422

1. H Caesar I   geb. 1974   von Cargo VI   a.d. Caesar I
2. H Kastra   geb. 1975   von Riad   a.d. Kastra
3. H Riad II   geb. 1976   von Riad   a.d. * Kuhayleh Zaid
4. H Mastro   geb. 1976   von Riad   a.d. * Makwah
5. S Rujoska   geb. 1976   von Riad   a.d. Rujobah
6. H Chasimar   geb. 1977   von Riad   a.d. * Chulaisah
7. S Marissa   geb. 1977   von Riad   a.d. * Makwah

Friedrich Georg Kurek   Hummelweg 20   4230 Wesel 13
Tel. 0281-61518

1. H Berak   geb. 1974   von * El Bedavi   a.d. * Vanessa

Caecilia Laubinger   Gildestr. 20   4401 Nordwalde
Tel. 02573-743

1. H * Sansibar   geb. 1972   von Harwood Asif   a.d. Senisba

---

Alfred Leonberger   Goethestr. 2   7301 Deizisau
Tel. 07153-21982

1. S Kamla   geb. 1965   von * Hadban Enzahi   a.d. Kismet
2. H Kemal   geb. 1968   von * Hadban Enzahi   a.d. Kismet
3. S Kaira   geb. 1970   von Nabuch   a.d. Kismet
4. S Kalifa II   geb. 1971   von Nabuch   a.d. Kismet
5. S Karima   geb. 1972   von Saher   a.d. Kamla
6. S Khenia   geb. 1974   von * Gharib   a.d. Kaira
7. S Khema   geb. 1974   von * Gharib   a.d. Kamla
8. S Kemla   geb. 1977   von * El Hilal   a.d. Kamla
9. H Komet   geb. 1977   von * El Hilal   a.d. Kaira
10. S Kalina   geb. 1977   von * El Hilal   a.d. Kalifa II

Eveline Leuschner   Beethovenstr. 4   3410 Northeim/Hann.
Tel. 05551-5526

   1. H Ghadhafi   geb. 1971   von * Ghazal   a.d. Ninive
   2. S Suezah   geb. 1973   von Suez   a.d. Rubinah

Georg Leuze   Gestuetshof   7423 Gomadingen/Marbach
Tel.

   1. S Smoky   geb. 1962   von Kanzler   a.d. Hathor
   2. S Sana   geb. 1974   von Saher   a.d. Smoky

Heino Liebau   Breitenanger 224   3403 Friedland 1
Tel. 05504-1365

Karin Lindena   Post Wirdum   2971 Kloster Aland
Tel.

   1. S * Potecha   geb. 1966   von Lak   a.d. Provinzia
   2. S Marsala   geb. 1973   von * Ghazal   a.d. Marsukenia
   3. H Golan   geb. 1977   von * Gromet   a.d. Marsala

Renate Link   Stettiner Str. 18   6292 Weilmuenster/TS
Tel. 06472-7546

   1. H Hosch-Geldinis   geb. 1967   von Kheman   a.d. Hawisad
   2. S Kaysoona   geb. 1973   von * Kaisoon   a.d. El Kantara

---

Georg Linnemann   Bergstr. 11   2000 Hamburg 1
Tel. 040-338620

   1. S Indra   geb. 1972   von Shagar   a.d. Indira

Fritz Luz   Marienstr. 47   7440 Nuertingen
Tel. 07022-2541

   1. S Rujah   geb. 1970   von Jomar   a.d. Rusalkah
   2. H Rubin   geb. 1978   von Sheriff   a.d. Rujah

Heinrich N. Maltz   8011 Brand 26
Tel. 08124-490

   1. H Sharaf   geb. 1964   von * Hadban Enzahi   a.d. Hathor
   2. S Dagmar   geb. 1972   von * Hadban Enzahi   a.d. Dahana
   3. S Mossi   geb. 1973   von Nuri Schalan   a.d. * Madera
   4. S El Kahila   geb. 1974   von * Kaisoon   a.d. Diedje
   5. S Dauanah   geb. 1978   von Sharaf   a.d. Dagmar

Burkhard Mattern   Kraunsdahl 16   3101 Oldau
Tel. 05143-8620

   1. S Sulamith   geb. 1959   von * Ghazal   a.d. Salifah
   2. S Ninive   geb. 1966   von * Nizar   a.d. Joschi
   3. S Beshirah   geb. 1973   von * El Beshir   a.d. J.K.B.Belle Dahma
   4. H Mabrouk   geb. 1977   von Mahomed   a.d. Ninive
   5. S Souhiba   geb. 1977   von Khalil   a.d. Sulamith

Peter Mattern   Kaunsdahl 16   3101 Oldau
Tel. 05143-8620

Josef Meermeier   Figgenweg 41   4795 Delbrueck-Lippling
Tel. 05250-8276

   1. H Padischah   geb. 1970   von * Kaisoon   a.d. Polska

Otto Meier   Marburger Str. 3   5910 Kreuztal/Westf.
Tel. 02732-1533

   1. H * Kaadi   geb. 1969   von Bibars   a.d. Kasserah

Herbert Meindel   Neuerbstr. 13   8600 Bamberg
Tel. 0951-32002

   1. H Rujam   geb. 1971   von Jomar   a.d. Rusalkah
   2. H Sultan II   geb. 1972   von * Gharib   a.d. Sahmet

Karl-Heinz Mende   Beusloer Weg 7   2431 Schashagen
Tel. 04564-1063

Heinz Ruediger Merz   Gestuet Om el Arab   7233 Lauterbach
Tel. 07422-4680

#		Name		Geb.		Vater		Mutter
1.	S	Darsi	geb.	1959	von	* Hadban Enzahi	a.d.	Winarsad
2.	S	* Bint Rawya	geb.	1963	von	Bandong	a.d.	Rawya
3.	S	* Azeema	geb.	1971	von	Ibn Ghalabawi	a.d.	* Naglaa
4.	S	* Bassima	geb.	1972	von	Kayed	a.d.	* Bint Rawya
5.	S	Mohena	geb.	1972	von	* Hadban Enzahi	a.d.	* Morisca V
6.	H	Hegab el Arab	geb.	1972	von	* Hadban Enzahi	a.d.	* Meca II
7.	H	Habashi	geb.	1972	von	* Hadban Enzahi	a.d.	* Helena
8.	H	Ibn Kayed	geb.	1972	von	Kayed	a.d.	* Naglaa
9.	S	Nashakla	geb.	1973	von	* Shaker el Masri	a.d.	* Naglaa
10.	S	Shafira	geb.	1973	von	* Shaker el Masri	a.d.	* Prometida
11.	H	Moslem el Shaker	geb.	1973	von	* Shaker el Masri	a.d.	* Morisca V
12.	S	El Shakra	geb.	1973	von	* Shaker el Masri	a.d.	* Etica
13.	H	Ibn Shaker I	geb.	1973	von	* Shaker el Masri	a.d.	* Bint Rawya
14.	H	Zareef	geb.	1973	von	* Shaker el Masri	a.d.	* Zbroja
15.	S	Carmarna	geb.	1973	von	* Shaker el Masri	a.d.	* Campina
16.	S	Shaklana	geb.	1974	von	* Shaker el Masri	a.d.	* Naglaa
17.	H	Omar el Masri	geb.	1974	von	* Shaker el Masri	a.d.	* Om el Arab
18.	H	Mossem el Shaker	geb.	1974	von	* Shaker el Masri	a.d.	* Morisca V
19.	S	Azeela	geb.	1975	von	* Shaker el Masri	a.d.	* Azeema
20.	S	* Bint Mehyar	geb.	1975	von	Mehyar	a.d.	* Bint Rawya
21.	H	Gamil el Shaker	geb.	1975	von	* Shaker el Masri	a.d.	* Gamila
22.	S	* Bint Mishitta	geb.	1975	von	Mehyar	a.d.	* Mishitta
23.	S	Naglaana	geb.	1975	von	* Shaker el Masri	a.d.	* Naglaa
24.	H	Nil	geb.	1975	von	* Shaker el Masri	a.d.	* Nebraska
25.	H	Omar el Shaker	geb.	1975	von	* Shaker el Masri	a.d.	* Om el Arab
26.	H	Elshakran	geb.	1975	von	* Shaker el Masri	a.d.	* Etica
27.	S	Mohana	geb.	1975	von	* Shaker el Masri	a.d.	* Morisca V
28.	H	Zaraf	geb.	1975	von	* Shaker el Masri	a.d.	* Zbroja
29.	H	Gamin el Shaker	geb.	1976	von	* Shaker el Masri	a.d.	* Gamila
30.	S	Mishena	geb.	1976	von	* Shaker el Masri	a.d.	* Mishitta
31.	H	Ibn Naglaa	geb.	1976	von	* Shaker el Masri	a.d.	* Naglaa
32.	H	Shafir Ibn Shaker	geb.	1976	von	* Shaker el Masri	a.d.	* Prometida
33.	S	Zareefa	geb.	1976	von	* Shaker el Masri	a.d.	* Zbroja
34.	S	Bahana	geb.	1976	von	* Shaker el Masri	a.d.	* Bassima
35.	H	Kandyar	geb.	1976	von	* Shaker el Masri	a.d.	* Etica
36.	S	Mohatama	geb.	1976	von	* Shaker el Masri	a.d.	* Morisca V
37.	H	Scha Ze Man	geb.	1977	von	* Shaker el Masri	a.d.	* Zbroja
38.	S	Daria	geb.	1977	von	* Shaker el Masri	a.d.	Darsi
39.	S	Ranya	geb.	1977	von	* Shaker el Masri	a.d.	* Mishitta
40.	H	Naglaan	geb.	1977	von	* Shaker el Masri	a.d.	* Naglaa
41.	S	Shabiza	geb.	1977	von	* Shaker el Masri	a.d.	* Prometida
42.	H	Shaklom	geb.	1977	von	* Shaker el Masri	a.d.	Mohena
43.	H	Ibn Bassima	geb.	1977	von	* Shaker el Masri	a.d.	* Bassima
44.	S	Azeeza	geb.	1977	von	* Shaker el Masri	a.d.	* Azeema
45.	S	Shamona	geb.	1978	von	* Shaker el Masri	a.d.	Mohena

Sigrid Merz   Gestuet Om el Arab   7233 Lauterbach
Tel. 07422-4680

46. * Estopa	geb. 1965	von Tabal	a.d. Uyaima
47. * Festina	geb. 1967	von Mosafi	a.d. Rapidez
48. Hamina	geb. 1972	von Hamin	a.d. * Festina
49. Estasha	geb. 1973	von * Shaker el Masri	a.d. * Estopa
50. Shaker el Arab	geb. 1974	von * Shaker el Masri	a.d. * Bint Rawya
51. Estawa	geb. 1974	von * Shaker el Masri	a.d. * Estopa
52. Fesihra	geb. 1974	von * Shaker el Masri	a.d. * Festina
53. El Shaklan	geb. 1975	von * Shaker el Masri	a.d. * Estopa
54. Fahir	geb. 1975	von * Shaker el Masri	a.d. * Festina
55. Feziza	geb. 1976	von * Shaker el Masri	a.d. * Festina
56. Rawyana	geb. 1977	von * Shaker el Masri	a.d. * Bint Rawya
57. Ibn Estopa	geb. 1977	von * Shaker el Masri	a.d. * Estopa
58. Bint Shaker	geb. 1977	von * Shaker el Masri	a.d. Estasha

Barb.-Maria Mueller   Am Streitkopf   6301 Treis/LDA
Tel. 06406-2055

1. S Hamasa Zaalee	geb. 1973	von * Kaisoon	a.d. * Shar Zarqa

Dr.Hans-Joachim Nagel   Post Moorbek   2879 Hespenbusch Nr. 7
Tel.

1. S * Mahiba	geb. 1966	von Alaa el Din	a.d. Mouna
2. S * Marah	geb. 1966	von Galal	a.d. Maysa
3. S * Hanan	geb. 1967	von Alaa el Din	a.d. Mona
4. S Kis Mahiba	geb. 1970	von * Ibn Galal	a.d. * Mahiba
5. S Sabah	geb. 1972	von * Ibn Galal	a.d. * Mahiba
6. S Ghazala	geb. 1973	von * Ghazal	a.d. * Hanan
7. S * Euni	geb. 1973	von Bandos	a.d. Eunice
8. H Abdallah	geb. 1974	von Ghalion	a.d. * Hanan
9. H Abdallah	geb. 1974	von Ghalion	a.d. * Hanan
10. S * Fernaz	geb. 1974	von Galal	a.d. Looza
11. H Jamil	geb. 1975	von Madkour I	a.d. * Hanan
12. H Karim	geb. 1975	von Mahomed	a.d. * Marah
13. S Arussa	geb. 1977	von Madkour I	a.d. * Hanan
14. H Shams	geb. 1977	von Zohair	a.d. * Marah
15. S Hallah	geb. 1977	von Zohair	a.d. Kis Mahiba
16. S Yasmeen	geb. 1977	von Zohair	a.d. Ghazala
17. S Maysouna	geb. 1978	von * Ibn Galal	a.d. Kis Mahiba
18. H Ghandour	geb. 1978	von * Ibn Galal	a.d. * Fernaz

Johannes Neuwoehner   Bechterdisser Str. 147   4800 Bielefeld 18
Tel. 05208-357

1. S Shanaza	geb. 1968	von * Witel	a.d. Koheylah
2. S Salome	geb. 1975	von Kasyd	a.d. Shanaza
3. S Shaila	geb. 1976	von * Diem	a.d. Shanaza
4. S Sarazena	geb. 1977	von * Diem	a.d. Shanaza

Harald Frhr.von Niebelschuetz-Gleinitz   Gestuet "El Shams"   2071 Delingsdorf
Tel. 04532-3430

Wilhelm C. Hansen   Parkallee 61   2070 Ahrensburg
Tel. 04102-2669

1.	S	Kenya	geb. 1954	von	* Wisznu	a.d.	* Khema
2.	S	Gazella	geb. 1962	von	* Ghazal	a.d.	Kenya
3.	H	* Sarwat	geb. 1967	von	Alaa el Din	a.d.	Hemmat
4.	H	Makencar	geb. 1968	von	Marsuk	a.d.	Kenya
5.	S	* Sabra	geb. 1968	von	Alaa el Din	a.d.	El Amira
6.	S	Makena	geb. 1969	von	Marsuk	a.d.	Kenya
7.	S	* Narges	geb. 1969	von	Gubran	a.d.	Anzar
8.	S	* Sameera	geb. 1969	von	Ibn Galila	a.d.	Baraka
9.	S	* Bint el Arabi	geb. 1969	von	El Araby	a.d.	El Amira
10.	S	* Inshraa	geb. 1970	von	* Shaker el Masri	a.d.	Hosna
11.	S	Marika	geb. 1970	von	Marsuk	a.d.	Kenya
12.	S	Margazella	geb. 1970	von	Marsuk	a.d.	Gazella
13.	H	* Farouk	geb. 1971	von	Tuhotmos	a.d.	Fifi
14.	S	Marsuka	geb. 1971	von	Marsuk	a.d.	Kenya
15.	H	Ibrahim	geb. 1973	von	Mahomed	a.d.	* Mahiba
16.	H	Shahal	geb. 1973	von	Saher	a.d.	Hajar
17.	H	Shams el Saker	geb. 1974	von	* Sarwat	a.d.	Kenya
18.	H	Shams el Sahib	geb. 1974	von	* Sarwat	a.d.	* Sabra
19.	S	Shams el Saayda	geb. 1974	von	* Sarwat	a.d.	* Narges
20.	H	Shams el Sarabi	geb. 1974	von	* Sarwat	a.d.	* Bint el Arabi
21.	S	Shams el Samarkant	geb. 1974	von	* Sarwat	a.d.	Makena
22.	S	Shams el Sarinah	geb. 1974	von	* Sarwat	a.d.	* Inshraa
23.	H	Shams Ibn Gazella	geb. 1975	von	* Sarwat	a.d.	Gazella
24.	H	Shams el Nassif	geb. 1975	von	* Farouk	a.d.	* Nefrotete
25.	S	Shams el Fatimah	geb. 1975	von	* Farouk	a.d.	* Bint Fayek I
26.	H	Shams el Samir	geb. 1975	von	* Sarwat	a.d.	* Sameera
27.	S	Shams el Nazeema	geb. 1975	von	Nazir	a.d.	Makena
28.	S	Shams el Shahmah	geb. 1975	von	* Farouk	a.d.	Margazella
29.	H	Shams el Fakher	geb. 1976	von	* Farouk	a.d.	Kenya
30.	H	Shams el Fardouss	geb. 1976	von	* Farouk	a.d.	* Bint Fayek I
31.	H	Shams el Fawsab	geb. 1976	von	* Farouk	a.d.	* Sabra
32.	S	Shams el Famakat	geb. 1976	von	* Farouk	a.d.	Makena
33.	H	Shams el Fahmar	geb. 1976	von	* Farouk	a.d.	Margazella
34.	H	Shams Ibn Marsuka	geb. 1976	von	* Farouk	a.d.	Marsuka
35.	H	Shams el Farin	geb. 1976	von	* Farouk	a.d.	* Inshraa
36.	S	Shams el Farabiah	geb. 1977	von	* Farouk	a.d.	* Bint el Arabi
37.	S	Shams el Samira	geb. 1977	von	* Sarwat	a.d.	* Sameera
38.	H	Shams el Fargaz	geb. 1977	von	* Farouk	a.d.	Gazella
39.	H	Shams Ibn Makena	geb. 1977	von	* Farouk	a.d.	Makena
40.	H	Shams el Famarik	geb. 1977	von	* Farouk	a.d.	Marika
41.	H	Shams el Famars	geb. 1977	von	* Farouk	a.d.	Marsuka
42.	H	Shams el Fakhri	geb. 1977	von	* Farouk	a.d.	* Inshraa
43.	S	Shams el Sayada	geb. 1977	von	Shams el Sarabi	a.d.	Shams el Saayda
44.	S	Shams el Faroussa	geb. 1978	von	* Farouk	a.d.	* Sabra
45.	H	Shams el Fanal	geb. 1978	von	* Farouk	a.d.	* Narges
46.	H	Shams el Arabi	geb. 1978	von	* Farouk	a.d.	* Bint el Arabi
47.	H	Shams el Fagal	geb. 1978	von	* Farouk	a.d.	Gazella
48.	S	Shams el Famarga	geb. 1978	von	* Farouk	a.d.	Margazella
49.	S	Shams Insheebah	geb. 1978	von	Ibrahim	a.d.	* Inshraa

Heinz Nieberg   Friedrichsmuehle   3121 Knesebeck
Tel. 05834-224

1.	S	Korinah III	geb. 1970	von	Nabuch	a.d. Kamla
2.	S	Khema	geb. 1974	von	Salam	a.d. Korinah III
3.	H	Sahib	geb. 1975	von	Salam	a.d. Korinah III

Karl Heinz Ohliger   Schellberger Weg 116   5650 Solingen
Tel. 02122-41014

1.	W	Shraffran	geb. 1961	von	* Hadban Enzahi	a.d. Halisa
2.	S	* Kruschina	geb. 1967	von	Arax	a.d. Kapel
3.	H	Sha'ir	geb. 1974	von	* Diem	a.d. * Prima

Klaus Olbricht   Silberbach 4   8591 Silberbach
Tel. 09287-2071

1.	H	Kairo	geb. 1972	von	* Karmin	a.d. Kalifa

Walter Olms   Hagentorwall 7   3200 Hildesheim
Tel.

1.	H	* Farag	geb. 1962	von	Morafic	a.d. Bint Kateefa
2.	S	* Fatimah	geb. 1962	von	Fol Gamil	a.d. * Foze
3.	S	* Shar Zarqa	geb. 1966	von	Negem	a.d. Shar Turfa
4.	S	* Shar Gemara	geb. 1967	von	Negem	a.d. * Faziza
5.	S	* Shar Duda	geb. 1967	von	Negem	a.d. Shar Hiba
6.	S	* Wafaa	geb. 1968	von	Shahriar	a.d. Korima
7.	H	Farabi	geb. 1969	von	Mahrouss	a.d. * Faziza
8.	H	Tufail	geb. 1970	von	* Kaisoon	a.d. * Faziza
9.	S	Hamasa Kahila	geb. 1971	von	* Kaisoon	a.d. * Shar Zarqa
10.	S	Hamasa	geb. 1972	von	* Hadban Enzahi	a.d. * Shar Zarqa
11.	H	Fayed	geb. 1972	von	* Kaisoon	a.d. * Faziza
12.	S	Hamasa Negmara	geb. 1974	von	* Farag	a.d. * Shar Gemara
13.	S	Hamasa Bt.Wafaa	geb. 1974	von	* Farag	a.d. * Wafaa
14.	S	* Menha	geb. 1974	von	Mohawed	a.d. Nagwa
15.	S	Mona	geb. 1974	von	* Anchor Hill Halima	.d. * Moneera
16.	H	Hamasa Ibn Hadban	geb. 1975	von	* Hadban Enzahi	a.d. Hamasa Kahila
17.	S	Hamasa Tumaderah	geb. 1975	von	Tufail	a.d. * Shar Duda
18.	H	Hamasa Zarif	geb. 1975	von	* Farag	a.d. * Shar Zarqa
19.	H	Hamasa Farid	geb. 1975	von	* Farag	a.d. * Wafaa
20.	S	Hamasa B.Faziza	geb. 1975	von	* Farag	a.d. * Faziza
21.	H	Hamasa Danis	geb. 1976	von	* Farag	a.d. Hamasa Kahila
22.	H	Hamasa Tarb	geb. 1976	von	* Farag	a.d. * Wafaa
23.	H	Hamasa Arslan	geb. 1976	von	* Farag	a.d. * Shar Zarqa
24.	S	Hamasa Tulayha	geb. 1976	von	Tufail	a.d. * Shar Duda
25.	S	Hamasa Farouza	geb. 1976	von	* Farag	a.d. * Shar Gemara
26.	S	Hamasa Fadila	geb. 1977	von	* Farag	a.d. Hamasa
27.	H	Hamasa Tirf	geb. 1977	von	Tufail	a.d. * Shar Duda
28.	S	Hamasa Wudije	geb. 1977	von	* Farag	a.d. * Shar Zarqa
29.	H	Hamasa Abdelati	geb. 1977	von	* Farag	a.d. * Shar Gemara
30.	H	Hamasa Kadir	geb. 1977	von	* Farag	a.d. Hamasa Kahila
31.	S	Hamasa Wadihah	geb. 1978	von	* Farag	a.d. * Wafaa
32.	H	Hamasa Zaydan	geb. 1978	von	* Farag	a.d. * Shar Zarqa

Manfred Ortmann   Forsthaus Rehbusch   4711 Nordkirchen
Tel. 02596-709

   1. H * Rustem Pasha   geb. 1967 von Indian King   a.d. Bint Roxana

---

Jobst Pankoke   Fischerbergstr. 1   3284 Schieder Schwalenberg 1
Tel. 05282-8077

   1. H Kalypso   geb. 1971 von Demir   a.d. Kandy

Bernhard Patzek   Wuppertaler Str. 117   4322 Sprockhoevel-Patrutz
Tel. 02324-73516

   1. S * Kamila   geb. 1965 von Jager   a.d. Kajana
   2. S Kira   geb. 1973 von * Hamdan II   a.d. * Kamila
   3. S Tika   geb. 1974 von * Kaisoon   a.d. * Kamila
   4. S Krona   geb. 1976 von * Kaisoon   a.d. * Kamila
   5. S Kahira II   geb. 1977 von * Kaisoon   a.d. * Kamila

Prof.Dr.Siegfried Paufler   Zum Ortloh 15   3400 Goettingen-OT Roringen
Tel. 0551-21623

   1. S Galina   geb. 1970 von Ibn el Hamra   a.d. Galata
   2. S Garosa   geb. 1975 von Jordeh   a.d. Galina
   3. S Mahroussa   geb. 1976 von * Ibn Mahasin   a.d. Galina
   4. H Gharif   geb. 1977 von * Ibn Mahasin   a.d. Galina
   5. H Gabor   geb. 1978 von * Ibn Mahasin   a.d. Galina

Eheleute Peitgen   Homburger Str. 7   5276 Wiehl 1
Tel. 02262-93158

   1. H * Neron   geb. 1967 von Sport   a.d. Nitochka

Wolfgang u. Baerbel Pens   Frankenstr. 33   D-5350 Euskirchen-Kirchheim
Tel. 02255-1048

   1. S Kar-Margarita   geb. 1966 von Marsuk   a.d. Gazella
   2. S * Kar Nadira   geb. 1973 von * Hamdan II   a.d. * Negma Dawliyah
   3. S * Kar Putina   geb. 1970 von Aswan   a.d. Palba
   4. S * Kar Kasann   geb. 1972 von Wasel Gerwazy   a.d. Fiona IV
   5. H Sadat I   geb. 1974 von Kasyd   a.d. Semiramis
   6. H Arafat   geb. 1974 von * Witel   a.d. Surijah
   7. H * Kar Ibn Ghalion   geb. 1974 von Ghalion   a.d. 9 Tamria
   8. H *Kar Ibn Ibn Galal geb. 1974 von * Ibn Galal   a.d. El Aziza
   9.   Kar-Al-Sahm   geb. 1976 von Farif   a.d. * Kar Kasann
  10. S Kar Sarifa   geb. 1976 von Sindbad   a.d. Kar-Margarita
  11. H Kar-Fachri   geb. 1977 von * Saab   a.d. * Kar Putina
  12. H Kar Manial   geb. 1977 von * Saab   a.d. Kar-Margarita
  13. H Kar Ibn Saab   geb. 1977 von * Saab   a.d. * Kar Nadira

---

Kurt Pfeil   Darlaten 57   3079 Uchte 2
Tel. 05763-521

1.	S Koriah	geb. 1967	von Riad	a.d. Kordula
2.	H Kadef	geb. 1971	von Shagar	a.d. Koriah
3.	H Kormen	geb. 1974	von * Diem	a.d. Koriah
4.	S Kimra	geb. 1975	von * Diem	a.d. Koriah
5.	S Kendra	geb. 1976	von * Diem	a.d. Koriah
6.	H Kayro	geb. 1977	von * Joka-Tuam	a.d. Koriah

Dr. Erwin Piduch   Soentgerath (Schwaermshof)   5206 Neunkirchen
Tel. 02247-1558

1.	H Koran	geb. 1970	von * Kaisoon	a.d. Semiramis
2.	H Hassan	geb. 1973	von * Hamdan II	a.d. J.K.B.Mahaweb
3.	S Kamela	geb. 1974	von Kasyd	a.d. Koheylah
4.	S Dzinka	geb. 1975	von * Diem	a.d. Dzika
5.	S Riyala	geb. 1975	von * Diem	a.d. Rualla
6.	S Bint Rualla	geb. 1976	von Koran	a.d. Rualla

Hans Poecker   Neuerburger Str. 20   5521 Bollendorf
Tel. 06526-327

1.	S * Jambotha	geb. 1971	von Bibars	a.d. Jadah
2.	H Shagal	geb. 1977	von Suez	a.d. * Jambotha

Ursula Poth   Uhlandstr. 12   7505 Ettlingen
Tel. 07243-91257

1.	H * Ibn Galal	geb. 1966	von Galal	a.d. Mohga
2.	S * Gamila	geb. 1969	von Fayek	a.d. Shook
3.	H * Torex	geb. 1972	von Espartero	a.d. * Worexa
4.	S Balihya	geb. 1972	von * Hadban Enzahi	a.d. * Balada
5.	S Malmara	geb. 1974	von * Saudi	a.d. * Malmazja
6.	H Ibn Saudi	geb. 1975	von * Saudi	a.d. * Malmazja
7.	H Toschio	geb. 1976	von * Torex	a.d. * Malmazja
8.	H Tobaly	geb. 1976	von * Torex	a.d. Balihya
9.	S Dschiddah	geb. 1976	von * Torex	a.d. * Dymarka
10.	S Balima	geb. 1977	von * Torex	a.d. Balihya
11.	S Bint Gamila	geb. 1977	von * Shaker el Masri	a.d. * Gamila
12.	S Dymisha	geb. 1977	von * Torex	a.d. * Dymarka
13.	S Gameerah	geb. 1978	von * Shaker el Masri	a.d. * Gamila
14.	S Torexa	geb. 1978	von * Torex	a.d. Balihya

Friedrich Potthoff   Luetzerathstr. 44   5000 Koeln 91
Tel. 0221-862426

1.	H * Parsek	geb. 1964	von Arax	a.d. Privilegija

Irmtraut Prigge   Nr.14   3031 Altenwahlingen
Tel. 05165-538

Hans Hugo Rahne   Weissenburger Str. 12   4500 Osnabrueck
Tel. 0541-41211

  1. H Surat   geb. 1972   von Saher   a.d. Sulka

Rolf Reutershan   Buschhoehlenweg 6   5350 Iversheim
Tel. 02253-8656

Gerd Rieckmann   Bahnhofstr. 77   2091 Garstedt
Tel. 04173-245

  1. S Mantyla   geb. 1974   von Sultan   a.d. * Medyka
  2. S Mandola   geb. 1975   von Sultan   a.d. * Medyka
  3. S Mandra   geb. 1976   von * Diem   a.d. * Medyka
  4. S Sinatra   geb. 1978   von * Sinanway   a.d. Mantyla

Karl Josef Roehrig   In der Acht 3   6544 Kirchberg
Tel. 06763-1748

  1. S Salifah II   geb. 1967   von * Adar   a.d. Salifah
  2. H Sahib   geb. 1977   von Saher   a.d. Salifah II

Wilhelm Roever   Kasseler Str. 3   3581 Wabern OT Niedermoellrich
Tel. 05683-294

  1. S * Arbela   geb. 1970   von Arragon   a.d. Arba
  2. S Kinshasa   geb. 1972   von * Kaisoon   a.d. Nizara
  3. S Sheiyala   geb. 1973   von * Diem   a.d. Shaila
  4. S Ammura   geb. 1974   von Ikarus   a.d. * Arbela
  5. H Ghali   geb. 1976   von Ghat-Ghat   a.d. Kinshasa
  6. H Madras   geb. 1977   von Madkour I   a.d. * Arbela
  7. H Emeran   geb. 1978   von * Diem   a.d. Ammura
  8. S Anisha   geb. 1978   von * Emin   a.d. * Arbela
  9. S Sheba   geb. 1978   von Madkour I   a.d. Sheiyala
 10. S Kasbana   geb. 1978   von Ghat-Ghat   a.d. Kinshasa

Rudolf Roth   Breslauer Str. 6   8540 Schwabach
Tel. 0911-637620

Ursula Rothenbuecher   Wallstr. 28   8751 Kleinwallstadt
Tel. 06022-21253

  1. S * Princess Muna   geb. 1970   von Dardir   a.d. Menuett
  2. S Mouheba   geb. 1976   von Mali   a.d. * Princess Muna

Hella Rumpf-Schoeller   Berghof   5374 Hellenthal
Tel. 02482-330

  1. S Shawan   geb. 1961   von * Hadban Enzahi   a.d. Haita
  2. S Sheila   geb. 1974   von * Anchor Hill Halima. d. Shawan
  3. S Shane   geb. 1975   von * Anchor Hill Halima. d. Shawan
  4. H Schaich   geb. 1976   von * Anchor Hill Halima. d. Shawan

----

Edeltraut Rupp   Forsthaus   8859 Strass
Tel. 08432-206

  1. S * Rima   geb. 1966   von Robert E.Lee   a.d. Sithara
  2. H Riyadh   geb. 1975   von Suez   a.d. * Rima
  3. H Rocko   geb. 1976   von Suez   a.d. * Rima
  4. H Ramses   geb. 1977   von Suez   a.d. * Rima

Dr. Otto Saenger   Bissendorf-Wiezeaue 12   3002 Wedemark 2
Tel. 05130-8895

  1. S Saragat   geb. 1966   von * Ghazal   a.d. Hajar
  2. H Sahomed   geb. 1976   von Mahomed   a.d. Saragat
  3. H Sayyid   geb. 1977   von Mahomed   a.d. Saragat
  4. H Sargon   geb. 1978   von Mahomed   a.d. Saragat

C.-J.Prinz zu Sayn-Witgenstein   Hofgut Haubenmuehle   6478 Nidda 18
Tel. 0611-1592513

  1. H Dahook   geb. 1968   von * Hadban Enzahi   a.d. Hamdi

Josef Schaefer   Eitorfer Str. 19   5464 Asbach-Zoehe
Tel. 02683-42243

  1. S Ragiwe   geb. 1966   von * Karmin   a.d. Risala
  2. H Nizzam   geb. 1973   von Nijm   a.d. Ragiwe
  3. S Nizza   geb. 1974   von Nijm   a.d. Ragiwe
  4. S Kasima   geb. 1975   von * Kaisoon   a.d. Ragiwe
  5. S Kho-Rha II geb. 1977   von Koran   a.d. Ragiwe

Ludwig Schairer   Kaspar-Nagelstr.30   7460 Balingen 11 (Engstlatt)
  Tel. 07433-8790

  1. S * Jorindah   geb. 1971   von Kassam   a.d. Jobiah
  2. H Sahrib   geb. 1975   von * Gharib   a.d. Sascha
  3. S Sumera   geb. 1975   von Suez   a.d. Rubinah
  4. H Gabor   geb. 1978   von * Gharib   a.d. * Jorindah

Heinz Scheidel   Wilhelm-Wund-Str. 21   6800 Mannheim 24
  Tel. 0621-852076

  1. H Mali   geb. 1967   von * Hadban Enzahi   a.d. * Malacha
  2. S Sulifa   geb. 1967   von Saphir   a.d. Sulamith
  3. S Sultana   geb. 1969   von Hamin   a.d. Sulamith
  4. H Sharif   geb. 1970   von * Nizar   a.d. Sachara
  5. S Samia   geb. 1971   von * Gharib   a.d. Sethnacht
  6. S Salima   geb. 1976   von Sharif   a.d. Samia
  7. S Shanaza   geb. 1976   von Sharif   a.d. Sultana
  8. H Mustafa IV   geb. 1977   von Mali   a.d. Sultana

Edmund Schendel   Rischenweg 1   3405 Rosdorf
  Tel. 0551-78400

  1. H * Ibn Mahasin   geb. 1965   von Ibn Fakhri   a.d. Mahasin
  2. S Sadara   geb. 1970   von * Adar   a.d. Sarah
  3. S Muhanna   geb. 1973   von Galan   a.d. Mekka
  4. S Madiha   geb. 1974   von Galan   a.d. Mekka
  5. H Mansul   geb. 1975   von Sawih Ibn Wisznu   a.d. Mekka
  6. H Saladin   geb. 1976   von * Ibn Mahasin a.d. Sadara
  7. H Sahib   geb. 1977   von * Ibn Mahasin a.d.
  8. H Marduk   geb. 1977   von * Ibn Mahasin a.d. Muhanna
  9. H Mulay   geb. 1978   von * Ibn Mahasin a.d. Muhanna
 10. H Sawakin   geb. 1978   von * Ibn Mahasin a.d. Sadara

Ingrid Schenkel   Honiggasse 2   6791 Jettenbach
  Tel. 06385-384

  1. H Simbel   geb. 1967   von * Hadban Enzahi   a.d. Halisa
  2. S * Sistema   geb. 1971   von Semen   a.d. Statuja
  3. S * Akatsia   geb. 1971   von Kankan   a.d. Amida
  4. H Abayan   geb. 1976   von Haddschi-Murrad   a.d. * Akatsia
  5. H Shinok   geb. 1976   von Haddschi-Murrad   a.d. * Sistema
  6. S Apanatschi   geb. 1977   von Simbel   a.d. * Akatsia
  7. S Sissyn   geb. 1977   von Simbel   a.d. * Sistema

Fritz Schertel   Am Weidenbergel 61-67   6800 Mannheim Kaefertal 31
  Tel. 0621-41509

  1. S Sulka   geb. 1966   von Saphir   a.d. Sulamith
  2. S Ghaza   geb. 1973   von * Gharib   a.d. Sulifa
  3. S Ghazi   geb. 1974   von * Gharib   a.d. Sulka
  4. S Suki   geb. 1975   von * Kilimandscharo   a.d. Sulka
  5. H Maharadschah   geb. 1976   von Mali   a.d. Sulifa

Fritz Schertel   Am Weidenbergel 61-67   6800 Mannheim Kaefertal 31
Tel. 0621-41509   (Fortsetzung)

  6. S Saniza   geb. 1976   von Sultan   a.d. Sulka
  7. S Sulimah   geb. 1977   von Sultan II   a.d. Sulka

Erika Schiele   Wohnstift Augustinum Zi. 701   8918 Diessen
Tel. 08807-70229

  1. H * El Beshir   geb. 1969   von Faaris   a.d. Sirrulla

Carl Juergen Schiele   am Hoehlacker 10   8650 Kulmbach
Tel. 09221-2977

  1. S * Haifa II   geb. 1951   von Kuhaylan Zaid I a.d. 253 Kuhaylan Haifi
  2. S Joraya   geb. 1962   von * Wisznu   a.d. Joschi
  3. H Dago   geb. 1963   von Demir   a.d. Fatme
  4. S Jasira   geb. 1972   von * Kaisoon   a.d. Joraya
  5. S Jobasin   geb. 1973   von Dago   a.d. Joraya

Dr. Karl Theodor Schild   Eich 58   5100 Aachen
Tel. 02408-3287

  1. S * Reda   geb. 1970   von Fol Yasmeen   a.d. Bint Barakat db

---

Heidrun Schindler   Rheinbacher Str. 27   5358 Bad Muenstereifel-Lanzerath
Tel. 02257-670

  1. H Sahmir   geb. 1972   von Saher   a.d. Smoky

Dr. Hanns-Joerg Schlenkhoff   Prinz-Georgstr. 91   4000 Duesseldorf 30
Tel. 0211-483163

  1. S Maruschka   geb. 1962   von * Adonah   a.d. Grazyna
  2. H Nijm   geb. 1967   von Galan   a.d. Fatme
  3. H Dschinn   geb. 1969   von Nabuch   a.d. Dahana
  4. S * Joryma   geb. 1971   von Ilderim   a.d. Joraya
  5. S Mushinah   geb. 1972   von Nijm   a.d. Maruschka
  6. S Jahdaana   geb. 1976   von Nijm   a.d. * Joryma
  7. H Mudjin   geb. 1978   von Dschinn   a.d. Mushinah

Hertha Schmitt-Vogelsberger   Heinrich-Bingemer-Weg 4   6000 Frankfurt-Bergen 60
Tel. 06194-23338

  1. S Salome   geb. 1967   von * Nizar   a.d. Sarah
  2. S Diefah B.Farag   geb. 1976   von * Farag   a.d. Diedje
  3. H Jamedh   geb. 1976   von Mahomed   a.d. Jaidah
  4. H El Suswagatam   geb. 1976   von Hamin   a.d. Sulamith
  5. S Dieroussa   geb. 1977   von * Farag   a.d. Diedje

Marianne Schniedermeier   Schultenbergs Damm 2   3120 Wittingen 2 - Knesebeck
Tel. 05834-6251

1.	S Dana	geb. 1971	von Hamin	a.d. Darsi
2.	H * Ibn Halima	geb. 1973	von * Shawki	a.d. * Halima

Rudolf-Armin Schober   Gestuet Eifgental   5675 Hilgen-Nuexhausen 89
Tel. 02174-5299

1.	S Surijah	geb. 1958	von Haladin	a.d. Salifah
2.	H * Witel	geb. 1962	von Noran	a.d. Elzunia
3.	S Selima	geb. 1965	von * Karmin	a.d. Risala
4.	S Kismet	geb. 1965	von * Karmin	a.d. Ikah
5.	S Semiramis	geb. 1966	von * Witel	a.d. Surijah
6.	H Kasyd	geb. 1969	von * Kaisoon	a.d. Surijah
7.	S Kamlah	geb. 1969	von * Kaisoon	a.d. Selima
8.	S Kazeemah	geb. 1970	von * Kaisoon	a.d. Winette
9.	H Cyrill	geb. 1970	von * Witel	a.d. Kismet
10.	S Soraltaa	geb. 1970	von * Witel	a.d. Surijah
11.	S Ghandurah	geb. 1970	von * Ghazal	a.d. Koheylah
12.	H Baikal	geb. 1971	von Mali	a.d. Selima
13.	H Surinam	geb. 1971	von Mali	a.d. Surijah
14.	H Khabaroysk	geb. 1971	von Mali	a.d. Koheylah
15.	H Agadir	geb. 1972	von Mali	a.d. Kismet
16.	S Medina	geb. 1972	von Mali	a.d. Ashraf
17.	S Mecca	geb. 1972	von Mali	a.d. Winette
18.	S Marakesh	geb. 1973	von Mali	a.d. Selima
19.	H Borak	geb. 1973	von Mali	a.d. Kismet
20.	H Mudar	geb. 1973	von Mali	a.d. Koheylah
21.	S Miruwi	geb. 1973	von Mali	a.d. Shanaza
22.	H Rasun	geb. 1974	von Kasyd	a.d. Ashraf
23.	S Nyala	geb. 1974	von Kasyd	a.d. Ghandurah
24.	H Asad	geb. 1974	von Kasyd	a.d. Kaadirah
25.	H Nazeem	geb. 1974	von Saher	a.d. Kamlah
26.	S Sari	geb. 1974	von * Witel	a.d. Kismet
27.	H Kajem	geb. 1974	von Kasyd	a.d. Selima
28.	S Muhana	geb. 1975	von Kasyd	a.d. Kaadirah
29.	H Nawar	geb. 1975	von * Shaker el Masri	a.d. Kazeemah
30.	H Nil	geb. 1975	von Kasyd	a.d. Selima
31.	S Nemeris	geb. 1976	von Kasyd	a.d. Kazeemah
32.	S Isis	geb. 1976	von * Witel	a.d. Kismet
33.	S Osiris	geb. 1976	von * Witel	a.d. Semiramis
34.	S Sembris	geb. 1976	von * Witel	a.d. Selima
35.	S Bint Kamlah	geb. 1977	von Kasyd	a.d. Kamlah
36.	S Bint Kazeemah	geb. 1977	von Kasyd	a.d. Kazeemah
37.	H Suliman	geb. 1977	von * Witel	a.d. Selima
38.	S Bint Mecca	geb. 1977	von Kasyd	a.d. Mecca
39.	H Sarom	geb. 1977	von * Witel	a.d. Soraltaa

Helmut Schopf   Liebigweg 7   7145 Markgroeningen
Tel. 07145-4322

1.	S * Kasta	geb. 1968	von * Salon	a.d. Klipsa

Barbara u. Rolf Schroeder   Deichstr. 1   3092 Hoya
Tel. 04251-2283

  1. S Miriam   geb. 1971   von Marsuk   a.d. Iborah
  2. S Afra   geb. 1974   von * Diem   a.d. Iborah
  3. H Basil   geb. 1977   von * Diem   a.d. Miriam

Hannelore Schroeder   Gestuet Vivat   2309 Honigsee
Tel. 04302-682

  1. S Shari   geb. 1961   von * Hadban Enzahi   a.d. Hathor
  2. H Nabil   geb. 1970   von * Hadban Enzahi   a.d. Nadja
  3. S Hadbah   geb. 1975   von * Hadban Enzahi   a.d. Shari
  4. H Hashan   geb. 1976   von Nabil   a.d. Shari
  5. S Hadassa   geb. 1977   von Nabil   a.d. Shari

Prof. Dr. Siegfried Schubenz   Fischerhuettenstr. 85   1000 Berlin 37
Tel. 030-8137440

  1. H Nirwan   geb. 1966   von * Nizar   a.d. * Algaida
  2. S * Diamara   geb. 1973   von Andrut   a.d. * Diamira

Dr. Friedel Schueler   Wurpstr. 2   2887 Elsfleth
Tel. 04404-2349

Ingrid Schulz   Nr. 100   3101 Wiekenberg
Tel. 05146-2309

  1. S * Dhabah   geb. 1969   von Kassam   a.d. Jobiah
  2. H Dajan   geb. 1973   von Salam   a.d. * Dhabah
  3. H Jarif   geb. 1974   von Salam   a.d. Jarahah
  4. H Dafir   geb. 1974   von Salam   a.d. * Dhabah
  5. H Dhakar   geb. 1975   von Salam   a.d. * Dhabah
  6. H Wisznu II   geb. 1975   von Salam   a.d. Jarahah
  7. H Dhaly   geb. 1977   von Nazir   a.d. * Dhabah
  8. S Dhalia   geb. 1978   von * Ibn Galal   a.d. * Dhabah

Dr. Max Schulz-Stellenfleth   Stellenfleth   2163 Freiburg/Elbe
Tel. 04779-353

  1. H Hadif   geb. 1953   von * Halef   a.d. Jadine

Reinhard Schulze   Filterbergstr. 19   3171 Dannenbuettel
Tel. 05371-1295

  1. H Semerch   geb. 1965   von * Karmin   a.d. Halisa

Bernhard Schulze zur Hoerst   Hoerste 18   4411 Milte
Tel. 02584-1059

  1. H Merafic   geb. 1966   von Daikir   a.d. Masarrah

Hermann Schuster   5223 Nuembrecht-Groetzenberg
Tel. 02293-565

Robert Schwamborn   5204 Lohmar Inger.
Tel. 02246-5323

  1. S * Swirel   geb. 1967   von Arax   a.d. Spess
  2. S Kalinka   geb. 1971   von * Karmin   a.d. * Swirel
  3. H Salomon   geb. 1972   von * Kilimandscharo a.d. * Swirel
  4. S El Shamma   geb. 1973   von * Kilimandscharo a.d. * Swirel
  5. H Schirrokko   geb. 1974   von * Kilimandscharo a.d. * Swirel
  6. H Mandschari   geb. 1975   von * Kilimandscharo a.d. * Swirel
  7. H Kondor   geb. 1976   von Koran   a.d. Kalinka
  8. S Kora   geb. 1976   von Koran   a.d. * Swirel
  9. H Shandor   geb. 1977   von Koran   a.d. * Swirel
10. H Marsian   geb. 1977   von * Marsianin   a.d. Kalinka
11. S Koralle   geb. 1978   von Koran   a.d. Kalinka

Helfried Schwarz   Henningsdorfer Str. 162   1000 Berlin 27
Tel.

  1. H Tahir   geb. 1972   von Saher   a.d. * Tunanta

Maria Schwingeler   Militaerringstr. 39   5000 Koeln 41
Tel. 0221-491626

  1. H Kaljawie   geb. 1969   von * Kaisoon   a.d. Dalila

Hans Albrecht Seibel   Erdbacher Str. 2   6349 Schoenbach
Tel. 02777-275

  1. H Waziri   geb. 1972   von Sawih Ibn Wisznu a.d. Warifah

---

Guenther Seidlitz   am Heppenberg 10   8752 Steinbach/Aschaffenburg
Tel. 06021-43185

  1. H * Madkour   geb. 1964   von Morafic   a.d. Maisa
  2. S Jeszgah   geb. 1970   von Galan   a.d. Jeszikah
  3. S Maymoonah   geb. 1971   von * Hadban Enzahi   a.d. Malikah
  4. S Nagha   geb. 1973   von * Gharib   a.d. * Nazeefa
  5. S Jeskalja   geb. 1975   von Kaljawie   a.d. Jeszgah
  6. S Maamounah   geb. 1976   von * Madkour   a.d. Maymoonah
  7. H Madmaymour   geb. 1977   von * Madkour   a.d. Maymoonah

Guenther Seidlitz   am Heppenberg 10   8752 Steinbach/Aschaffenburg
Tel. 06021-43185   (Fortsetzung)

8. S Jemar	geb. 1977	von * Madkour	a.d. Jeszgah
9. S Gamouna	geb. 1978	von * Madkour	a.d. * Golson
10. S Jeszima	geb. 1978	von * Madkour	a.d. Jeszgah

Hilmar Siebrecht   Steinaeckernstr. 18   3470 Hoexter 11-Ottbergen
Tel. 05275-215

1. S Windfee	geb. 1973	von Jarys	a.d. Wiszi
2. S Daemona	geb. 1977	von Daemon	a.d. Windfee

Hermann Silken   Henrichenburger Str. 185   4620 Castrop-Rauxel
Tel. 02367-8421

1. H Ikarus	geb. 1970	von * Ghazal	a.d. Inazzah
2. S Ifra	geb. 1971	von Shagar	a.d. Inazzah
3. S Shalida	geb. 1972	von Shagar	a.d. Shaika
4. S Dzamina	geb. 1973	von * Diem	a.d. Dzika
5. S Amyra	geb. 1974	von * Maddah	a.d. Sumka
6. H Kairos	geb. 1975	von * Kaisoon	a.d. Ifra
7. S Simona	geb. 1976	von Sindbad	a.d. Ifra
8. H Afghan	geb. 1977	von Ikarus	a.d. Amyra
9. S Ithaka	geb. 1977	von Sindbad	a.d. Istah
10. H Schiko	geb. 1977	von Sindbad	a.d. Ifra
11. S Valerie Marie	geb. 1978	von * Mehanna	a.d. Dzamina
12. S Leila	geb. 1978	von * Mehanna	a.d. Ifra
13. S Ikata	geb. 1978	von Ikarus	a.d. Shalida

Franz Siller   Bruferstr. 6   7550 Rastatt
Tel. 07222-21689

1. H * Laos	geb. 1960	von Nabor	a.d. Laguna
2. S * Dolora	geb. 1968	von Testigo	a.d. Rosaleda II
3. H Didban	geb. 1971	von * Hadban Enzahi	a.d. Dindara
4. H Padisha	geb. 1972	von Saher	a.d. * Paola
5. H Corashi	geb. 1972	von * Nizar	a.d. * Coca-Cola
6. S Dirndl	geb. 1973	von * Shaker el Masri	a.d. Dindara
7. H Palisander	geb. 1973	von * Shaker el Masri	a.d. * Paola
8. H Tarcitus	geb. 1973	von * Shaker el Masri	a.d. * Tunanta
9. H Dorian	geb. 1974	von * Shaker el Masri	a.d. * Dolora
10. S Pamela	geb. 1974	von * Laos	a.d. * Paola
11. H Cid	geb. 1975	von * Shaker el Masri	a.d. * Coca-Cola
12. H Diabolo	geb. 1975	von * Laos	a.d. * Dolora
13. S Padihra	geb. 1975	von * Laos	a.d. * Paola
14. S Trixi	geb. 1975	von * Laos	a.d. * Tunanta
15. H Domingo	geb. 1977	von * Laos	a.d. * Dolora
16. H Prachtkerl	geb. 1978	von Palisander	a.d. Pamela
17. S Diandra	geb. 1978	von Palisander	a.d. * Dolora

Prof. Klaus Simons   Sandkamp 1   3301 Waggum
Tel. 05307-6839

1. S * Gazala db   geb. 1967   von Saker db   a.d. Sultanah db
2. S Anneefah   geb. 1975   von Sawih Ibn Wisznu   a.d. * Gazala db
3. S Najdiah   geb. 1977   von Farouss   a.d. * Gazala db

Josef-Rene Steiner   Zirbelstr. 54   8900 Augsburg
Tel. 0821-413164

1. S * Sylvan Lass   geb. 1965   von A.M.Sylvan Sheikh   a.d. Gallasaa
2. S * Assylah   geb. 1967   von Sulmir   a.d. Dhariya
3. S * Bint Fadayra   geb. 1968   von Gurtez   a.d. Fadayra
4. S El Kantara   geb. 1969   von * Kaisoon   a.d. Diedje
5. S * Windraffs Abbey   geb. 1970   von Zironah   a.d. Hareem
6. H * El Zahra   geb. 1971   von Anwar   a.d. Bint Gazella
7. S * Asahia   geb. 1974   von Elsinore Mirzan   a.d. * Assylah
8. H * Mirfado   geb. 1974   von Elsinore Mirzan   a.d. * Bint Fadayra
9. H * Ibn Mirzan   geb. 1974   von Elsinore Mirzan   a.d. * Windraffs Abbey
10. S Assyma   geb. 1975   von * Madkour   a.d. * Assylah
11. S Fathma   geb. 1975   von * Madkour   a.d. * Bint Fadayra
12. S Assarah   geb. 1976   von * El Zahra   a.d. * Assylah
13. H Fadzar   geb. 1976   von * El Zahra   a.d. * Bint Fadayra
14. S Kaishana   geb. 1976   von * Kaisoon   a.d. El Kantara
15. H El Sylvan   geb. 1976   von * El Zahra   a.d. * Sylvan Lass
16. S Windraffs Azahra   geb. 1976   von * El Zahra   a.d. * Windraffs Abbey
17. H Ibn Halim   geb. 1977   von * Anchor Hill Halim a.d. El Kantara
18. H Achman   geb. 1977   von * El Zahra   a.d. * Assylah
19. S Syrima   geb. 1977   von * El Zahra   a.d. * Sylvan Lass
20. H Farazar   geb. 1978   von * El Zahra   a.d. * Bint Fadayra
21. H Abzar   geb. 1978   von * El Zahra   a.d. * Windraffs Abbey
22. H El Kantar   geb. 1978   von * Anchor Hill Halim a.d. El Kantara
23. S Saba-en-Nur   geb. 1978   von * El Zahra   a.d. * Sylvan Lass

---

Volker Stephani   Hildesheimer Str. 53   3011 Rethen
Tel.

1. S Waage   geb. 1974   von Salam   a.d. * Wadina
2. H Radames   geb. 1974   von Salam   a.d. * Rosalind

Dieter Strehlow   Koembschesweg 1   5231 Oberoelfen/Altenkirchen
Tel. 02681-2981

Prof. Peter Stumme   Berghof   5456 Rheinbrohl
Tel. 02635-1477

1. H * Zaber   geb. 1968   von Ibn Galal 1   a.d. Saklawia II
2. S * An Saaf   geb. 1970   von Shahriar   a.d. Saklawia II
3. S Aroussa   geb. 1978   von * Kaisoon   a.d. * An Saaf

173

Hans Gerd Stute   3041 Tewel 64
Tel. 05105-1212

  1. H Seibel   geb. 1965   von * Karmin   a.d. Seseneb

Dr. Hans Joerg Tauschke   Alpenblickstr. 13   8173 Bad Heilbrunn
Tel. 08046-423

  1. S * Haseeba   geb. 1959   von Mashhour   a.d. Lateefa
  2. S El Thayeba   geb. 1965   von Fayek   a.d. Mahdia
  3. S * Momtaza   geb. 1967   von Sameh   a.d. Mamlouka
  4. H * Farag III   geb. 1972   von Hassan   a.d. * Mariam
  5. S Bakria   geb. 1973   von * Gharib   a.d. * Baheia
  6. H * Ibn Galal I   geb. 1973   von * Ibn Galal   a.d. Hanadi
  7. H Abrad   geb. 1974   von * Maddah   a.d. * Kar Putina
  8. S Mona   geb. 1974   von Mahomed   a.d. * Mahiba
  9. S Suleika   geb. 1975   von * Madkour   a.d. Sumka
10. H Ben Mehanna   geb. 1975   von * Mehanna   a.d. * Bint Alia
11. H Abdallah   geb. 1976   von Madkour I   a.d. Sabah
12. S Bahila   geb. 1977   von * Ibn Galal I   a.d. Bakria
13. S Mashouva   geb. 1978   von * Ibn Galal I   a.d. * Haseeba
14. H Baghat   geb. 1978   von * Ibn Galal I   a.d. Bakria

Friedhelm Theissen   Haus Friedberg   5521 Bollendorf
Tel. 065606-368

  1. S Koheylah   geb. 1960   von * Wisznu   a.d. * Comtesse
  2. H Massoud   geb. 1973   von Mali   a.d. Surijah
  3. S Kosima   geb. 1976   von Kasyd   a.d. Koheylah
  4. H Ibn Massoud   geb. 1977   von Massoud   a.d. Koheylah
  5. S Korana   geb. 1978   von Massoud   a.d. Koheylah

Hans Thesing   Wienkamp RE 11   4286 Suedlohn
Tel. 02862-7168

  1. S * An Saaf   geb. 1970   von Shahriar   a.d. Saklawia II

Georg Thierer   Richard-Wagner-Str. 31   7525 Bad Schoenborn
Tel. 07253-4190

  1. S * Salha   geb. 1967   von Sameh   a.d. Saklawia II
  2. S * Moneera   geb. 1968   von Alaa el Din   a.d. Mouna
  3. S Salima   geb. 1973   von * Kaisoon   a.d. * Salha
  4. S Moniet   geb. 1975   von * Kaisoon   a.d. * Moneera
  5. S Sadya   geb. 1975   von * Kaisoon   a.d. * Salha
  6. S Nafteta   geb. 1976   von * Kaisoon   a.d. * Moneera
  7. S Saady   geb. 1976   von * Kaisoon   a.d. * Salha
  8. H Shareef   geb. 1977   von * Kaisoon   a.d. * Salha

Arnold Thies   Rottloh 17   2081 Borstel-Hohenraden
Tel. 04101-74489

| 1. S Kanjoka | geb. 1971 | von Sambesi | a.d. Kyster |
| 2. S Kanika | geb. 1977 | von Daemon | a.d. Kanjoka |

Ingeburg + Wolfgang Thoerner   Araber-Vollblut-Gestuet Ostenfelde
4520 Melle 8 Ostenfelde
Tel. 05428-703

1. S * Wieszczka	geb. 1957	von Geyran	a.d. Wilga
2. S * Mantyla	geb. 1961	von Grand	a.d. Manilla
3. S * Aretuza	geb. 1963	von Ferrum	a.d. Arkadia
4. S Peri	geb. 1964	von Haladin	a.d. Risala
5. S * Rus	geb. 1964	von Negatiw	a.d. Rusznica
6. S * Salona	geb. 1965	von Ferrum	a.d. Salome
7. S * Watra	geb. 1965	von Branibor	a.d. Wataha
8. S * Formoza	geb. 1966	von Czardasz	a.d. Forta
9. S * Czarka	geb. 1966	von Mir Said	a.d. Czarowna
10. S * Kastylia	geb. 1966	von Czort	a.d. Kassala
11. S * Tykwa	geb. 1966	von Espartero	a.d. Tryguza
12. S * Kreolina	geb. 1967	von Carrador	a.d. Kreolka
13. S * Dimini	geb. 1967	von El Azrak	a.d. Dimatra
14. S * Brygada	geb. 1967	von El Azrak	a.d. Brawura
15. H Salah	geb. 1967	von * Ghazal	a.d. Seseneb
16. S Indira	geb. 1967	von Demir	a.d. Inazzah
17. S * Dializa	geb. 1968	von El Azrak	a.d. * Diamira
18. S * Aragonia	geb. 1968	von Almifar	a.d. Arba
19. S * Medyka	geb. 1968	von Celebes	a.d. Mandragora
20. S * Ewolucja	geb. 1969	von Chazar	a.d. Elokwencja
21. S * Sielawa	geb. 1969	von El Azrak	a.d. Sielanka
22. S * Dymarka	geb. 1970	von Bajdak	a.d. Druchna
23. S * Witryna	geb. 1970	von Czort	a.d. Wierka
24. S * Tirana	geb. 1970	von Czort	a.d. Tiwiriada
25. S Kaisina	geb. 1971	von * Kaisoon	a.d. Razzinah
26. S Pashala	geb. 1971	von * Kaisoon	a.d. * Papuaska
27. S Bint Danila	geb. 1971	von Nabuch	a.d. Danil
28. S * Ewka	geb. 1971	von Elf	a.d. Ela
29. S Kaline	geb. 1972	von * Kaisoon	a.d. Razzinah
30. S Perina	geb. 1972	von * Kilimandscharo	a.d. Peri
31. H * Euben	geb. 1972	von Bandos	a.d. Eunice
32. H * Faisal	geb. 1973	von Elf	a.d. * Formoza
33. S * Malaika	geb. 1973	von El Paso	a.d. * Mantyla
34. S * Sagone	geb. 1973	von Andrut	a.d. * Salona
35. S Etanah	geb. 1973	von Shagar	a.d. * Ewolucja
36. S Isoka	geb. 1973	von Shagar	a.d. Indira
37. S Pelaja	geb. 1973	von * Kaisoon	a.d. Peri
38. S * Hexe	geb. 1973	von Sigl.Bagdady VI-8	a.d. Jowziah
39. S * 30 Ghalion	geb. 1973	von Ghalion	a.d. 3 Siglavy Bagdady
40. H * Camerton	geb. 1973	von Celebes	a.d. Camerata
41. H * Gorset	geb. 1973	von El Paso	a.d. Gilza
42. H Chah	geb. 1974	von * Kaisoon	a.d. * Czarka
43. H Ellon	geb. 1974	von Salah	a.d. * Ewolucja
44. H Fort	geb. 1974	von * Kaisoon	a.d. * Formoza
45. S Mandia	geb. 1974	von * Kaisoon	a.d. * Mantyla
46. H Petschur	geb. 1974	von Salah	a.d. Peri
47. S Tiensha	geb. 1974	von Salah	a.d. * Tirana
48. S Windorah	geb. 1974	von Salah	a.d. * Witryna
49. S * Wabasca	geb. 1974	von Ego	a.d. * Wieszczka
50. S Sanka	geb. 1974	von * Kaisoon	a.d. * Salona

Ingeburg + Wolfgang Thoerner   Araber-Vollblut-Gestuet Ostenfelde
4520 Melle 8 Ostenfelde   (Fortsetzung)
Tel. 05428-703

Nr.		Name	geb.	von	a.d.
51.	S *	Arabia	1974	Mors	Arabella
52.	S *	Kassandra	1974	Ego	* Kastylia
53.	H *	Kashan	1974	Krezus	* Kreolina
54.	H *	Tibet	1974	Gwarny	* Tykwa
55.	W *	Argos	1974	Elbrus	* Aragonia
56.	H	Cher	1975	Salah	* Czarka
57.	S	Efate	1975	* Kaisoon	* Ewolucja
58.	H	Forsayth	1975	Salah	* Formoza
59.	S	Kareemah	1975	Salah	Kaisina
60.	S	Mareeba	1975	* Kaisoon	* Mantyla
61.	H	Paan	1975	Salah	Pashala
62.	H	Sameer	1975	Salah	* Salona
63.	H	Timber	1975	* Kaisoon	* Tirana
64.	S	Wiedalah	1975	Salah	* Witryna
65.	S *	Siereza	1975	Celebes	* Sielawa
66.	S *	Diamante	1975	Celebes	* Dializa
67.	H	Kasos	1975	* Kaisoon	* Kastylia
68.	H	Keret	1975	* Kaisoon	* Kreolina
69.	S	Tareefah	1975	* Kaisoon	* Tykwa
70.	S	Wieganda	1975	* Kaisoon	* Wieszczka
71.	S	Arenda	1975	Salah	* Aretuza
72.	H	Arabat	1975	Salah	* Aragonia
73.	H	Kailas	1976	Salah	Kaisina
74.	S	Danah	1976	Salah	Bint Danila
75.	H	Chalon	1976	Salah	* Czarka
76.	S	Dimira	1976	Madkour I	* Dimini
77.	H	Escalon	1976	Salah	* Ewka
78.	S	Fortana	1976	* Kaadi	* Formoza
79.	H	Indaal	1976	* Kaadi	Indira
80.	S	Magnolia	1976	Salah	* Mantyla
81.	S	Pasadenah	1976	Salah	Pashala
82.	S	Peshawa	1976	* Kaisoon	Peri
83.	H	Salomon	1976	Salah	* Salona
84.	S	Waheebah	1976	Salah	* Witryna
85.	H	Safeer	1976	Salah	* Sielawa
86.	H	Diamond	1976	Salah	* Dializa
87.	H	Kamaar	1976	* Kaadi	Kaline
88.	H	Perlas	1976	* Kaadi	Perina
89.	S	Khasfah	1976	Salah	* Kreolina
90.	S	Tafeeh	1976	* Kaisoon	* Tykwa
91.	S	Waseefah	1976	Salah	* Wieszczka
92.	S	Danah	1976	Sharaf	Dawa
93.	S	Arabah	1976	Salah	* Aragonia
94.	S	Areebah	1976	Salah	* Aretuza
95.	H	Ewkan	1977	* Euben	* Ewka
96.	S	Padanah	1977	Salah	Pashala
97.	S	Samantha	1977	* Kaisoon	* Salona
98.	S	Wilcania	1977	* Rustan	* Wieszczka
99.	S	Wilaah	1977	* Rustan	* Witryna
100.	S	Arabeske	1977	* Rustan	* Aragonia
101.	S	Penshana	1977	* Rustan	Pelaja
102.	H	Kasatin	1977	* Rustan	* Kastylia
103.	H	Sieret	1977	* Rustan	* Sielawa
104.	H	Manon	1977	* Rustan	* Malaika
105.	H	Fortin	1977	* Rustan	* Formoza
106.	H	Wartan	1977	* Rustan	* Watra

Ingeburg + Wolfgang Thoerner   Araber-Vollblut-Gestuet Ostenfelde
4520 Melle 8 Ostenfelde   (Fortsetzung)
Tel. 05428-703

Nr.		Name	geb.	von	a.d.
107.	S	Persante	1977	Salah	Peri
108.	S	Ameerah	1977	Salah	* Aretuza
109.	S	Kreshna	1977	Salah	* Kreolina
110.	S	Kamenka	1977	Salah	Kaline
111.	S	Evale	1977	Salah	Etanah
112.	S	Thaseena	1977	Salah	* Tykwa
113.	H	Pereth	1977	Salah	Perina
114.	H	Enkan	1977	Salah	* Ewolucja
115.	H	Salaam	1977	Salah	* Sagone
116.	S	Digana	1977	* Kaadi	* Dializa
117.	S	Tagana	1977	* Kaadi	* Tirana
118.	S	Divana	1977	* Kaisoon	* Dimini
119.	S	* Galvah	1977	* Ibn Galal	* 30 Ghalion
120.	S	Indala	1977	* Kaisoon	Indira
121.	H	Magnat	1978	* Camerton	* Mantyla
122.	S	Perana	1978	* Gorset	Perina
123.	S	Kasmara	1978	* Camerton	* Kassandra
124.	H	Dymar	1978	* Torex	* Dymarka
125.	H	Medan	1978	* Sinanway	* Medyka
126.	H	Maaret	1978	* Camerton	* Malaika
127.	S	Karvina	1978	* Euben	Kaisina
128.	H	Rugano	1978	Engano	* Rus
129.	S	Helaah	1978	* El Beshir	* Hexe
130.	H	Ethan	1978	* Euben	Etanah
131.	H	Perkan	1978	* Kaisoon	Peri
132.	H	Charat	1978	* Camerton	* Czarka
133.	H	Siedan	1978	* Camerton	* Sielawa
134.	H	Kaadan	1978	* Camerton	* Kastylia
135.	S	Formia	1978	* Gorset	* Formoza
136.	S	Mahalia	1978	* Euben	Mandia
137.	S	Dimanda	1978	* Euben	* Dimini
138.	S	Arkadia	1978	* Euben	Arabia
139.	H	Santorin	1978	* Euben	* Sagone
140.	H	Diego	1978	* Euben	* Dializa
141.	S	Imalia	1978	* El Beshir	Isoka
142.	H	Wincan	1978	* Camerton	* Witryna
143.	S	Kresella	1978	* Camerton	* Kreolina
144.	S	Timana	1978	* Euben	* Tirana
145.	S	Tiehla	1978	* Euben	Tiensha
146.	H	Khalid	1978	* Euben	Kaline
147.	S	Bryana	1978	Shalon	* Brygada

Rudolf Tiemann   Altenwerder Elbdeich 83   2103 Hamburg 95
Tel. 040-7402051

Nr.		Name	geb.	von	a.d.
1.	S	Wega	1959	* Ghazal	Winette
2.	H	Marwan	1971	Nazir	Mamsahi
3.	H	Saumur	1975	Sekrit	Wega
4.	S	Wannagah	1976	Marwan	Wega
5.	H	Wahabi	1977	Marwan	Wega
6.	S	Winettka	1978	Marwan	Wega

Sabine Toepfer   Hofgut Hurzfurt   8781 Graefendorf/Gemuenden
Tel.

1. S * Nakolka	geb. 1970	von Kankan	a.d. Newidimka
2. H Chinnok	geb. 1974	von * Maddah	a.d. * Nakolka

Dr. Horst Traue   Bochumer Str. 252   4690 Herne/Westf.
Tel. 02323-42737

1. S * Salomea   geb. 1967   von Sport   a.d. Sahara
2. H Smaragd   geb. 1971   von * Karmin   a.d. * Salomea
3. H Sojus   geb. 1977   von Salah   a.d. * Salomea

Wolfgang Christoph Ulrich   Alter Platz 24   3301 Stoeckheim
Tel. 0531-60912

1. S * Mabrouka   geb. 1969   von Fol Yasmeen   a.d. Bint Muneera
2. S * Rokaya   geb. 1970   von Fol Yasmeen   a.d. Okt el Fol
3. H Salu   geb. 1975   von Sultan   a.d. * Mabrouka
4. S Mahara   geb. 1976   von Mahomed   a.d. * Mabrouka
5. H Mehmed   geb. 1976   von Mahomed   a.d. * Rokaya
6. H Maruk   geb. 1977   von Mahomed   a.d. * Rokaya
7. S Mahari   geb. 1977   von Mahomed   a.d. * Mabrouka
8. H Maabus   geb. 1978   von Shalom   a.d. * Mabrouka
9. S Raajiah   geb. 1978   von Mahomed   a.d. * Rokaya

Walter Valentin   Stapelburger Str. 20   3388 Bad Harzburg 1
Tel. 05322-1683

1. H * Cargo-6   geb. 1966   von Cargo VI   a.d. 5 Sigl.Bagdady V

Irmgard Baronin Verwilghen   Buveringen 3 Distelhoeve   B-1670 Pepingen
Tel. 00322-3568903

1. S * Penelope   geb. 1967   von Lak   a.d. Piramida
2. S * Missia   geb. 1968   von * Salon   a.d. Malpia
3. S Mykene   geb. 1973   von * Kaisoon   a.d. * Missia
4. W Paris   geb. 1973   von Nazir   a.d. * Penelope
5. H Mentor   geb. 1974   von * Kaisoon   a.d. * Missia
6. S Phaedra   geb. 1974   von Nazir   a.d. * Penelope
7. H Menelaos   geb. 1976   von * Fikri   a.d. * Missia
8. H Priamos   geb. 1976   von * Fikri   a.d. * Penelope
9. H Machaon   geb. 1977   von * Fikri   a.d. * Missia

Gisela Viere   Teutoburger Waldstr. 17   4504 Georgsmarienhuette
Tel. 05401-6477

1.	S Dziwischah	geb. 1967	von * Wisznu	a.d.	Dzika
2.	S Dzikaia	geb. 1973	von * Kaisoon	a.d.	Dziwischah
3.	S Kaidziah	geb. 1975	von * Kaisoon	a.d.	Dziwischah
4.	S Kaianah	geb. 1976	von * Kaisoon	a.d.	Dziwischah
5.	H Dziskan	geb. 1977	von * Kaisoon	a.d.	Dziwischah
6.	S Grodzinah	geb. 1977	von * Gromet	a.d.	Dzikaia
7.	S Kaizinah	geb. 1978	von * Kaisoon	a.d.	Dziwischah
8.	H El Bakavo	geb. 1978	von * El Beshir	a.d.	Dzikaia

Reiner Voehringer   Boschstr. 30   7312 Kirchheim/Teck
Tel. 07021-2218

1.	S * Morayma II	geb. 1960	von Karabe	a.d.	Katada
2.	S * Daga III	geb. 1960	von Karabe	a.d.	Kardala
3.	H Akbar	geb. 1970	von * Akif	a.d.	Feridah
4.	H Afkan	geb. 1972	von * Akif	a.d.	Feridah
5.	S Ihda	geb. 1974	von * Tarike	a.d.	* Inshala
6.	H Tesan	geb. 1975	von * Tarike	a.d.	* Morayma II
7.	H Sadi	geb. 1976	von Saher	a.d.	* Daga III
8.	S Ibnija	geb. 1978	von Afkan	a.d.	Ihda
9.	H Mosul	geb. 1978	von Afkan	a.d.	* Morayma II

Klaus Vohwinkel   Papendyk 147   4150 Krefeld
Tel. 02151-562246

1.	H * Othello	geb. 1973	von Podsnedschnik	a.d.	Nefisa
2.	H * Pedro	geb. 1974	von Ghibli	a.d.	Delilah

Hans Vorderbruegge   Esking 14   4425 Billerbeck
Tel. 02507-269

1.	S * Consuella	geb. 1962	von Magnet	a.d.	Misery
2.	S * Vanessa	geb. 1965	von Magic Fire	a.d.	Rexbaya
3.	S * Halo's Miracle	geb. 1966	von Blue Halo (Halim)	a.d.	Rare Magic
4.	S * Golda	geb. 1971	von Harwood Asif	a.d.	Magda
5.	H * Gromet	geb. 1971	von Grojec	a.d.	Lilac Time
6.	S * Smayha	geb. 1971	von Rissaz	a.d.	Susam
7.	S * Constanze	geb. 1972	von Harwood Asif	a.d.	* Consuella
8.	S * Ione	geb. 1972	von Fancy Shadow	a.d.	Misery
9.	S * Halo's Iris	geb. 1972	von Seradin	a.d.	* Halo's Miracle
10.	H * Prince Azfar	geb. 1973	von Fari II	a.d.	Princess Amara
11.	H * Ibn Naxor	geb. 1974	von Naxor	a.d.	Maid of Medina
12.	S Comtess	geb. 1974	von * El Bedavi	a.d.	* Consuella
13.	S * Sophronia	geb. 1974	von Donax	a.d.	Krysia
14.	H Nizaar	geb. 1975	von * Gromet	a.d.	* Consuella
15.	S Rikada	geb. 1975	von * Gromet	a.d.	* Halo's Miracle
16.	H Rehal	geb. 1975	von * Gromet	a.d.	* Vanessa
17.	H Ramak	geb. 1976	von * Gromet	a.d.	* Constanze
18.	H Nasib	geb. 1976	von * Gromet	a.d.	* Consuella
19.	H Rasil	geb. 1976	von * Gromet	a.d.	* Golda
20.	S Ireda	geb. 1976	von * Sansibar	a.d.	* Halo's Iris

Hans Vorderbruegge   Esking 14   4425 Billerbeck
  Tel. 02507-269
                              (Fortsetzung)

21. H Ristan	geb. 1976	von * Gromet	a.d. * Ione
22. S Rasmira	geb. 1977	von * Gromet	a.d. * Golda
23. S Risaria	geb. 1977	von * Gromet	a.d. * Vanessa
24. S Roxana	geb. 1977	von * Ibn Naxor	a.d. * Consuella
25. S Rubiana)Zwillinge	geb. 1977	von * Ibn Naxor	a.d. * Constanze
26. S Rubina	geb. 1977	von * Ibn Naxor	a.d. * Constanze
27. S Rasiri	geb. 1977	von * Gromet	a.d. * Ione
28. H Raftan	geb. 1977	von * Gromet	a.d. * Halo's Iris
29. S Sharima	geb. 1977	von * Gromet	a.d. * Smayha
30. S Sonata	geb. 1978	von * Ibn Naxor	a.d. * Sophronia
31. S Rikitea	geb. 1978	von * Gromet	a.d. * Golda
32. H Radetzky	geb. 1978	von * Gromet	a.d. * Halo's Iris
33. H Ramigo	geb. 1978	von * Gromet	a.d. * Ione
34. S Rissalima	geb. 1978	von * Gromet	a.d. * Vanessa
35. S Shamina	geb. 1978	von * Gromet	a.d. * Smayha

Bernhard Vornbrock   Ziegelstr. 43   4270 Dorsten 1
  Tel. 02362-23372

  1. S * Lara   geb. 1967   von Grojec   a.d. Lipa
  2. S Kaila   geb. 1975   von * Kaisoon   a.d. * Lara
  3. S Seductive Magic   geb. 1975   von Scindian Magic   a.d. Countess Amarilla
  4. H Rakai   geb. 1976   von * Kaisoon   a.d. * Lara
  5. S Incandescence   geb. 1976   von Sha'ir   a.d. Scindigo Blue
  6. H Kairos   geb. 1977   von * Kaisoon   a.d. * Lara

Karl Ludwig Wagner   Limesstr. 13   6369 Bad Vilbel Dortelweil
  Tel. 06193-2572

  1. S * Inshala   geb. 1964   von Jaecero   a.d. Shelifa
  2. H * Tarike   geb. 1968   von Maquillo   a.d. * Selika III
  3. S Habana   geb. 1973   von Ialu   a.d. Zaila
  4. H Taymur   geb. 1973   von * Tarike   a.d. * Morayma II

Christine Wahdehn   Petersbergstr. 2   8204 Brannenburg/Inn
  Tel. 08034-450

  1. S Danil   geb. 1962   von Kanzler   a.d. Hamdi
  2. H * Maddah   geb. 1966   von Morafic   a.d. Maysa
  3. W Mangan   geb. 1973   von * Maddah   a.d. Danil
  4. S Dana   geb. 1974   von * Maddah   a.d. Danil
  5. S Danissa   geb. 1975   von * Maddah   a.d. Danil
  6. H Mangal   geb. 1978   von * Maddah   a.d. Danil

Leni Walter-Gurzeler   Villa Samira   Ch-6951 Origlio
Tel. 091-565172

1. Haladin   geb. 1952   von * Halef   a.d. Jadine
2. S * Saga   geb. 1969   von Aswan   a.d. Spess
3. S Sada   geb. 1974   von Haladin   a.d. * Saga
4. H Saladin   geb. 1976   von Haladin   a.d. * Saga
5. H Sanad   geb. 1977   von Haladin   a.d. * Saga
6. S Sindy   geb. 1978   von Haladin   a.d. * Saga

Vally Wasmuth   Steinweg 7   3472 Beverungen I/Drenke
Tel. 05273-6212

1. H Jarys   geb. 1953   von Kalif   a.d. Jemen
2. S Wiszi   geb. 1967   von * Wisznu   a.d. Katjuscha
3. H Wijadi   geb. 1974   von Jarys   a.d. Wiszi
4. S Wijanda   geb. 1976   von Jarys   a.d. Wiszi
5. H Windup   geb. 1977   von Daemon   a.d. Wiszi

Ernst Weckmueller   Rheinhardtsmuehle   6571 Rudolfshausen
Tel. 06544-373

1. S * Campina   geb. 1967   von Ego   a.d. Camera
2. S Cazeera   geb. 1974   von * Shaker el Masri   a.d. * Campina
3. S Canasha   geb. 1975   von * Shaker el Masri   a.d. * Campina
4. H Campino   geb. 1977   von Saher   a.d. * Campina

Prof. Paul Weirich-Nickels   Post Redingen   Ehner/Luxemburg
Tel. 63217

1. S Saydha   geb. 1951   von * Mandub   a.d. * Okupacja
2. S Carmen   geb. 1967   von * Karmin   a.d. Saydha
3. S Sultana   geb. 1972   von Sultan   a.d. Carmen
4. S Sarah   geb. 1973   von Sultan   a.d. Carmen
5. H Kriss   geb. 1974   von * Kaisoon   a.d. Saydha
6. S Salome   geb. 1974   von Sultan   a.d. Carmen
7. H Fellow   geb. 1975   von * Farag   a.d. Carmen
8. H Fabius   geb. 1975   von * Farag   a.d. Saydha
9. H Khan   geb. 1976   von * Kaisoon   a.d. Carmen
10. S Tritscha   geb. 1976   von Tufail   a.d. Saydha
11. H Tommix   geb. 1977   von Tufail   a.d. Carmen

E.D.R. Wetton   Dulas Lodge Rydh-y-Foel   GB Abergele/Clwyd N.Wales NG
Tel.

1. S Sparkling Gold   geb. 1967   von Rissani   a.d. Sparkling Fire
2. S Fiona IV   geb. 1967   von Pericles   a.d. Shasta
3. H Wasel Gerwazy   geb. 1969   von Gerwazy   a.d. Velutina
4. S Shams el Sasab   geb. 1973   von * Sarwat   a.d. * Sabra
5. S Shams el Sabah   geb. 1975   von * Sarwat   a.d. * Sabra
6. H Shams el Farin   geb. 1976   von * Farouk   a.d. * Inshraa

Friedrich Wieder   Falkensteiner Str. 24   3500 Kassel
Tel. 0561-42358

   1. S Diedje   geb. 1963   von * Hadban Enzahi   a.d. Winarsad
   2. S Nisibis   geb. 1975   von Mahomed   a.d. Ninive

Adolf Wiedl   Weckerlestr. 13   8220 Traunstein
Tel. 0861-4571

   1. S Dindara   geb. 1965   von * Karmin   a.d. Winarsad
   2. S * Paola   geb. 1967   von Mosafi   a.d. Dorita II

Dr. Ulrich Wilke   Hogelucht 8   2872 Hude/Oldenbg.
Tel. 04408-522

   1. S Muhsinah   geb. 1962   von * Ghazal   a.d. Masarrah
   2. S Asminah   geb. 1970   von Sekrit   a.d. Muhsinah
   3. S Chadidscha   geb. 1972   von * Kaisoon   a.d. Muhsinah
   4. S Saada   geb. 1973   von * Kaisoon   a.d. Muhsinah
   5. S Bayankah   geb. 1974   von * Kaisoon   a.d. Muhsinah
   6. H Baal   geb. 1976   von * Kaisoon   a.d. Chadidscha
   7. S Salimarah   geb. 1976   von * Kaisoon   a.d. Muhsinah
   8. S Djemila   geb. 1977   von Salah   a.d. Chadidscha
   9. S Ourida   geb. 1977   von * Farouk   a.d. Asminah

Nikolai von Winkler   An der Aue 2   2116 Asendorf
Tel. 04185-4263

   1. H Daoud   geb. 1964   von Daikir   a.d. Hamdi

Hans Helmut Winters   Donadstr. 24   2800 Bremen
Tel. 0421-344859

   1. H Ghazwan   geb. 1970   von * Ghazal   a.d. Joschi

Beate Wolff   Haus Nr. 35   8602 Waitzendorf
Tel. 0951-29255

   1. H * Grand Jupiter   geb. 1964   von Sur Grande   a.d. Ghatita

---

Waldemar Zeitelhack   Reichswaldstr. 52   8501 Schwaig
Tel. 0911-599215

   1. S * Foze   geb. 1959   von Nazeer   a.d. Fathia
   2. H Ghaleh   geb. 1972   von * Ghazal   a.d. * Algaida
   3. H Ghamil   geb. 1976   von Ghaleh   a.d. * Foze
   4. H Noor   geb. 1977   von Nuri Schalan   a.d. * Foze

Zoo Duisburg AG   Muehlheimer Str. 273   4100 Duisburg
Tel. 02131-333571

1. S Koranah	geb. 1956	von * Wisznu	a.d. Koralle
2. H Kheman	geb. 1956	von * Wisznu	a.d. * Khema
3. H * Kaisoon	geb. 1958	von Nazeer	a.d. Bint Kateefa
4. S Polska	geb. 1960	von * Schlem	a.d. * Goplana
5. S Dalila	geb. 1961	von * Karmin	a.d. Koratah
6. S Estra	geb. 1962	von * Karmin	a.d. Koranah
7. S Korjata	geb. 1971	von * Kaisoon	a.d. Koranah
8. S Porada	geb. 1971	von * Kaisoon	a.d. Polska
9. S Eskaja	geb. 1972	von * Kaisoon	a.d. Estra
10. S Priska	geb. 1972	von * Kaisoon	a.d. Polska
11. H Pokailan	geb. 1973	von * Kaisoon	a.d. Polska
12. H Kaidalan	geb. 1973	von * Kaisoon	a.d. Dalila
13. S Zyada	geb. 1974	von Abu Afas	a.d. Zygota
14. H Kaidal	geb. 1975	von * Kaisoon	a.d. Dalila
15. S Eka	geb. 1975	von * Kaisoon	a.d. Estra
16. S Pokaia	geb. 1975	von * Kaisoon	a.d. Polska
17. S Dakaila	geb. 1976	von * Kaisoon	a.d. Dalila
18. S Kaitra	geb. 1976	von * Kaisoon	a.d. Estra
19. S Kalifarah	geb. 1976	von * Kaisoon	a.d. Koranah
20. H Kaikorjahn	geb. 1976	von * Kaisoon	a.d. Korjata
21. H Kaipolan	geb. 1976	von * Kaisoon	a.d. Polska
22. H Pokal	geb. 1977	von * Kaisoon	a.d. Porada
23. S Kaipra	geb. 1977	von * Kaisoon	a.d. Priska
24. S Zylanka	geb. 1978	von * Polish Lancer	a.d. Zyada

Renate Zundel   Lerchenweg 4   7135 Wiernsheim
Tel. 07044-7216

1. S Salima	geb. 1974	von Suez	a.d. Jasmine

Anmerkung:

Die vorstehende Mitglieder- und Pferdebestandsliste basiert auf Angaben, die von der Geschaeftsstelle des Verbandes der Zuechter des Arabischen Pferdes e.V. in Frankfurt zur Verfuegung gestellt wurden, sowie auf entsprechenden Mitteilungen der einzelnen Zuechter, soweit diese vor Redaktionsschluss noch beruecksichtigt werden konnten. Eine Gewaehr fuer die Richtigkeit und Vollstaendigkeit kann daher nicht uebernommen werden.

Nachtraege:

Erich Lerch   Schleissheimer Str. 198   8060 Dachau
Tel. 08131-12385

  1. H * El Bedavi   geb. 1968   von Robert E.Lee   a.d. Sithara

----

Gestuet Quinke   Beyenburger Str. 67   5830 Schwelm
Tel. 02125-15125

  1. H * Faun   geb. 1967   von Czardasz   a.d. Fatma
  2. S * Pastel   geb. 1968   von * Salon   a.d. Poklonnaja
  3. S Kayana   geb. 1968   von Kheman   a.d. Koratah
  4. S Dahma   geb. 1968   von * Wisznu   a.d. Dzika
  5. S Polsana   geb. 1968   von * Kaisoon   a.d. Polska
  6. H Estroon   geb. 1968   von * Kaisoon   a.d. Estra
  7. S Estira   geb. 1969   von * Kaisoon   a.d. Estra
  8. S Kaia   geb. 1969   von * Kaisoon   a.d. Koratah
  9. S * Nara   geb. 1971   von Aswan   a.d. Nagrada
 10. S Kalila   geb. 1974   von Estroon   a.d. Kaia
 11. S Estrada   geb. 1974   von Estroon   a.d. Estira
 12. H Kay   geb. 1974   von Estroon   a.d. Kayana
 13. H Pfau   geb. 1974   von * Faun   a.d. Polsana
 14. S Diana   geb. 1975   von * Faun   a.d. Dahma
 15. S Kalam   geb. 1975   von * Faun   a.d. Kaia
 16. H Kami   geb. 1976   von Estroon   a.d. Kayana
 17. H Pegasus   geb. 1976   von Estroon   a.d. Polsana
 18. S Kazima   geb. 1977   von Estroon   a.d. Kayana
 19. S Poleika   geb. 1977   von Estroon   a.d. Polsana
 20. S Nefisa   geb. 1977   von Estroon   a.d. * Nara

Hans Stucki   Beatusstr. 7a   CH-3700 Spiez
Tel. 033-546262

  1. H * Borkan   geb. 1956   von El Sareei   a.d. Badr
  2. S * Laga   geb. 1968   von Zafiro   a.d. Bocina II
  3. S * Laida   geb. 1968   von Zafiro   a.d. Bizancio II
  4. H Malik   geb. 1970   von * Hadban Enzahi   a.d. Malikah
  5. H Bajazzo   geb. 1973   von * Shaker el Masri a.d. * Laida
  6. S Shakla   geb. 1973   von * Shaker el Masri a.d. * Laga
  7. S Laburka   geb. 1974   von * Borkan   a.d. * Laga
  8. H Ibn Burkan   geb. 1974   von * Borkan   a.d. * Laida
  9. H Shakliro   geb. 1974   von * Shaker el Masri a.d. * Lira
 10. S Libura   geb. 1975   von * Borkan   a.d. * Lira
 11. S Bint Laga   geb. 1975   von * Borkan   a.d. * Laga
 12. H Burlaio   geb. 1975   von * Borkan   a.d. * Laida
 13. H Burkliro   geb. 1976   von * Borkan   a.d. * Lira
 14. H Ibn Laga   geb. 1976   von * Borkan   a.d. * Laga
 15. S Laibuka   geb. 1976   von * Borkan   a.d. * Laida
 16. H Burkliran   geb. 1977   von * Borkan   a.d. * Lira
 17. S Bint Burkan   geb. 1977   von * Borkan   a.d. Shakla
 18. S Labura   geb. 1977   von * Borkan   a.d. * Laga
 19. S Bint-Laida-Burkan   geb. 1977   von * Borkan   a.d. * Laida

----

Werner + Gabriele Deucker   Neumuehle   6521 Wachenheim
Tel. 06243-324

   1. S * Pergolla   geb. 1968   von Almifar   a.d. Persefona
   2. S Perdima   geb. 1977   von * Diem   a.d. * Pergolla

Dietrich Schnarre   Ostoennerstr. 6   4763 Ense-Sieveringen
Tel. 02928-691

   1. H * Masri   geb. 1969   von El Araby   a.d. Hayfaa

Artur Bruenemeyer   Nordwalderstr. 69   4433 Borghorst
Tel.

   1. H Darr   geb. 1973   von * Diem   a.d. Wielka

Adolf Leibrock   Schmalenfelder Str. 12   2116 Dierkshausen
Tel. 04184-7050

   1. H Sasam   geb. 1973   von * Sarwat   a.d. * Sameera

Margret Erven   Alsenstr. 8   5657 Haan
Tel. 02129-2156

   1. H Shereik   geb. 1973   von * Diem   a.d. Shaika

Guenter Kaczmarek   Hohenwarterstr. 120   8068 Pfaffenhofen
Tel. 08441-1382

   1. S * Severina   geb. 1971   von Neptun   a.d. Nezabudka
   2. S Dhasi   geb. 1978   von Daoud   a.d. * Severina

Lothar Schneider   Hausmatt 14   7614 Gengenbach
Tel.

   1. S * Malmazja   geb. 1969   von Bajdak   a.d. Malaga
   2. H Assuan   geb. 1977   von * Torex   a.d. * Malmazja

Friedrich Strassen   Kruenerstr. 9   5810 Witten 3
Tel. 02302-73682

   1. S Jaidah   geb. 1972   von * Kaisoon   a.d. Jorcondah

Kai-Uwe Sagemueller   Neuhofer Str. 5   6272 Niedernhausen-Engenhahn
   Tel. 06128-6798

   1. S Silva   geb. 1974   von Mahomed   a.d. * Sevillista

Axel Thiemig   Hockenheimer Str. 60   6831 Reilingen
   Tel. 06205-12760

   1. S Jaidah   geb. 1972   von * Kaisoon   a.d. Jorcondah

Renate Eckschmidt   Rbt.Koch-Str. 17   4980 Buende 1
   Tel. 05223-14772

   1. S Injah   geb. 1974   von Salah   a.d. Indira

Winfried Prinzen   Suedstrand   2270 Wyk a.Foehr
   Tel. 04681-3252

   1. S Samirah   geb. 1973   von * Diem   a.d. * Prima
   2. H Nabor   geb. 1978   von * Taktik   a.d. Samirah

DAS JUNGE PFERD

Ein Ratgeber aus der Praxis im Umgang mit Fohlen, Jährlingen und Zweijährigen.

Diesem umfassenden Nachschlagewerk kann selbst der erfahrene Pferdemann aus der täglichen Arbeit im Stall eine Fülle von Hinweisen, Ratschlägen und Tips entnehmen.
Hier schreibt ein wirklicher Praktiker ein Sach- und Informationsbuch reinsten Wassers. Alles, was man wissen muß, wenn es um die Aufzucht und die Vorbereitung junger Pferde geht. Ein Buch, das Geld sparen und Verluste und Schaden vermeiden hilft.

192 Seiten - viele Bilder, Skizzen und Zeichnungen - 26,80 DM

GHAZAL
Der Fürst der Pferde

**Der arabische Hengst, dessen Schönheit
Charme und Adel weltweit zur Legende
wurde. Eine Faszination in Bildern**

von Carl-Heinz Dömken

GHAZAL
Der Fürst der Pferde
Der arabische Hengst, dessen Schönheit,
Charme und Adel weltweit zur Legende
wurde. Eine Faszination in Bildern.
Von Carl-Heinz Dömken

Ein Buch, das den Atem verschlägt. Der Bildbericht über den Hengst GHAZAL und seine Geschichte. Die vielen Großaufnahmen und die Texte sind von einem Zauber, dem sich kein Pferdefreund entziehen kann.
Dieses Buch ist schon heute ein "Klassiker" unter den Pferdebüchern.
Großformat - 100 Seiten - Kunstdruck - Leinen - viele Bilder in Farbe - 29,80 DM